한국수학교육학회 수학교사 시리즈 2

Early Childhood Mathematics Education

유아수학교육의 탐구

김민경·홍혜경·이지현·이정욱 지음

KYOWOO CO. Publishing 教友社

머리말

이 책은 유아교육 관련 전문인 양성을 목표로 하는 대학이나 대학원 프로그램을 위하여 한국수학교육학회에서 기획한 수학교사시리즈 중 한 편이다.

미래 사회를 대비한 교육적 개선 노력의 일환으로 국내외적으로 유아수학교육 분야에서의 질적 제고에 대한 논의들이 활발히 이루어지고 있다. 최근 영유아 수학능력 및 뇌 발달에 관한 연구들로 인하여 영유아 대상의 수학교육에 대해서도 수학교육자들이 관심을 갖기 시작하였다. 유아기는 수학적 능력이 급속도로 발달하며 변화하는 시기이다. 이에 유아수학교육의 질적 향상은 물론 앞으로의 비전 제시가 그 어느 때보다 절실하다.

이러한 맥락에서 이 책의 저자들은 유아교사교육 현장에서 다년간 유아수학교육에 관련된 강의와 연구를 진행해 오면서 이 분야에 관한 끊임없는 탐구와 토의활동에 참여하였으며, 이 책은 이러한 과정을 거쳐 나온 결실이기도 하다. 이 책이 유아교육 관련 교사양성대학이나 대학원·교육대학원에서 유아수학교육을 연구하는 학생, 교수, 연구자들 뿐만 아니라 유아교육현장 교사들에게 조금이나마 보탬이 되었으면 한다. 그리하여 본문에서는 유아교육자가 유아들에게 수학을 가르치는데 있어 기본적으로 숙시하여야 하는 유아수학교육과 관련한 이론적 고칠을 포함하였으며, 수학교육의 역사적 고찰 뿐 아니라 수학 교수-학습과 관련한 이론 및 내용 구조에 관한 이해를 돕도록 하였다. 이를 바탕으로 유아수학교육의 각 내용 영역별(수와 연산, 기하, 측정, 규칙성과 통계) 연구 동향과 함께 수학 교수-학습 방법과 관련한 연구 동향을 살펴보았다. 마지막으로 앞으로 유아수학교육이 나아가야 할 전망과 과제를 제시하여 보았다. 이는 유아수학교육을 연구하는 연구자들에게 관련 이론 및 현장연구에 대한 연구동향 뿐 아니라 미래에 대한 방향 제시에 도움을 줄 수 있을 것으로 기대한다.

이 책의 집필 과정에서 4명 저자들의 서로를 위한 격려와 배려가 모여 작은 결실을 가져오게 되었다. 집필자 일동은 수학교사시리즈를 처음부터 기획하신 한국수학교육학회 신현용 회장님, 출판을 허락하여 주신 교우사 오판근 사장님, 편집부 여러분들께 고마움을 전하고 싶다.

2006년 9월
저자 일동

차례

유아수학교육의 탐구

제 I 부

유아수학교육의 이론적 고찰

1장. 수학교육의 역사적 고찰

2장. 수학 교수-학습 이론

3장. 유아수학교육의 내용 구조

1장. 수학교육의 역사적 고찰

인류의 역사와 함께 발달한 수학이 바빌로니아, 메소포타미아 시대로부터 시작하여 고대 그리스 시대, 중세 시대를 거쳐, 근대 시대 이후 20~21세기 현대 사회에 이르러 근대화, 현대화 과정을 거치면서 어떠한 교육적 변화가 나타났는지 살펴보고자 한다. 그 과정에서 구체화된 수학교육과정변화의 역사적 고찰 및 최신 동향도 함께 다루어진다. 또한 우리나라 유아교육과정에 대해 간단히 살펴보고자 한다.

1.1 수학교육의 근대화 이전까지

인류의 역사와 함께 발달한 수학은 B.C. 2000~3000년경 바빌로니아, 메소포타미아 시대의 수학으로부터 시작하여 고대 그리스 시대의 기하학 및 중세 수학 시대를 거쳐 근대에 이르러 19세기 비유클리드 수학의 출현과 함께 집합과 위상수학의 발전을 가져왔다. 이후 20, 21세기 현대 사회에 이르러 컴퓨터 및 통신 테크놀로지의 발달로 사회 전반에 걸쳐 응용수학이 급속도로 발전하게 되었다(강완·백석윤, 1998; 강지형 외, 1999).

이처럼 오랜 시간을 걸쳐 발달해 온 수학의 역사를 볼 때, 국가를 막론하고 오랜 동안 수학의 교수-학습적 측면은 주로 설명 위주의 방법을 중심으로 발달해 왔다. 수학적 교수-학습에 있어서 추상성, 형식성과 같은 수학의 고유한 특성은 새로운 시도 및 변화를 기대하기에는 어려움이 많았다. 인류의 출현과 함께 발달해 온 수학의 발전에 비해 수학 교육의 역사가 체계적인 모습을 갖기 시작한 건 이러한 어려움 속에도 근대에 이르러서 그 모습을 찾을 수 있다. 이는 수학이란 교과에 대해 사람들이 갖게 된 부정적인 상황을 개선하고자 하는 노력에서 시작되었다.

1.2 수학교육 근대화 운동

19세기에는 대부분 유클리드 기하학을 형식도야적 관점에서 다룸으로써 수학교육이 지나치게 비실용적이라는 비판과 함께 학교수학에 대한 개선이 요구되면서 일상생활이나 과학적 연구에도 유용한 수학으로의 교육을 하고자하는 개혁을 맞는다(강완·백석윤, 1998; 강지형 외, 1999). 즉, 산술, 대수, 기하, 삼각법 등의 전통적인 교과구분을 없애고, 논증 뿐 아니라 실험 및 실측을 중시하여 학생들에게 효용 가치가 있는 실질적인 수학 내용을 지도하는 것이었다.

이러한 수학교육 근대화 운동은 영국의 수학자 Perry(1850~1920)로부터 시작되었다. 그는 실용적 수학지도를 강조하였으며 유클리드 기하로부터 벗어나 실험기하학을 강조하며 실용상의 측량과 입체기하학을 지도할 것을 강조하였다. 한편 미국에서 1902년 당시 수학회 회장이었던 Moore(1862~1932)는 '수학의 기초에 대하여'란 주제 강연에서 수학 수업에서의 실험실법을 권고하였다. 또한 독일의 경우는 당시 수학자이던 Klein(1849~1925)의 주도하에 수학교육의 개선이 이루어졌으며, 프랑스의 경우 Borel(1871~1956)에 의해 실용과 직관적 사고를 중시하는 수학교육을 이끌게 되었다.

이처럼 20세기 초, 각국의 특징을 지닌 수학교육 개선의 움직임은 그 당시까지 인식하지 못하였던 수학교육의 의미를 새롭게 하는 계기가 되었으며 학교수학의 중요성을 바탕으로, 보다 체계적인 교육적 변화를 시도하였다는데 의미가 있다.

1.3 수학교육 현대화 운동 및 그 이후

제 2차 세계대전이 끝난 후 1957년 소련이 무인 인공위성 스푸트닉을 발사하면서 미국을 비롯한 많은 서구 국가들이 수학과 과학 교육에 대한 위기감을 맞게 되었다. 1930년대부터 빠르게 발전하게 된 현대수학의 내용적 구조를 학교수학에 도입하고자 한 '새수학(New Math) 운동'이 일어났으며 이후 학교수학에 접목하는데 크게 성공하지 못하게 되자 다시 기본으로 되돌아가자는 'Back to basics'라는 반동을 낳게 되기도 하였다.

1980년대 이후, 21세기를 맞이하게 되면서 수학교육에 대한 문제의식이 확대되고 이를 해결하기 위해 세계 각국에서 수학교육 연구자와 현장 교사들은 좋은 교수 방법과 학습 방법을 개발하기 위하여 노력하고 있다. 이러한 흐름은 미국수학교사협의회(National Council of Teacher of Mathematics [NCTM])를 필두로 해서 세계적으로 확산되고 있는 수학교육개혁운동(Reform movement in mathematics education)으로 대표될 수 있다.

특히 정보사회에 진입하면서 전 세계적으로 테크놀로지가 사회의 중요한 핵심적 용어로 등장하고 이를 효율적으로 교육에 접목하고자 하는 시도도

파급되었다. 이로 인해 수학교육개혁 운동이 탄력을 받게 되는 또 다른 원인이 되고 있다. 저렴하고 성능 좋은 컴퓨터, 인터넷과 계산기의 발달은 수학교육에 있어서 새로운 수학교수법에 대한 기대를 한층 크게 하는 계기가 되었다.

1.4 수학교육 최신 동향

대부분의 전통적인 수학 교수-학습은 개념적인 이해, 다양한 표현, 다른 학과로의 연결, 적절한 테크놀로지의 이용을 통한 문제 해결보다는 종이와 연필 사용 위주의 계산 및 암기에 주안점을 두고 있다. 효율적인 수학 교수-학습은 교사들과 학생들 모두에게 어려운 과제로 여겨져 오던 중, 1983년, 'A nation at risk'란 보고서의 등장으로, 미국의 교육체계에 커다란 전환이 일어나게 되었다. 이는, 현 교육 현장에서 제기되고 있는 문제에 관해 정의하려던 노력에서 교육개혁의 필연성으로의 초점을 맞춤으로의 변화를 나타냈으며, 특히 수학교육에 있어 그러한 개혁의 필요에 관한 배경은 National Research Council(1989)의 'Everybody counts'에 자세히 서술되어 있다.

최근의 미국 수학교육 개혁은 미국수학교사협의회(NCTM)가 1989년도에 발표한 '수학교육과정 및 평가 기준(NCTM, 1989)'과 함께 시작되었다고 할 수 있다. 이후 교사를 위한 지침서, 평가 지침서 등 NCTM Standards series 즉 'Curriculum and evaluation standards for school mathematics (1989)', 'Professional standards for teaching mathematics(1991)', 'Assessment standards for school mathematics(1995)'를 편찬, 보급하면서, 수학을 안다는 것은 수학을 실제 행함으로써 이루어지며, 학생들이 무엇을 배우냐는 그들이 어떻게 배우느냐에 달려 있다고 단언하였다. 더불어 수학 교수-학습을 위한 신념의 변화는 그들에게 수학적인 사고와 의미 있는 이해를 통한 능동적인 경험이 있어야 가능하다는 의견이 대두되면서 Mathematical Association of America[MAA]의 'Call for change'(1991)는 미국의 수학 교실의 새로운 변화에 대한 필요성 및 방향을 구체적으로 제시하였다(김민경, 1997).

NCTM과 MAA에 근거한 수학 교수-학습의 변화는 구성주의(constructivism)적 입장을 반영하고 있다. 수학 교수-학습에 구성주의적 관점을 새롭게 부각시키며 종래의 수학교육과정과는 달리 '무엇을' 보다는 '어떻게' 가르칠 것인가에 중점을 두고 이 기준들이 만들어졌다.

구성주의는 학습자가 그들 자신의 지식을 끊임없이 구성하며 교사, 또래집단, 주위환경 같은 대상과의 교류를 통하여 획득-공유된 지식(taken-as-shared knowledge)을 만들어 나가는데 능동적으로 참여함으로써 교수와 학습에 있어 의미 있는 교육환경을 만들어 나감을 의미한다(Bruner, 1986; Clement & Battista, 1990; Cobb, Yackel, & Wood, 1992; Vygotsky, 1978). 대부분의 교실에서 일어나는 교수와 학습의 과정의 본질을 이해함에 있어 새로운 변화를 촉구하기 위하여 구성주의학자들은 계속적인 논쟁을 벌여왔지만 실제적인 변화는 서서히 진행되어 왔다.

미국 내의 수학교육과정 중 NCTM의 기준(Standards)에 근거한 교육과정을 standards-based curriculum이라고 칭하고 있으며 이러한 90년대의 미국수학교육의 동향을 standards movement라고 명칭하기도 한다(노선숙 외, 2004). 미국의 이러한 standards movement가 일어나고 있는 90년대에는 전 세계 여러 국가에서 역시 나름대로의 수학교육개혁의 시도가 생겨났으며 이는 우리나라의 경우도 예외는 아니었고 그러한 노력은 1997년도에 발표된 7차(초 · 중등)/6차(유아) 수학교육과정(교육부, 1997)에 반영되었다.

NCTM이 첫 기준이 발표된 지 10여년이 지난 현재에도, 학부모를 비롯한 수학교육 관련자들 사이에 NCTM이 제안한 기준의 효과에 대한 토론과 논쟁이 여전히 활발하게 진행되고 있다. NCTM은 기준 1989의 발표 이래 현장으로부터 내용이 구체적이지 않고 모호하다는 여러 비판과 논의점을 고려하여 그 한계성을 극복하고자 노력하였다. 이를 위해 각 학년에서 가르쳐야 할 수학 내용을 이전의 기준보다는 좀 더 구체적으로 제안, 1998년에 새로운 교육과정 초안을 발표하고 미국수학회(American Mathematical Society, AMS) 등의 여러 기관과의 의견수렴과정을 거치게 된다. 이후 NCTM은 이러한 피드백을 활용하여 이전의 교육과정을 보완하여 새롭게 수학교육과정 기준, 'Principles and Standards for Mathematics'을 2000년에 제정하고 발표하였다(NCTM, 2000).

새롭게 발표된 NCTM의 기준의 배경 철학 및 구성은 1989년도의 기준과 크게 다르지 않으며 특히 학생 스스로가 수학적 지식을 구성해 나간다는 구성주의적 배경 철학의 영향은 여전히 남아 있다.

반면 미국 내의 몇 몇 주에서는 NCTM에서 제안하는 수학교육과정이 수학교육목표에서 제시하고 있는 바를 실행시키기에는 부족하다는 결론을 내리고, 각자의 새로운 주별 수학교육과정을 제시하기 시작하였다. 일반적인 미국의 시대별 수학교육 동향의 특징은 간략하게 다음의 [표 1-1]과 같이 구분된다.

[표 1-1] 시대별 특징

시 대	특 징	비 고
1960년대	New Math	추상성, 엄밀성, 형식성 추구 러시아의 스푸트닉호의 발사에 의한 영향 우리나라 3차 수학교육과정에 영향
1970년대	Back to Basics	기본 기술 습득
1980년대	Problem Solving	NCTM, An Agenda for Action으로 시작
1990년대	Problem Solving	구성주의, 테크놀로지 기반사회 도래 우리나라 7차(초·중등) 수학교육과정에 영향
2000~	미국내 교육과정 전쟁	NCTM vs. 캘리포니아주 교육과정

출처: 노선숙 외(2003) p141

또한 Standards 2000은 기준 1989에 비해 구성주의적 관점의 표현이 다소 약화되기는 하였으나, 발견학습과 계산기의 활용에 대한 주장은 일관되게 지속되고 있다(노선숙 외, 2003). Standards 2000은 여섯 가지 원리(principles)를 제시하고, NCTM Standards 2000에서 제시하고 있는 일반목표는 '삶을 위한 수학', '문화유산으로써의 수학', '일터에서의 수학', '과학과 기술을 의사소통하기 위한 수학'으로 설정되었다. 이를 구현하기 위한 원리(Principles)로 다음의 여섯 가지를 전 학년과 전 영역에 걸쳐 10개의 공통된 기준을 제시하였다.

기회균등의 원리(equity): 수학 교수 프로그램은 모든 학생들의 수학 학습을 촉진시켜야 한다.

수학교육과정의 원리(curriculum): 수학 교수 프로그램은 조리가 서 있고 종합적인 교육과정을 통해 중요하고 의미 있는 수학을 강조해야 한다.

교수의 원리(teaching): 수학 교수 프로그램은 모든 학생들이 수학을 이해하고 사용하도록 가르치는 유능하고 봉사심 있는 교사에 의존한다.

학습의 원리(learning): 수학 교수 프로그램은 모든 학생들이 수학을 이해하고 사용할 수 있도록 해야 한다.

평가의 원리(assessment): 수학 교수 프로그램은 모든 학생들의 수학 학습을 모니터하여 학생들의 학습을 향상시키며, 교수에 정보를 제공하는 평가를 포함해야 한다.

기술공학의 원리(technology): 수학 교수 프로그램은 기술공학을 이용하여 모든 학생들이 수학을 이해하는 것을 돕고 그들이 점점 더 커지는 기술공학적 세계에서 수학을 사용할 수 있도록 준비시켜야 한다.

전 학년(Pre-K-2, 3-5, 6-8, 8-12학년으로 구분)에 걸쳐 공통된 다섯 개의 내용 기준(contents standards)과 다섯 개의 절차 기준(process standards), 즉 10개의 기준을 제시한다. 내용 기준은 수와 연산, 대수, 기하, 측정, 자료분석과 확률 등(우리나라 유아교육과정과 비교되는 미국의 Pre-K-2학년의 내용 기준은 [표 1-2]에 요약)이고, 절차 기준은 문제해결, 추론과 증명, 의사소통, 연계성, 표상 등(전 학년에 걸친 절차 기준은 [표 1-3]에 요약)이다.

[표 1-2] Standards 2000의 Pre-K－2학년의 내용 기준

기 준	내 용
Number and Operations (수와 연산)	▌수, 수 표상, 수와 수 체계의 관계 이해하기 - 사물의 무리에서□얼마나 많은지□를 이해, 인식하면서 수 세기 - 십진수 체계와 자릿수에 대한 초기 이해를 발달시키기 위한 다수의 모델 사용 - 자연수의 상대적(관계적) 위치와 크기, 및 서수와 기수 그리고 그 관계에 대한 이해 발전시키기 - 자연수에 대한 감각을 발전시키고 수들의 관계짓기, 구성하기, 분해하기를 포함한 융통적인 방법으로 표현하고 사용하기 - 다양한 자연의 모델과 표상들을 사용하여 그들이 표현하는 양에 대한 숫자와 수단어를 연결하기 - 1/4, 1/3, 1/2과 같이 흔히 사용되는 분수들을 이해, 표현하기 ▌연산의 의미와 어떻게 그것들이 관련되어 있는지 이해하기 - 자연수의 덧셈/뺄셈의 다양한 의미와 두 연산 관계 이해하기 - 자연수를 더하고 빼는 것의 결과 이해하기 - 사물을 동등하게 그룹짓거나 똑같이 나누어 갖는 것과 같은 곱셈, 나눗셈을 수반하는 상황을 이해하기 ▌유창하게 계산하고 합리적으로 어림하기 - 덧셈/뺄셈에 중점을 두고 연산 전략을 발전시키고 사용하기 - 덧셈/뺄셈을 위한 기초적인 수 조합을 유창하도록 발전시키기 - 계산을 하기 위하여 사물, 암산, 어림, 종이와 연필, 계산기를 포함한 다양한 방법과 도구를 사용하기
Algebra (대수)	▌패턴, 관계, 함수를 이해하기 - 사물을 크기, 수 등으로 정렬하기, 분류하기, 순서짓기 - 소리나 모양의 순서 혹은 단순한 수 패턴과 같은 패턴들을 인식, 묘사, 확장하기, 하나의 표현을 다르게 변환하기 - 패턴을 반복하고 확장하는 것이 어떻게 발생되는지 분석하기 ▌대수적 상징을 사용하여 수학적 상황과 구조를 표현, 분석하기 - 특정한 수를 사용하여 교환성과 같은 연산의 일반적인 원칙과 특징을 설명하기 - 다양한 상징적 표시법의 이해를 위해 구체적인 언어적 표현을 사용하기 ▌양적인 관계를 이해, 표현하기 위해 수학적 모델을 사용하기 - 구체물, 그림, 상징을 사용하여 자연수의 덧셈과 뺄셈과 관련된 상황을 모형으로 만들기 ▌다양한 맥락에서 변화를 분석하기 - 사람의 성장과 같은 질적인 변화를 묘사하기 - 한 해에 2인치 성장한 것과 같은 양적인 변화를 묘사하기

[표 1-2] 계속

기 준	내 용
Geometry (기하)	▌2차원/3차원적 기하 모형의 특성과 속성을 분석하고 기하학적 관계에 관한 수학적 논쟁을 발전시키기 -2차원/3차원 도형들을 인식, 명명, 비교, 정렬하기 -2차원/3차원 도형의 속성과 부분들을 기술하기 -2차원/3차원 도형들을 합치고 분해한 결과를 조사, 예측하기 ▌좌표기하와 다른 표상적 체계를 사용하여 위치를 서술하고, 공간적 관계를 기술하기 -공간에서의 관계적 위치를 기술, 명명, 해석하고, 관계적 위치에 관한 아이디어를 적용하기 -공간을 탐색함에 있어서 방향과 거리를 기술, 명명, 해석하고, 방향과 거리에 관한 아이디어를 적용하기 -"근처에"와 같은 단순한 관계와 지도와 같은 좌표 체계를 통해 위치를 찾고 명명하기 ▌수학적 상황을 분석하기 위하여 변환을 적용, 대칭을 사용하기 -옮기기, 뒤집기, 돌리기를 인식하고 적용하기 -대칭을 가지는 도형을 인식하고 창조하기 ▌문제해결을 위한 시각화, 공간적 추론, 기하학적 모델링 사용하기 -공간적 기억/시각화를 사용하는 기하학적 도형의 정신적 이미지를 창조하기 -다른 관점으로부터 도형을 인식하고 표현하기 -기하에서의 아이디어를 수와 측정에서의 아이디어에 연결시키기 -환경에서의 기하학적 모형과 구조를 인식하고 그 위치를 서술하기
Measurement (측성)	▌측정 가능한 구체물의 속성과 측정의 단위, 측정의 체계, 측정의 과정을 이해하기 -길이, 부피, 무게, 넓이, 시간의 속성을 인식하기 -이러한 속성에 따라 구체물을 비교하고 순서짓기 -측정되는 속성을 위한 적절한 단위와 도구를 선택하기 ▌측정을 결정하기 위해 적절한 기술, 도구, 방식을 적용하기 -종이의 끝에서 끝까지 클립으로 길이를 재는 것과 같이 같은 크기 단위의 여러 개로 측정하기 -한 개의 미터자로 방의 길이를 측정하는 것처럼, 단위보다 더 큰 것을 측정하기 위해 한 개의 단일 단위를 반복 사용하기 -측정하기 위해 도구를 사용하기 -측정을 위해 공통적인 지시대상을 비교, 어림을 발전시키기

[표 1-2] 계속

기 준	내 용
Data Analysis and Probability (자료분석 및 확률)	▮자료로 처리될 수 있는 문제를 명확히 하고, 그것에 답하기 위해 관련된 자료를 수집, 조직, 표시하기 - 문제를 놓고 문제와 그 배경에 관한 자료 모으기 - 속성에 따라 구체물을 정렬, 분류하고, 그에 관한 자료 조직하기 - 구체적인 사물, 그림, 그래프를 사용한 자료로 표현하기 ▮자료를 분석하기 위해 적절한 통계적 방법을 선택하고 사용하기 - 자료의 부분들과 자료가 무엇을 보여줄 것인지에 대한 전체로서의 자료 모음을 기술한다. ▮자료에 기초한 추론과 예상을 발전시키고 평가하기 - 유사 혹은 유사하지 않거나 학생의 경험과 관련된 사건들을 토의하기 ▮확률에 관한 기초 개념을 이해하고 적용하기

[표 1-3] Standards 2000의 절차 기준 및 내용

기 준	내 용
Problem Solving (문제해결)	▮문제해결을 통하여 새로운 수학적 지식을 구성하기 - 일상생활에서 발생하는 문제들을 이용하여 수학적 개념을 소개하기 - 문제해결은 학생의 수학적 기능을 발달시킬 수 있도록 돕기 ▮수학 및 다른 상황(contexts)에서 발생하는 문제들을 해결하기 - 수학적 성향(mathematical disposition: 수학적으로 세상을 보는 것)을 함양시키기 ▮다양한 전략을 사용하여 문제를 해결하고 이를 새로운 상황에서 응용하기 - 문제해결전략이 수학교육과정에 반영될 수 있도록 교육적 관심을 모으기 ▮수학적 문제 해결 과정을 조정(monitor)하고 반성(reflect)하기 - 반성적 사고(reflective skills: metacognition)를 개발하고 반성의 가치를 인식하기
Reasoning & Proof (추론 및 증명)	▮추론과 증명은 수학의 기본적인 요소임을 인식하기 - 모든 수학적인 주장이 근거를 갖고 있으며, 학급에서 적절한 주장으로 인정되기 위하여 필요한 조건을 이해하기 ▮수학적 추론을 만들고 탐구하기 - 자신의 추론을 발표하고, 자신들만의 언어로 생각을 기술하며, 구체적인 자료와 예를 이용하여 이를 탐구하기 ▮수학적인 논쟁과 증명들을 개발하고 평가하기 - 다른 학생들이 만든 여러 주장들에 대한 전체 토론을 통하여 추론 방법을 이해하기 ▮다양한 추론과 증명방법을 선택하여 활용하기 - 학년이 올라감에 따라 수학적 정당화와 증명을 위한 규준, 여러 종류의 추론 방법을 배우기

[표 1-3] 계속

기 준	내 용
Communication (의사소통)	▌의사소통을 통하여 자신의 수학적 사고를 조직하고 정리하기 - 상황을 행동으로 나타내고, 그림을 그리고, 대상을 이용하고, 언어를 통하여 설명하고, 다이어그램을 활용하고, 수학적 상징기호를 사용하는 것과 같은 의사소통하기 ▌자신의 수학적 사고를 동료, 교사 등에게 분명하고 조리있게 표현하기 - 자신이 올바르게 이해하고 있는지 등을 알아보기 위하여 기존의 수학적 지식을 바탕으로 자신의 아이디어를 평가하기 ▌수학적 사고와 전략을 분석하고 평가하기 - 아직 개발중인 아이디어를 분명히 하기 위하여 다른 사람의 생각에 관하여 질문하고 조사하기 ▌수학적 아이디어를 간결하게 표현하기 위하여 수학적 언어를 사용하기(일상에서 활용되는 용어가 수학에서는 좀 더 간결한 의미를 갖는다.) - 자신의 생각을 확고히 하고 이를 표현하는 비형식적인 수단을 개발하기
Connection (연계성)	▌수학적 아이디어들 사이의 연계성을 인식하고 활용하기 - 수학적 연결성의 관점에서 새로운 아이디어를 전에 배웠던 수학의 확장으로 파악하기 ▌수학적 아이디어들의 내적 연결성과 일관성 있는 전체를 구성하기 위한 방식을 이해하기 - 학년이 올라감에 따라 학생들은 여러 가지 상황에서 동일한 수학적 구조를 파악할 수 있는 능력을 기르기 ▌수학 외 과목에서 수학을 인식하고 응용하기 - 모든 학년의 학생들은 수학 외적인 상황에서 발생하는 문제를 다룸으로써 수학에 대하여 배울 수 있는 기회 갖기
Representation (표상)	▌수학적 아이디어를 조직하고 기록하고 의사소통하기 위한 표상을 만들어 사용하기 - 학생들은 자신의 아이디어를 다른 사람들이 이해할 수 있도록 표현하는 방법을 학습하기 - 학생들은 기존의 표현을 배우고, 수학학습을 위한 도구로서 자신만의 표상을 만들어 정교화하여 활용하기 ▌적절한 수학적 표상을 선택하여 문제를 해결하고, 이를 활용하기(학교에서 다루어지는 많은 수학적 개념은 학생들의 이해를 도울 수 있는 다양한 표상들을 통하여 제공되어야 한다.) - 표상에 대한 반성을 통해 다양한 표상들의 장단점을 이해하기 ▌물리적, 사회적, 수학적 현상을 모델화하고 해석하기 위하여 표상을 이용하기(수학적 모델이란 복잡한 현상을 이상화했다는 점에서 요소와 관계에 대한 수학적 표상을 의미한다.)

한편 최근 들어 수학 교수-학습과정의 보다 의미 있는 접근방법을 제시한 네덜란드의 수학자 Freudenthal에 의하면, 수학교육의 주요 문제에 관하여 수학을 결과적 지식체계로서의 수학, 기성산물로서의 수학으로 보고 교육하는 데에서 기인한다고 보았다. 그는 이와 같은 문제점을 해결하기 위해서 학생의 현실 상황과 관련된 수학적 상황 가운데에서 정리수단인 본질을 찾는 활동, 즉 현상에 질서를 부여하는 활동을 학생들이 경험해야 함을 강조하였다. 이러한 Freudenthal의 생각을 반영하여 네덜란드의 국립 수학교육 연구소인 IOWO에서는 수학교육의 한 사조인 현실적 수학교육(Realistic Mathematics Education [RME])을 제안하였다. RME에 기반한 수학 활동을 통해 학습자는 실제적 맥락의 문제를 접하고, 상호작용적 학습과 반성적 사고를 통해 안내된 재발명 경험의 기회를 갖게 된다. 이러한 RME의 핵심적 원리 중의 하나가 '수학화(mathematizing)'이다. '수학화'란 수학을 인간의 정신적 활동이라고 할 때 이러한 정신적 활동으로서의 수학의 가장 본질적인 특성을 현상의 조직화 활동이라고 보는 것이다. 이러한 수학화를 강조하는 것은 수학화 경험을 통해서 학생들에게 수학에 대한 보다 수준 높은 이해와 자신의 세계를 이해하는 데 수학적 수단을 사용할 줄 알도록 하려는 것이다(정영옥, 1997).

Freudenthal은 수학을 현실로부터 출발하여 현상을 정리하는 인지적 수단을 찾아 확실성을 추구하는 활동으로 보았다. 즉, 상식으로부터 출발하여 내용과 형식의 교대작용을 거치면서 점진적으로 형식화 되어가는 인간의 활동으로 수학을 보았고, 이러한 인간 활동의 중심에 수학화가 있다. 즉, 수학은 고정된 것이 아니라 계속적으로 성장·변화해 가며(정영옥, 1997), 수학화 활동을 통해 역동적인 현실을 수학적인 관점에서 점진적으로 형식화, 추상화, 일반화시킬 수 있는 것이다. 또한 Freudenthal은 수학을 기성 수학(ready-made mathematics)과 실행되는 수학(acted-out mathematics)으로 구분하였다. 여기에서 Freudenthal이 주장한 '실행되는 수학'이란 학습자가, 수학자가 수학을 발명하는 과정을 그대로 경험해 보면서 스스로 수학적 개념과 원리를 깨닫고 수학을 재발명해 보는 것을 의미한다. 이러한 실행되는 수학을 통한 수준의 비약이 이루어지기 위해서는 반성적인 사고가 필수적이다. 교사는 수학화 경험을 강조하면서 학생들이 점진적인 수학화 과정에서 계속적으로 다른 학습자들과 의사소통하고 자신의 사고 과정을 되돌아

보는 기회를 제공해 줄 수 있어야 한다. 따라서 수학화 경험의 강조와 수학화 과정에서의 반성적 사고는 Freudenthal의 수학 교육관에 있어서 핵심적인 요소라고 할 수 있다.

1.5 우리나라 유아수학교육과정

유아의 수학 능력의 발달과 학습에 관한 새로운 연구결과들, 조기교육에 대한 사회적 요구, 그리고 수학 학문 자체의 발달은 유아수학교육과정의 변화를 가져오는 주된 동인이 되어 왔다. 우리나라 유치원 교육과정은 국가수준에서 일반적인 지침 형식으로 제정 · 발표하고, 지역과 유치원은 국가수준의 교육과정 지침을 지역이나 유치원의 특수성에 비추어 그것을 재개발, 운영, 평가하는 형태를 취하고 있다.

우리나라 유아수학교육과정의 변천은 유치원교육과정 변천의 역사적 흐름 속에서 살펴볼 수 있다(이정욱·유연화, 2006; 홍혜경, 2004a, 2004b; 홍혜경·이정욱·정정희, 2004). 우리나라 유치원 교육과정은 1969년 처음으로 제정·공포된 이후로 1979년, 1981년, 1987년, 1992년, 1998년에 이르기까지 다섯 차례에 걸쳐 개정·고시되어 왔다. 현재 유치원에서 사용되고 있는 교육과정은 1998년에 개정되어 2000년 3월 1일부터 시행되고 있는 제 6차 유치원 교육과정으로서 건강생활, 사회생활, 표현생활, 언어생활, 탐구생활의 5개 생활영역으로 구성되어 있다. 이들 생활영역 중에서 수학교육과 관련된 영역은 탐구생활 영역이 된다. 유치원 교육과정의 개정에 따른 수학교육과정의 변천을 요약하면 다음과 같다.

1.5.1 제 1차 유치원 교육과정

1969년 제정된 제 1차 유치원 교육과정은 건강, 사회, 자연, 언어, 예능의 5개 영역으로 조직되었고, 수학교육내용은 자연 영역에서 수량과 도형의 내용에 포함되었다. 수량과 도형의 내용에는 물건을 비교·분류하여 정리하기,

양과 부피에 대하여 알기, 길이·넓이·높이·빠르기에 대하여 알기, 방향과 거리에 대하여 알기, 시간을 지키고 생활하기가 포함되었다.

수학교육 내용은 Dewey의 진보주의 영향을 받아 생활 중심과 경험 중심을 강조하였다. 그러나 아직 유아수학교육에 대한 관심이 부족하고 수학교육내용이 체계적이지 못하였고 구체적인 내용이 부족하였다.

1.5.2 제 2차 유치원 교육과정

10년 후인 1979년에 개정된 제 2차 유치원 교육과정은 사회정서 발달, 인지발달, 언어발달, 신체 및 건강 등 4개 발달영역으로 조직되었다. 수학교육 내용은 인지발달 영역의 세부영역인 논리-수학적 사고와 표상능력에 포함되었다. 논리-수학적 사고에는 1:1 대응, 분류하기, 유목간 공통점 찾기, 준거에 따라 계열화하기, 보존개념 알기, 개수 헤아리기, 수의 대소 알기, 사물의 순서알기의 내용이 포함되었다. 표상능력에는 형태 익히기, 형태 비교하기, 형태의 부분을 보고 전체 파악하기, 도형 찾기, 도형 만들기, 위치 익히기, 기호 익히기, 지도보기의 내용이 포함되었다.

수학교육 내용은 Piaget, Bruner 등의 인지이론의 영향을 받아 발달영역과 내용이 구성되었고, 특히 Piaget 이론의 영향으로 1:1대응, 분류, 계열화, 보존개념이 수개념 발달을 위한 선행 획득 개념으로서 다루어졌다.

1.5.3 제 3차 유치원 교육과정

1981년 개정된 제 3차 유치원 교육과정은 제 2차 유치원 교육과정의 사회정서 발달영역이 각각 분리되어 신체발달, 정서발달, 언어발달, 인지발달, 사회성 발달의 5개 발달영역으로 조직되었다. 수학교육 내용은 인지발달 영역에서 논리-수학적 사고에 포함되었다. 논리-수학적 사고에는 1:1 대응, 개수 헤아리기, 수의 이름과 크기 알기, 위치·도형·양 등을 알기, 사물의 공통점 찾기, 분류하기, 순서짓기, 보존성 알기, 시간 개념 알기, 사건의 순서알기, 부분과 전체 간의 관계 알기 등의 내용이 포함되었다.

제 3차 유치원 교육과정에서는 제 2차 유치원 교육과정의 표상능력 부분이 논리-수학적 사고에 흡수·조정되었고, 계열화의 용어가 순서짓기로 변경되었다. 제 2차 유치원 교육과정과 마찬가지로 Piaget의 논리-수학적 사고의 개념으로 수학교육 내용을 제시하였기 때문에 보다 광범위한 내용영역 안에서 구체적인 수학교육 내용이 조직되지는 못하였다.

1.5.4 제 4차 유치원 교육과정

1987년 개정된 제 4차 유치원 교육과정은 제 3차 유치원 교육과정과 동일하게 신체발달, 언어발달, 인지발달, 정서발달, 사회성발달의 5개 발달영역으로 조직되었다. 수학교육 내용은 인지발달영역 중 논리-수리적 사고의 기초 능력에서 다루어졌다. 논리-수리적 사고의 기초 능력에는 분류하기, 순서짓기, 수 개념, 측정, 공간관계, 시간관계, 사건 또는 현상의 원인과 결과 관계짓기의 내용이 포함되었다.

제 4차 유치원 교육과정에서는 각 발달영역별로 달성할 교육목표수준만이 제시되었고 구체적인 교육 내용은 제시되지 않아서 교사들에게 많은 어려움을 야기시켰다. 제 3차 유치원 교육과정과 동일한 발달영역으로 구성되어 있으나 인지발달영역에 상상력과 창의력이 추가되었다. 또한 측정, 원인과 결과에 대한 추론이 포함됨으로써 수학적 추론 능력, 문제해결에 대한 관심이 제기되었다.

1.5.5 제 5차 유치원 교육과정

1995년 개정된 제 5차 유치원 교육과정은 건강생활, 사회생활, 표현생활, 언어생활, 탐구생활의 5개 생활영역으로 조직되었다. 수학교육과정과 관련된 내용은 탐구생활영역의 논리-수학적 사고에서 다루고 있다. 논리-수학적 사고에는 분류하기, 순서짓기, 수의 기초개념, 수의 활용, 부분과 전체, 측정, 시간, 공간, 기본 도형, 기초 통계의 내용이 포함되었다.

제 4차 유치원 교육과정에서와 달리 제 5차 유치원 교육과정은 발달이 아닌 생활중심교육을 강조함으로써 생활영역으로 조직되었고, 교육내용을 1수준, 2수준, 공통수준으로 구분하여 제시함으로써 발달수준에 적합한 교육에 중점을 두고 있다. 수학교육내용으로 수의 활용, 구체물을 사용한 간단한 더하기와 빼기, 기초 통계가 처음으로 포함되었고 문제해결과 수학적 추론이 반영되었다.

1.5.6 제 6차 유치원 교육과정

1998년 개정된 제 6차 유치원 교육과정은 제 5차 유치원 교육과정과 마찬가지로 건강생활, 사회생활, 표현생활, 언어생활, 탐구생활의 5개 생활영역으로 조직되었다. 수학교육과 관련된 내용은 탐구생활의 수학적 탐구에 포함되었다.

제 5차 유치원 교육과정과 달리 제 6차 유치원 교육과정에서는 논리-수학적 사고에서 수학적 탐구로 조정하였다. 수학적 탐구는 일상생활에서 경험하는 여러 가지 사물과 사건을 직접 분류, 비교해 보고 관계를 찾아봄으로써 수학적인 기초능력과 태도를 기르기 위한 것이다. 따라서 "구체적인 사물의 조작을 통하여 논리-수학적 사고의 기초능력을 기른다"라는 구체적인 세부 목표를 제시하고 있다(교육부, 1997).

수학적 탐구에는 분류와 순서짓기, 수의 기초, 측정, 시간, 공간과 도형, 기초적 통계의 내용이 포함되며, 이들 내용들의 특징은 다음과 같이 정리될 수 있다.

분류하기와 순서짓기

- 사물의 공통된 속성을 알아내고 이에 따라 사물을 모아 보는 분류 능력과 사물의 특징적인 속성의 차이를 인식하고 차이 순서대로 배열하는 순서 짓기는 논리·수학적 사고 발달의 기초가 되는 능력이다.
- 일상생활 속에서 규칙성을 경험하고 인식하는 것은 대수적 사고의 토대가 된다.

수의 기초 개념 이해하기

- 유아가 단순히 암기적으로 수를 세는 능력이나 숫자를 인지하는 능력 이상을 포함한다.
- 일상생활 속에서 활용되는 수를 경험하면서 수의 기초 개념을 형성하는 것은 매우 중요하다. 따라서 계단의 수 세기, 게임하는 순서 정하기, 생일케이크에 나이만큼 촛불 꽂아 보기, 유아의 신발 크기 재어보기,

집 전화번호 알아보기, 좋아하는 선수의 등 번호 알아보기 등의 경험은 유아의 수 개념 형성에 도움이 된다.

기초적인 측정과 관련된 경험하기

- 길이, 크기, 무게 등을 탐색하고 직접비교로부터 시작한다.
- 단위를 사용하여 물체의 연속적인 양을 정하는 과정을 경험한다.

시간에 대한 기초 개념 알기

- 유아에게 매우 추상적인 개념인 시간에 대한 기초 개념은 정확한 시각을 알게 하려는 것이 아니라 유아 자신의 일상생활 속에서 시간의 흐름을 경험하고 시간적인 관계를 인식하는 것이다.

공간과 도형의 기초 개념 알기

- 태어나면서부터 직관적으로 공간 내에서 물체의 형태를 구별하고 거리감을 인식한다.
- 입체도형과 관련지어 평면도형을 탐색하고, 기본 도형에 대한 이해를 발달시킨다.

기초적인 통계와 관련된 경험하기

- 다양한 정보를 조직, 기록하는 통계적 활동은 분류, 순서짓기, 수의 이해, 부분과 전체, 측정 등의 다른 수학적 개념들과 연결된다.

다음의 [표 1-4]는 제 6차 유치원 교육과정의 수학적 탐구에 해당되는 구체적인 내용을 제시하고 있다.

[표 1-4] 제 6차 유치원 교육과정 수학적 탐구 내용 요약

내 용	공통수준	I 수준	II 수준
분류하기와 순서짓기	여러 가지 사물의 다른 점과 같은 점을 살펴본다.	- 한 가지 준거로 사물 모으기 - 두 세 개의 사물을 한 가지 준거에 따라 순서대로 놓기 - 단순한 규칙성 찾아보기	- 두 가지 준거로 사물 모으기 - 여러 개의 사물을 한 가지 준거에 따라 순서대로 놓아보기 - 단순한 규칙성을 찾아보고 다음을 예상해 보기
수의 기초 개념 이해하기	일상 생활에서 사용되는 수에 관심을 가진다.	- 두 집합의 사물을 1:1로 짝지어 본다. - 사물을 다섯까지 세고, 숫자와 연결한다.	- 두 집합의 사물을 1:1로 짝지어보고, 수의 크기 알아보기 - 사물을 열까지 세고, 숫자와 연결하기 - 사물의 수량을 더하고 덜어내어 보는 구체적인 경험하기 - 물체를 나누어 보고, 부분과 전체를 구별하기
기초적인 측정과 관련된 경험하기	일상 생활에서 측정과 관련된 말을 사용한다.	- 두 개의 물체를 길이나 높이, 크기 등에 따라 비교해 보기	- 임의 단위를 사용하여 길이, 무게, 넓이 등을 측정해 보기
시간에 대한 기초 개념 알기		- 하루 일과의 순서를 알아보기	- 일상생활에서 일어나는 일의 순서를 알아보기
공간과 도형의 기초 개념 알기		- 나를 중심으로 위아래, 앞뒤, 옆을 알아보기 - 여러 가지 물건의 모양을 살펴보기 - 기본 도형의 모양을 말로 표현하기	- 물건이 놓인 위치와 방향을 말해보기 - 여러 가지 물건을 관찰하여 기본 도형을 찾아보기 - 기본 도형을 이용하여 여러 가지 모양을 구성해 보기
기초적인 통계와 관련된 경험하기			- 친숙한 자료를 정리하여 그림이나 표로 만들어 보고, 이야기해 보기

참 고 문 헌

강완 · 백석윤(1998). 초등수학교육론, 서울: 동명사.

강지형 외(1999). 7차 교육과정에 의한 초등수학교육, 서울: 동명사

교육부(1997). 유치원 교육과정.

김민경(1997). 수학교육에서 멀티미디어의 활용과 교수전략에 있어서 그 효과. 대한수학교육논문집, 7(1), 369-379.

노선숙 외(2003). 지식기반사회의 수학, 정보과학 교육과정개발 기초연구. 이화여자대학교출판부.

이정욱 · 유연화(2006). 유아수학교육. 서울: 정민사.

정영옥(1997). Freudenthal의 수학화 학습-지도론 연구. 박사학위논문. 서울대학교.

한국교육과정평가원(2002). 초등학교 수학과 교수 · 학습 방법과 자료 개발 연구(연구보고 RRC 2002-16).

홍혜경(2004a). 유아수학능력 발달과 교육. 서울: 양서원.

홍혜경(2004b). 유아-초등 저학년의 연계적 수학교육과정을 위한 기초연구. 유아교육연구, 24(2), 289-310.

홍혜경 · 이정욱 · 정정희(2004). 유아 수학능력 및 수학교육의 연구 동향. 유아교육연구, 24(7), 227-261.

Bruner, J. (1986). *Actual minds, possible worlds.* Cambridge, MA: Harvard University Press.

Clement, D. H., & Battista, M. T. (1990). Constructivist learning and teaching, *Arithmetic Teacher*, September 34-35.

Cobb, P., Yackel, E., & Wood, T. (1992). A constructivist alternative to the representational view of mind in mathematics education. *Journal of Research in Mathematics Education*, 23(1), 2-33.

Freudenthal, H. (1983). *Didactical phenomenology of mathematical structures.* Dordrecht: D. Reidel Publishing Company.

National Council of Teacher of Mathematics. (1989). *Curriculum and evaluation standards for school mathematics.* Reston, VA: Author.

________ (1990). *Constructivist views on the teaching and learning of mathematics.* Journal of Research in Mathematics Education (Monograph 4).

Reston, VA: Author.

________ (1991). *Professional Standards for Teaching Mathematics.* Reston, VA: Author.

________ (1995). *Assessment standards for school mathematics.* Reston, VA: Author.

________ (2000). *Principals and standards for mathematics.* Reston, VA: Author.

National Research Council. (1989). *Everybody counts: A report to the nation on the future or mathematics education.* Washington D.C.: National Academy Press.

Vygotsky, L. S. (1978). *Mind in society: The development of higher psychological processes.* Cambridge, MA: Harvard University Press.

2장. 수학 교수-학습 이론

학습은 복잡한 심리적 과정이다. 심리학자들은 인간이 새로운 개념을 형성하고 기술을 습득해가는 행동과정을 관찰하고 실험함으로써 지식획득의 과정을 설명하고 교육을 수행하기 위한 이론적 근거를 제시한다. 대부분의 교수-학습 이론은 발달 및 학습의 서로 다른 영역에 초점을 맞추고 있으며 어떤 이론도 발달과 학습에 관련된 모든 영역을 설명할 수는 없다. 이러한 다양한 발달이론 또는 학습이론들은 특정 현상을 설명하는데 있어서 서로 불일치하고 대립되는 측면이 있지만, 동시에 다양하고 복합적인 요인들이 얽혀있는 발달 및 학습과정을 이해하는데 기여하기도 한다. 본 장에서는 행동주의 이론과 더불어 인지주의에 포함되는 이론들 중 대표적인 구성주의 이론, 정보처리 이론, 다중지능 이론에 초점을 맞추어 살펴보고자 한다.

2.1 행동주의 이론

행동주의는 학습을 물리적 자극에 대한 행동 반응체계로 설명하며, 바람직한 행동을 증가시키면서 바람직하지 못한 행동을 감소시키는 방법에 초점을 맞춘 이론이다. 20세기 초에 Thorndike의 자극반응 이론은 자극과 반응 사이에 연합 또는 결합이 형성될 때 학습이 일어난다고 설명하였다. Pavlov, Skinner를 비롯한 행동주의자들은 동물 실험을 통하여 서로 다른 조건화의 효과를 보여주었다. 정적강화는 동물들이 음식이나 물과 같은 보상을 얻기 위해서 또는 이전 보상에 의해 특정 자극에 대한 조건화된 반응을 기반으로 동일한 과제를 반복해서 수행하도록 만든다고 설명된다.

행동주의 관점에서는 인간의 능력이나 인성, 행동특성 등이 유전에 의해 미리 정해져 있지 않다고 보는데, 아무런 지식이나 능력을 지니지 않은 상태에서 태어나 출생 후 외부의 자극에 대한 반응을 통해 학습해 나가는 수동적인 존재로 인간을 인식한다. 따라서 행동주의 입장을 취하는 심리학자들은 강화, 연습, 외적 동기가 연합과 행동 학습에 어떠한 영향을 미치는지에 관심을 둔다.

행동주의 관점의 교육자들은 교수의 목적을 행동이나 기술 습득에 둔다. 또한 학습 내용을 하위 기술들로 잘게 쪼개고 이를 다시 단순한 것에서 복잡한 것으로 위계를 정하여 교육과정을 사전에 계획하는데, 그 대표적인 예가 완전학습 모형(Bloom, 1976)이다. 완전학습 모형에서는 전체가 부분으로 나뉘어지며 기술은 하위기술로 나뉠 수 있다고 전제한다. 학습자는 어떤 부분이 부족한지를 평가받은 후 각 단계에서 요구되는 기술이 완전히 습득될 때까지 지도받는다. 각 단계의 기술이 완전 습득된 후에는 기술의 축적이라 할 수 있는 보다 일반적인 개념 또한 가르칠 수 있다.

행동주의 이론에서 본 유아수학교육

학습을 사회적 전수의 문제라고 이해하고 언어적인 설명을 주요 학습 수단으로 간주하는 행동주의 이론에서 수학 및 수학교육을 보는 입장에 대하여 요약하면 다음과 같다(De Vries & Kohlberg, 1987). 먼저, 행동주의 이론에서는 산술(arithmetic)을 사회적 전수에 의해 학습되는 것이며,

수에 대한 이해는 수 세기로부터 출발한다고 본다. 또 계산 기술의 습득은 그 자체가 수학교육의 중요한 목적으로 여겨지며, 계산능력은 수학적 능력을 위한 필수적인 기초로 중요시된다. 이를 위해 구구(number facts) 및 수학 공식들에 대한 암기와 학습지를 통한 반복적 훈련이 중요시된다. 학습지 훈련을 중시하는 이유는 행동주의 관점에서는 수를 마치 색깔이나 크기, 모양 등과 같이 특정 사물에 내재되어 있는 특성으로 가정하고, 수라는 특성을 그림을 통해(예: 특정 숫자를 제시하고 그 수만큼의 물체가 그려진 세트에 동그라미 표시하기 등) 반복적으로 접하면 강력한 결합을 형성하게 되고 따라서 그러한 특성이 학습된다고 보기(Kennedy, Tipps, & Johnson, 2004) 때문이다. 행동주의에서는 관습적인 표기를 중시하여 수학교육을 처음 시작할 때부터 숫자를 도입한다. 주로 물체 그림과 더불어 물체의 수량을 숫자로 나타내는 방식으로 숫자를 도입하는데, 이렇게 하는 실제에 깔린 가정은 유아들이 그림으로 그려진 물체의 수를 해당 숫자와 결합시킬 것이라는 생각이다. 또 유아들이 제시된 숫자가 의미하는 수를 세어보도록 하기 위해 옮길 수 있는 물체를 제공하고, 숫자 쓰기도 유아를 위한 수학교육의 실제로서 사용한다.

이로써 행동주의 이론은 교사의 언어적 설명과 학습지 훈련, 수학 공식 및 구구에 대한 암기를 통해 학습자의 외부에 존재하는 수학 지식과 기술을 학습자에게 주입시키는 수학교육의 초기 전통을 형성하였으며, 현재까지도 수학교육의 실제에 큰 영향을 미치고 있다.

2.2 구성주의 이론

구성주의는 지식을 보는 시각에 있어서 행동주의를 포함하는 이전의 이론과는 완전히 다른 관점에 기초한 이론이다. 지식에 대한 구성주의 이전의 패러다임은 객관주의와 절대주의로 총칭되는데, 여기서는 지식을 고정적이고 확인할 수 있는 대상으로서 인식 주체의 주관적인 해석과 무관하게 개인

외부에 객관적이고 항구적으로 존재하는 것으로 이해한다. 따라서 이런 객관적 지식을 발견하기만 하면 그것은 역사, 문화, 시대적인 제약을 벗어나 모든 경우에 적용가능하며, 이러한 진리가 존재하는 현실은 통제와 예측이 가능한 곳으로서 인간은 그 진리의 모습에 맞추어 살아야 한다고 본다. 그러나 구성주의는 이런 입장에 동의하지 않는다. 구성주의에 따르면, 인식 주체자의 마음 밖에 절대적으로 존재하는 객관적인 지식이란 있을 수 없다. 오히려 지식은 인식 주체의 경험에 따라 구축되어지는 개별적인 인지적 작용의 결과로서, 이에 대한 주관적인 해석과 비판이 가능하며 개인의 사회적 참여와 다양한 경험에 의해 지속적으로 구성되고 재구성되어지는 것으로 이해된다.

이와 같이 지식에 대해 상반되는 입장을 취하는 객관주의와 구성주의 관점은 교수와 학습에 대해서도 서로 대조적인 원리를 제안한다. 즉, 객관주의에서는 교수의 목적을 특정 지식, 또는 행동이나 기술 습득에 둔다. 현실을 예측과 통제가 가능하다고 보기 때문에 수업 역시 사전에 구체적으로 계획할 수 있다고 보며, 세밀한 계획에 따라 모든 지식을 작은 단위로 세분화하고 구조화, 순서화, 체계화하여 제시한다. 이에 비하여 구성주의에서는 교수의 목적을 행동이나 기술 습득에 두기보다 개념에 대한 이해와 구조가 형성되는 과정에 초점을 둔다. 구성주의는 지식을 개인의 인지적 작용의 결과로 간주하므로 수업도 개인의 주관적인 관심과 흥미에 초점을 맞추어야 하며, 교사가 수업의 전체적인 목표를 제시할 수는 있지만 수업 전에 본인이 아닌 교사에 의해 일괄적으로 세부적인 학습목표가 미리 결정될 수 없으며 학생들 스스로 수업을 진행해 가면서 자신의 흥미와 관심, 수준 등을 고려해서 구체적인 학습목표를 결정해 나가야 한다고 본다.

이와 같은 구성주의 이론은 다시 인지적 구성주의(cognitive constructivism)와 사회문화적 구성주의(sociocultural constructivism)로 나뉘는데, 이 두 가지 관점은 학습자가 그를 둘러싼 외부 환경과의 상호작용을 통하여 지식을 구성한다고 보는 점에서 같은 뿌리를 갖고 있으나, 지식을 구성하는 주요 요인으로 개인의 인지적 작용을 더 강조하느냐 또는 개인이 속해 있는 사회, 문화, 역사적 상황에 큰 관심을 두느냐에 차이가 있으며 학습 및 발달에 대한 접근 범위에 있어서 차이가 있다.

2.2.1 인지적 구성주의 이론

인지적 구성주의는 주로 Piaget의 발달심리에 그 이론적 근거를 둔다. 인지적 구성주의의 핵심은 지식을 객관적 세계에 대한 묘사 또는 표상으로 보지 않고, 세상에 대한 적응으로 본다는 점이다. '적응'이라는 개념은 생물학에서 유래하는 것으로 주어진 환경의 상황이나 제약 속에서 살아남는다는 의미를 지니는데, Piaget는 생물학에서 사용하는 유기체의 환경에 대한 '적응' 개념을 인지적 주체의 개념구조와 그의 경험적 세계와의 관계를 이해하기 위한 단서로 보았다.

인지적 구성주의에서 볼 때, 복잡한 정신구조(또는 스키마)는 새로운 경험을 과거의 경험과 관련시킴으로써 형성되는데, 새로운 경험은 정신적 체계 안으로 동화(assimilation)되거나 또는 받아들여지면서 불평형 기간을 가져오게 되고, 불평형은 학습자가 새로운 경험을 통해 기존의 정신 구조를 조절(accommodation)함으로서 끝나게 된다. Piaget에 의하면, 학습은 지속적인 동화와 조절의 과정이고 불평형은 동화와 조절의 과정 안에서 새로운 스키마를 구성하는데 필요한 부분으로, 지식이란 생물학적으로 이미 정해진 개개인의 발달과정의 틀 안에서 동화와 조절이라는 인지 과정을 통해 구성된다고 본다.

인지적 구성주의 이론에서 본 유아수학교육

유아의 수 개념 발달에 대한 Piaget의 이론은 수에 대한 보존 능력, 특히 가역적 사고를 기준으로 한다. 가역적 사고는 특정 변화를 지각하는 동시에 역으로의 변화를 상상함으로써 그 변화를 상쇄시킬 수 있는 사고능력이나. Piaget의 이론에서 가역성은 모든 논리와 수학의 핵심에 위치한다(Bryant, 1997). Piaget(1965)의 주장에 따르면, 유아가 기수와 서수의 원리를 이해하려면 수를 보존할 수 있어야 하고 가역적 사고가 가능해야 하는데 6, 7세가 되기 이전에는 이러한 보존과 가역적 사고가 불가능하기 때문에 유아기 아동들은 수를 직접 다룰 수 없다는 것이다. 유아들이 상당히 능수능란하게 수를 세기도 하지만 그들은 수의 의미와 원리를 완전히 이해하지는 못한다는 것이다.

Piaget는 동일한 수량의 물건들을 2줄로 똑같이 늘어놓고 그중 한 줄의 배열을 달리했을 때 어린 유아들은 줄의 길이가 달라진 것에만 관심을 기울여 배열된 물건들의 수가 다르다고 인식한다는 사실을 발견하였다. 어린 유아들은 어떤 배열에서도 새로 물체가 추가되었거나 또는 제외되지 않았으므로 물체의 수량에는 아무런 변화가 없다는 사실을 인식하지 못하고 단지 배열의 길이가 달라진 것만 주목한다는 것이다. 두 줄로 배열된 물체들을 1대1로 대응시켜 보면 두 줄의 수량이 같음을 알 수 있는데, 이때 1대1 대응이 필요하다는 것을 깨닫게 만드는 열쇠가 바로 가역적 사고이다. 가역적인 인지과정이 가능한 아동은 한 줄을 드문드문 배열하는 것이 물체의 실제 수량에는 아무런 영향도 미치지 못함을 이해할 수 있다. 역으로의 변화, 즉 물체들을 다시 원래대로 촘촘하게 배열했을 때를 상상해봄으로써 물체의 수량에는 실질적인 변화가 없었음을 깨달을 수 있기 때문이다. 또 한 줄의 길이가 변화된다고 해서 두줄 사이의 1대1 대응이 달라지지 않는다는 사실도 인지할 수 있다(Bryant, 1997). 그러나 수 보존이 안 되는 유아들은 가역적 사고가 불가능하기 때문에 이런 사실을 인식할 수 없다.

이렇게 볼 때, 유아들은 비논리적이고 자기중심적이며 물체의 외양에 지배되는 발달적 특성을 지니므로 수 개념을 형성시키는데 매우 제한적인 존재이다. Piaget의 관점에서 유아들이 수를 직접 다룰 수 있기 위해서는 그 준비 과정으로 위계적 포함관계와 연속적 비대칭 관계를 비롯하여 특정 집합 내 사물들 간의 관계를 이해할 수 있는 논리·수학적 사고 능력을 키워야 한다(De Vries & Kohlberg, 1989). 진정한 수의 이해는 논리적 구조 및 수 보존이 성취된 이후에 가능해지며, 이를 위해서는 사물이나 사건들에 대하여 다양하게 관계지어보는 경험이 선행되어야 한다(Kamii, 1982). 즉, 유아들에게는 '더 많은', '더 적은' 등과 같은 논리·수학적 용어를 사용하여 양을 질적으로 사고해보도록 격려하는 것이 바람직하며, 이러한 경험은 장차 수를 다루는 상황으로 전이되리라고 본다(이지현, 1999).

이러한 Piaget의 이론은 유아 수학교육의 내용과 수학학습의 과정에 대한 기본 틀을 제공하기도 하였다. Piaget는 유아의 수학적 지식에 기초가 되는 조작을 논리-수학적 지식과 공간-시간적 지식 구조에 의한 조작으로 구분하였다. 논리-수학적 지식은 분류, 순서짓기, 수에 관한 지식 구조를 구성하는 것과 관련된다고 보았으며, 공간-시간적 지식은 공간적 위상학, 기하, 시간에 관한 지식 구조를 구성하는 것과 관련된다고 보았다(홍혜경, 2004). 유아교육기관에서는 유아들이 수를 보존할 수 있을 때까지 수를 다루는 활동을 연기하고, 논리·수학적 사고를 발달시킬 수 있는 활동들로서 특정의 집합 내에서 분류하기, 서열화하기, 관계짓기 등의 수 이전 활동(pre-number activities)이 중요한 의미를 갖게 되었고(Bjorklund, 1995) 이들을 중심으로 유아들을 위한 수학교육과정을 운영하게 되었다(De Vries & Kohlberg, 1987). 우리나라에서도 Piaget 이론에 근거하여 1980년 이후 유아수학교육의 내용에 분류, 순서짓기, 공간 등이 포함되었으며, 제 3차 유치원 교육과정에서는 1:1 대응하기, 보존성 알기, 부분과 전체 간의 관계 등 논리-수학적 사고와 관련된 요인 자체가 수학교육의 내용으로 선정되기도 하였다(홍혜경, 2004).

Piaget를 중심으로 하는 인지적 구성주의 학자들은 전통적인 행동주의 이론에서 강조하는 수학교육의 내용과 방법에 대해서 매우 비판적인 입장을 나타낸다. 즉, 유아 수학교육에 대한 행동주의 이론은 학습에 대한 잘못된 가정과 원리를 토대로 하고 있다는 것이다. 먼저 Piaget는 수에 대한 학습을 하기 위해서는 맨 처음 수 세기를 배워야 한다는 행동주의의 가정에 대해서 반박한다. Piaget(1965)는 수 세기가 수 개념 발달을 위한 중요한 토대라고 보지 않으며, 아동이 구체적 조작 단계에 도달하기 이전에는 수에 대한 이해에 도달하지 못한다고 주장한다. 구체적 조작 단계에 이르기 이전의 유아들은 타인을 모방함으로써 수 세기를 습득할 수는 있지만, 이처럼 기계적으로 습득된 수 세기는 문제에 대한 의미 있는 수량적 추론을 하는데 도움이 되지 못한다. 따라서 기계적인 수 세기를 할 수 있다는 사실만으로 유아가 수를 이해한다고 볼 수 없으며, 수 세기가 유아의 수 학습에 중요한 역할을 한다고 보지 않는다.

또한 인지적 구성주의 학자들은 행동주의에서 수를 마치 '사물에 내재된 속성'으로 간주함으로써 수라는 특성을 학습지를 통해 반복적으로 접하게 하면 강력한 결합이 형성되고 그러한 특성이 학습된다고 보는 가정에 문제가 있음을 지적한다. 인지적 구성주의자들은 지식을 물리적 지식과 논리·수학적 지식 및 사회적 지식의 세 가지로 구분하며, 각각의 지식은 서로 다른 근원과 구조를 지니므로 구성되는 방식에 있어서도 차이가 있다고 본다(Kamii, 1982). Piaget에게 수는 논리·수학적 지식의 한 가지 예로서, 논리·수학적 지식은 지식의 근원이 개인의 내부에 있다는 점에서 물리적 지식이나 사회적 지식과는 다르다. 다시 말해서 수란 개인이 자신의 사고 속에서 만들어내는 사물과 사물 사이의 관계로서, 크기나 형태와 같은 외관상의 특성을 지니는 개인의 외부에 존재하는 물체도 아니고, 또는 사람들이 임의적으로 전한 사실도 아니다. 논리·수학적 지식은 반성적 추상화(reflective abstraction)의 방식으로 아동의 머리 속에서 구성되는 것으로 외부의 사물이 지니고 있는 특정 속성을 추상하는 경험적 추상화나 관습적 지식에 대한 사회적 전달과는 전혀 다르다(De Vries & Kohlberg, 1987; Kamii, 1982). 반성적 추상은 개인의 외부에 있는 지식을 단순히 받아들이는 과정이 아니라 개인이 정신 속에서 사물간의 관계에 대해 기존에 있는 지식과 관련지으면서 새로운 지식을 구성하는 과정을 의미한다. 인지적 구성주의자들은 유아들에게 미리 준비된 성인의 사고를 받아들이게 하기보다는 수학적 관계를 스스로 찾아보도록 기회를 부여하는 것을 중시한다. 이러한 기회는 유아가 개별적인 욕구와 관심에 따라서 문제를 제기하고 그것을 해결하려고 노력하는 가운데에서 발생하는 것이며 정답을 얻는 것보다는 추론하는 과정을 강조한다. 따라서 행동주의 이론에서 수를 사물의 속성으로 잘못 가정한 결과 학습지 훈련을 중시한다고 비판한다.

행동주의 학자들이 수학교육을 실시할 때, 숫자를 포함하는 관습적인 표기를 강조하는 실제에 대해서도 인지적 구성주의자들은 매우 비판적이다. 이들의 관점에서 볼 때, 숫자는 수량을 나타내는 관습적인 방식으로서 수량을 표상하는데 있어서 유아의 자발적인 생각이 무엇인지를 고려하지 못한다. 즉 수 자체는 임의적이고 관습적인 지식이 아니지만 수를 나타내는 숫자는 임의적이고 관습적인 것이므로, 나이 어린 유아들은 이것을 이해하는데 어려움을 나타낸다고 본다(De Vries & Kohlberg, 1987). 따라서 이들은 수학 교육을 처음 시작할 때부터 숫자와 같은 관습적인 표기를 강조하는 행동주의적 실제는 잘못되었다고 지적하며, 수에 대한 기호나 언어와 같은 형식적 상징은 유아의 논리적 구조가 발달된 이후에 도입되어야 한다고 주장한다(이지현, 1999). 수학은 논리의 문제로서 수의 상징이나 수 언어와는 별개의 것이며, 유아가 수 상징을 의식적으로 생각할 수 있으려면 그 이전에 수에 대하여 추론할 수 있게 하는 기본적인 논리 구조가 필요하다는 것이다. Piaget는 아동들이 지필식 수학문제를 어려워하는 것은 논리가 부족해서라기보다는 상징표상의 문제 또는 문제풀이에 요구되는 속도의 문제에 기인한다고 본다. 따라서 논리적 구조가 발달되기 이전의 유아들에게는 숫자나 기호, 지필식의 수학계산 등과 같은 수 표상의 사용을 억제하게 된다(De Vries & Kohlberg, 1987).

요약하면, Piaget 이론을 중심으로 하는 인지적 구성주의에서는 유아의 수학적 지식이 논리구조의 발달과 더불어 단계적으로 구성된다고 보기 때문에 수가 발달되기 이전의 시기는 전 논리적 수준에 대응한다고 본다. 즉, 사물과 사물간의 관계를 구성하기 이전의 유아들은 수에 대한 반성적 추상화를 독립적으로 할 수 없다고 주장한다. 따라서 유아기의 수학교육은 사물간의 관계를 구성하는데 도움이 되는 수 이전 활동을 중심으로 이루어져야 한다고 인식되며, 수를 직접적으로 다루는 수 세기 활동, 수연산 활동 등은 유아기에 적절한 활동이라고 보지 않는다. 수 개념 발달에 대한 Piaget의 이론은 이후 현재까지도 유아 수학교육에 있어서 커다란 영향을 미치고 있다.

2.2.2 사회문화적 구성주의 이론

앞에서도 언급한 바 있지만, 구성주의가 인지적 구성주의와 사회문화적 구성주의로 구분되는 기준은 개인의 인지발달에 영향을 미치는 사회, 문화, 역사적 요인들이 얼마나 중요시되느냐의 정도에 있다. 인지적 구성주의는 지식의 형성과정에서 개인의 인지적 작용을 가장 주요 요인으로 간주하는 반면 개인의 인지발달에 있어서 사회적 상호작용을 포함하는 사회문화적 요인들이 수행하는 역할에 대해서는 상대적으로 도외시했다는 평가를 받는다. 이에 비하여 Vygotsky의 발달심리 이론에 근거한 사회문화적 구성주의는 인간의 인지 발달을 '사회적 상호작용의 내면화'라고 설명하고 사회적 상호관계를 개인의 지식을 구성하는 가장 중요한 요소로 본다. 또한 개인이 속한 사회문화적 맥락에서 소통되는 지식과 정보가 사회적 참여 및 사회의 지원을 통해 개인에게 영향을 미침으로써 그의 인지과정의 틀을 제공한다고 본다. 다시 말해서 유아를 능동적으로 지식을 구성하는 존재로 인식한다는 점은 인지적 구성주의와 사회문화적 구성주의가 같지만 지식을 구성하는 과정에서 작용하는 사회, 문화, 역사적 맥락이 주는 영향을 중시한다는 점은 사회문화적 구성주의의 특징이라고 볼 수 있다.

개인의 지식이 사회적 참여를 통하여 구성된다는 사회문화적 구성주의의 핵심적 원칙을 가장 잘 설명해 주는 개념은 Vygotsky(1978)의 '근접발달영역'(zone of proximal development)이다. 이는 학습자의 학습을 그 영역의 전문적 지식과 기술을 지닌 사람이 도와줄 경우 학습자 개인이 스스로 도달할 수 있는 인지적 발달수준보다 더 나은 수준에 이를 수 있으며, 이때의 발달이란 학습자가 타인의 도움을 받아서 과제를 수행할 수 있는 지점부터 혼자의 힘으로 도달하는 인지적 수준에 이르기까지의 넓은 영역을 의미하는 개념이다. 학습자의 학습을 돕는 사람은 부모일수도 있고 교사일수도 있으며 또는 동료 학습자일수도 있다. 이들에 의한 학습적 도움은 기존의 지식이나 기술의 전달방식처럼 일방적으로 그리고 직접적으로 지식을 전달하는 형태가 아니라 안내자 또는 조언자의 형태를 띤다. 즉, 처음에는 안내 또는 조언의 정도가 적극적으로 이루어지지만 학습자 스스로 완전히 문제해결의 전 과정을 다룰 수 있는 단계에 이를 때까지 안내자/조언자의 관여 정도를 점진적으로 줄여가면서 종국에는 완전히 사라지게 되는 것이다. 이러한 조력자의 도움의 과정을 비계설정이라고 하며 학습자가 구성하는 지식은 그 지식이 구성되고 사용되는 맥락과 분리될 수 없다는 입장이다.

Vygotsky에게 사회적 맥락은 인간의 인지를 형성하는 발달과정의 일부분으로서 다음 3가지 수준의 맥락을 포함한다. 우선 즉각적 상호작용 수준으로 현재 아동이 상호작용하고 있는 사람(들)을 생각할 수 있으며, 두 번째는 구조적 수준으로 가정이나 학교와 같이 아동에게 영향을 주는 사회적 구조를 포함한다. 세 번째는 문화적 수준으로 언어나 수, 기술의 활용 등의 넓은 의미의 특성을 포함한다(Bodrova & Leong, 1996). Vygotsky는 아동이 속한 문화는 그 아동이 무엇을 알아야 하는가 뿐만 아니라 그 아동이 어떻게 사고하는가를 결정한다고 본다. 따라서 이런 관점을 따르는 학자들은 아동이 속한 사회문화에서 사용하는 수이름을 포함하는 수체계라던가, 화폐 및 측정의 단위, 수가 사용되는 맥락, 수학적 도구의 사용 등의 요인에 관심을 기울인다.

사회문화적 구성주의 이론에서 본 유아수학교육

Piaget는 유아들이 수를 직접 다룰 수 있기 위해서는 그 준비 과정으로 위계적 포함관계와 연속적 비대칭 관계를 비롯하여 특정 집합 내 사물들 간의 관계를 이해할 수 있는 논리·수학적 사고능력을 키워야 한다고 했다. 그러나 Vygotsky는 논리적 관계에 대한 지식도 사물과의 상호작용보다는 다른 사람들과의 상호작용을 통해 구성된다고 믿는다. Vygotsky에 의하면, 논리적 관계는 문화에 기초를 둔 것으로 공유된 활동을 통해 전수되는 것으로 유아가 사물을 단지 조작하고 탐색하는 것만으로 논리적 사고가 구성됨을 보장할 수 없다고 보며 결국 논리적 관계는 사회적 상호작용을 통하여 언어로 가르쳐야만 한다고 믿는다(Bodrova & Leong, 1996). 즉, 질문이나 서술을 통해 논리적 관계가 분명해질 때 유아는 논리를 자기 것으로 만들 수 있다는 것이다. 이와 같이 문화에 토대를 둔 경험이 '언어'라는 문화적 도구를 매개로 내면화될 때 그것이 곧 사고가 된다는 것이다. 문화적 도구는 이처럼 인간의 인지과정을 변형시키고 지적인 능력을 증가시키는 힘을 지닌다고 본다.

수학적 사고도 유아가 다른 사람과 함께 공유하는 활동에서부터 출발한다. 예를 들어 영아기부터 아동이 엄마 또는 형제와 함께 하는 수 세기나, 게임, 퍼즐, 기타 수에 대한 상호작용은 그 문화에 독특한 요인들을 포함하여 이러한 문화적 토대에 따른 공유된 경험은 장차 유아의 수학적 지식으로 내면화되어질 의미있는 활동이다(이지현, 1999). 공유된 활동은 지식이 많은 성인과 지식이 적은 유아의 상호작용에 국한된 것으로 오해되는 경우가 있으나, 그 외에도 동일 수준의 지식을 지닌 또래, 심지어는 상상적 상대와의 상호작용도 포함된다(Bodrova & Leong, 1996). 이처럼 다양한 종류의 공유된 활동을 통해 유아의 근접발달지역에서 가장 높은 수준의 도움을 줄 수 있으려면, 참여자들이 같이 놀이하는 것만으로는 불충분하며, 반드시 언어라는 매개체가 있어서 참여자들이 함께 대화를 하거나 그림을 그리거나 글을 쓰는 등의 의사소통이 있어야 한다. NCTM(1989, 1991, 1995)은 미국의 수학 교실이 새롭게 변화되어야 하는 필요성 및 변화의 방향을 제시하는 세 권의 기준집 시리즈를 출판하면서 학습자가 그들 자신의 지식을 끊임없이 구성하며 교사, 또래집단, 주위환경 같은 대상과의 교류를 통하여 획득-공유된 지식(taken-as-shared knowledge)(Cobb, Yackel, & Wood, 1992)을 만들어 나가는데 능동적으로 참여함으로써 수학적 교수와 학습의 의미 있는 교육환경을 만들어야 함을 강조하였다(Bruner, 1986; Vygotsky, 1978).

언어와 더불어 유아의 수학적 개념 발달에 큰 영향을 미치는 문화적 도구는 바로 10진 구조이다. 인간의 수 체계는 10진법의 계층적 구조를 갖는다. 10진 구조는 수를 생성적으로 셀 수 있게 하므로 우리가 수 체계를 알기만 한다면 모든 수를 외울 필요 없이 수 이름을 만들 수 있다. 이 구조는 인간의 수학적 생활의 심장부에 있는 문화적 발명품이다. 인류의 역사에서 볼 때 수체계는 비교적 늦게 발명되었으며, 모든 문화에서 발견되는 것은 아니다(Saxe, 1991; Saxe & Posner, 1983). 그것은 유아들이 자발적으로 학습하는 것이 아니라 전 세대에서 다음 세대로 전수되며 형식적 또는 비형식적으로 가르쳐지지 않는다면 사라질 수도 있다. 수의 10진 구조가 발달심리학자들의 주목을 받는 이유는 Vygotsky의 문화적 도구라는 개념과 완벽하게 맞아떨어지는 것으로서, 인간의 지적인 힘을 증가시키고 지적 과정을 변형시키는 발명품이기 때문이다.

그러나 우리는 여전히 유아들이 10진법을 학습하는 방식이나 이러한 학습이 유아의 수학적 이해에 영향을 미치는 방식에 대하여 별로 알지 못한다. 이중 가장 흥미있는 증거는 비교언어적인 것으로서, 특정 수 체계는 언어학적 관점에서 볼 때 다른 수 체계에 비하여 더 규칙적이라는 사실이다. 예를 들어, 우리나라를 포함한 동아시아 국가에서는 십일(ten-one)이라고 부르는 것을 영어로는 eleven이라고 하며, 우리는 삼십(three-ten)으로 말하는 것을 영어로는 thirty라고 한다. 이러한 언어적 차이는 유아가 수 개념을 형성하는데 영향을 주는 것으로 보인다.

이와 관련하여, Miller와 Stigler(1987)는 대만과 미국의 4, 5, 6세 유아들이 수 세기를 하는 방식을 비교하였으며, 이들의 수 세기는 문화에 따라 매우 큰 차이가 있음을 발견하였다. 대만 유아들은 미국 유아들에 비하여 언어적 수 세기를 훨씬 더 잘 했으며, 10의 자리 수를 세는데 있어서 미국 유아들이 훨씬 더 어려워하였다. 물체의 수를 셀 때, 하나씩 세는 것에서는 두 집단의 차이가 전혀 없었지만, 바른 순서대로 수 이름을 옳게 말하는 것에서는 대만 유아들이 훨씬 더 잘했다. Miller와 Stigler는 이러한 문화적 차이가 수 체계의 언어적 차이에 기인하는 것으로, 즉 중국어 수 체계는 매우 규칙적인 데 비하여 영어 수 체계는 상대적으로 불규칙적인 것에서 이러한 문화적 차이가 나타난다고 주장하였다. 물론 성취동기와 같은 다른 요인들이 차이의 원인일 가능성을 배제할 수는 없지만, Miller와 Stigler의 해석이 설득력을 지니며 Miura와 동료들(1988)에 의해 일본과 미국유아들의 간단한 수학과제의 수행을 비교한 연구 및 Fuson과 Kwon(1992a, 1992b)의 한국 유아들이 복잡한 더하기 문제에서의 성취를 보고한 연구들에 의해서도 지지되었다.

동아시아 국가들의 언어적 특성이 동아시아 유아들로 하여금 수 세기를 능숙하게 하도록 도울 뿐만 아니라 10진 구조에서의 서로 다른 수준 간의 관계를 이해하고 이런 관계를 문제 해결에 사용하도록 돕는 것으로 보인다. 수 체계는 영어를 사용하는 유아들보다 동아시아 유아들에게 훨씬 더 일찍부터 문화적 도구가 되어버리는 것이다. 따라서 문화적 도구의 본질은 유아가 그것에 대해 학습하는 방식에 영향을 미치며 유아가 이 도구에 대하여 학습하는 상황 역시 학습 방식에 영향을 미치는 것이다. 유아들은 학교에서 뿐만 아니라 학교 밖에서도 10진 구조를 학습한다. 돈을 비롯한 다양한 측정수단이 10진 구조로 조직되어 있다는 사실 역시 인간의 사회문화적 맥락이 유아의 인지발달에 영향을 미칠 수 있음을 보여 준다. 이러한 사회문화적 맥락에 있는 모든 아동들은 생활 속에서 10진 구조에 대하여 상당한 수준만큼의 비형식적인 교수를 받고 있게 됨을 의미하는 것이다.

사회문화적 맥락이 유아의 인지발달에 영향을 미치는 또 다른 예로써, 미국 유아들은 계속 세기 전략을 흔히 사용하고 있음을 볼 수 있지만 우리나라 유아들은 이를 거의 사용하지 않는다는 보고가 있으며(신은수, 1995), 행상을 하는 브라질 아동들은 형식적 교육을 전혀 받지 못했음에도 불구하고 다양한 수 세기 전략을 사용하여 장사를 능숙하게 할 수 있음을(Guberman, 1999) 볼 수 있다.

현재 수학교육의 실패에 대한 이유로서 학교에서 배우는 수학이 아동의 수학적 지식획득 상황과 분리되어 있기 때문이라는 설명이 설득력을 지닌다(홍혜경, 2004). 학교에서 제공되는 수학 학습은 유아의 수학적 지식이 획득되는 상황과 연계되어져야 한다는 것이다. 뿐만 아니라 학교에서 제공되는 수학적 활동들은 효율성, 추상성, 합리성을 추구하는 중산층의 문화적 배경을 지닌 유아에게는 적절하지만, 경험적이고 사회성, 표현성을 추구하는 저소득층의 문화적 배경을 지닌 유아들에게는 부적합하다는 것이다(Guberman, 1999). 따라서 유아가 속한 사회문화적 배경에 적절한 수학적 경험을 제공하는 것이 중요하다는 지적이다.

한편 사회문화적 맥락을 강조하는 Vygotsky 이론은 수학교육에 있어서, 무엇을, 언제, 어떻게 가르쳐야 하는지를 결정하는 데 중요한 이론적 토대를 제공한다. 예를 들어, 미국의 경우 우리나라보다 소수 학습이 더 일찍 제공되고 있으나 자리값 학습은 더 늦게 장기에 걸쳐 제공되고 있다. 그 이유는 미국은 일상생활에서 소수를 포함하는 화폐제도를 사용하기 때문에 소수를 학습하는데 친숙한 생활환경을 제공하는 반면, 우리나라의 경우는 화폐의 사용에 있어서 2~3자리 이상의 큰 수를 포함하며 수단어가 규칙적인 10진 구조를 갖추고 있으므로 자리값을 학습하는데 용이한 사회적 맥락을 제공하기 때문이다(홍혜경, 2004).

2.3 정보처리 이론

정보처리 이론은 새로운 정보가 투입되고 저장되며 기억으로부터 인출되는 방식을 연구하며 주로 학습자의 인지적인 과정에 관심을 가진다. 정보처리이론은 정보와 관련된 인간의 내적 처리과정을 컴퓨터의 처리과정에 비유한다. 이 이론의 기본 가정은 사고가 곧 정보처리라는 것이다. 또한 학습자의 발달단계 보다는 학습자가 표상하는 정보, 학습자가 정보를 변형시키기 위해 사용하는 과정들, 그리고 학습자가 표상하고 처리할 수 있는 정보를 제한하는 기억의 용량에 기본을 둔다. 즉 정보처리 이론은 Piaget의 인지발달 이론과는 달리 정보처리의 한계 및 이러한 한계를 극복하는데 사용되는 전략과 특별한 내용에 대한 지식의 역할을 더 강조한다.

정보처리모델의 구성요소는 정보가 저장되는 정보저장소와 정보의 이동을 의미하는 인지처리과정으로 구분된다. 정보저장소는 투입된 정보가 머

무는 곳이며, 인지처리과정은 각각의 정보저장소로부터 정보가 이동하는 것과 관계된 처리과정을 뜻한다. 정보저장소는 세 가지 요소로 구성되어있다. 첫 번째 요소는 학습자가 환경의 자극을 눈, 귀와 같은 감각기관을 통해 정보를 최초로 받아들이는 감각등록기(sensory register)이다. 두 번째 요소는 제한된 양의 정보를 제한된 시간동안만 저장하는 단기기억(short-term memory) 또는 작동기억(working memory)이라고 한다. 제한된 작동기억의 수용량을 증가시키는 방법으로 청킹(chunking)이 활용된다. 청킹은 분리되어 있는 항목들을 큰 묶음이나 의미 있는 조합으로 함께 기억하는 것이다. 'C, A, T' 글자는 작동기억으로 작용할 경우 세 단위로 인식하지만, 이들을 'CAT'이라는 단어로 조합하면 한 개의 단위로 인식하게 된다. 세 번째 요소는 장기기억(long-term memory)으로 많은 양의 정보를 무한대로 저장하는 곳이다. 장기기억은 이미지로 부호화하여 개인의 경험을 저장하는 일상기억과 문제해결전략과 사고기술, 사실, 개념, 규칙, 일반화 등이 저장되는 의미기억으로 구성되어있다고 가정한다.

인지처리과정은 정보들을 조작하는데 사용되는 것으로 주의집중, 지각, 시연, 부호화 등의 과정이 포함된다. 정보가 어떻게 조작되는 지 살펴봄으로써 지식절차의 효과적인 과정을 이해할 수 있다. 정보처리에서 네 가지 중요한 발달의 과정으로 자동화(automatization), 부호화(encoding), 일반화(generalization)와 전략구성(strategy construction)이 있다. 자동화는 계속되는 실행을 통해 인지과정들이 점점 주의(attention)를 덜 요구하게 되는 과정을 의미한다. 인지발달에서 중요한 역할을 하는 부호화는 장기기억 속에 있는 기존의 정보를 연결하거나 연합한 것으로 작동기억에서 장기기억으로 정보를 이동시키는 과정을 의미한다. 유아에게 부호화하는 방법은 어려운 과정으로 때로 부호화에 실패하는 경우가 있는데 부호화가 일어나지 않으면 받아들인 정보는 단지 일시적으로 저장되기 때문에 유익한 경험이라 할지라도 유아는 아무것도 배우지 못하게 된다. 이 과정들은 대부분의 인지발달이 일어나기 위해 함께 작용한다. 문제를 효과적으로 풀기 위해서 유아들은 문제에 있는 중요한 정보들을 부호화한다. 그리고 부호화된 정보와 다른 관련된 지식을 이용하여 문제해결을 위한 전략을 구성한다. 새로 구성된 전략을 완전하게 사용하려면 어느 상황에서도 사용할 수 있도록 일반화시켜야 한다. 또는 일반화한 내용을 가지고 새로운 문제해결을 위해 관련된 새로운 정보를 이용하여 더 발전된 전략 구성이 이루어진다. 마지막으로 새로운 전략의 실행은 시간과 노력을 많이 요구한다. 전략의 효과를 극대화시키기 위해 꾸준한 연습을 통한 자동화가 이루어져야 한다.

지식절차에 초점을 둔 정보처리이론 연구를 살펴보면, 유아들이 수학적 문제 해결에 있어 전략 구성과 일반화를 어떻게 이루는가를 알 수 있다. 문제해결이란 유아가 주변의 정보를 수집하고 저장한 것을 다시 인출하여 처리하는 과정을 의미한다. 그러므로 효과적인 문제해결을 위한 과정은 정보처리과정을 효율적으로 실행하는 것과 일맥상통하다.

Siegler(1998)는 다윈의 진화론에 영향을 받아 인지체계의 기본적 특성을 경쟁이라고 보았으며, 우리의 인지체계 내에서 개념, 규칙, 전략 등이 서로 경쟁하고 있다고 가정하였다. 이에 따라 전략-선택 모형(strategy-choice model)을 적용하여 유아가 적용하는 문제해결 과정을 설명하였는데, 유아는 비중이 서로 다른 다양한 대안적 전략을 갖고 있으며, 과거 어떤 전략을 사용했을 때 성공적으로 문제를 해결할 수 있었는지를 기초로 매 시도에서 전략을 선택적으로 사용하며, 전략이 지속적으로 성공을 수반하면 다른 전략보다 우선적으로 선택되는 전략이 된다는 것이다. 또한 정확한 전략을 지속적으로 사용하기에는 오랜 시간이 걸리며, 정확한 전략에 사용을 위한 학습 뿐 아니라 초기의 부적절한 전략에 의존하지 않는 학습을 포함하는 두 종류의 학습이 필요하다는 것이다.

예컨대, 5세 유아들이 3+5와 같은 간단한 문제를 풀 때 사용하는 전략은 다양하다. 이 때 한 유아가 일부터 세기 전략으로 문제를 해결한다고 가정할 때 유아는 손가락으로 차례차례 수 세기를 한다. 그러나 어떤 유아는 '이어세기(count-on)' 전략을 사용할 수 있다. 이 전략을 사용하는 유아는 1부터 세는 것이 아니라 두 숫자 중 큰 숫자를 선택하여 큰 수부터 세어 올라간다. 그런데 거의 모든 유아들은 여러 가지 전략을 동시에 사용한다. 그러면 이러한 전략 중 하나를 선택하는 것은 어떻게 이루어지는 것인가? Siegler는 전략 선택이 상황에 맞추어 일어난다고 설명한다. 예를 들어 이어세기 전략은 2+9와 같이 두 숫자간의 차이가 큰 경우 자주 사용된다고 한다. 이와 같은 문제에서 큰 수부터 이어세기 전략을 사용한 경우 실행하기 쉽고 효과적이라는 과거의 경험에서 이 전략이 그 이후 더 자주 선택되는 것이다.

유아들이 새로운 전략을 발견한 후 다른 문제에서 같은 전략을 사용하는 것은 아니다. 새로운 전략을 일반화시키는 데에는 많은 시간을 필요로 한다. 전략구성을 일반화시키는 데에는 두 가지 요소가 있다. 하나는 자동화가 이루어지기 위한 수많은 경험적 반복이고, 다른 한 가지는 새로운 전략을 유도하는 도전문제가 주어졌을 때 일반화가 빠른 속도로 증가한다는 것이다.

이 이론에 의한 연구들은 유아의 수학적 지식 구조와 전략에 있어 초보자와 숙련자와의 차이를 밝히고 있으며, 학령전 유아들의 수 세기 능력과 관련된 인지적 능력과 기술의 점진적 변화에 대한 정보를 제공하고 있다. Piaget의 이론이 개념적 이해를 기초로 한 개념적 지식의 획득에 관한 이해를 도왔다면 정보처리 이론은 절차적 지식의 획득에 관한 이해를 돕는데 기여했다고 볼 수 있다(홍혜경, 2004).

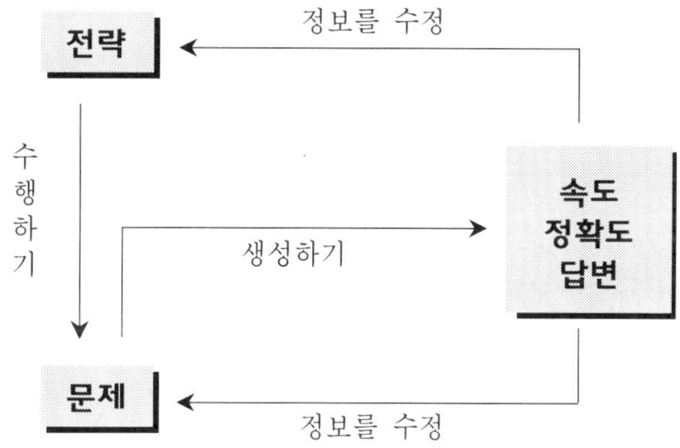

[그림 2-1] Siegler의 전략선택 모형

출처: 홍혜경, 2004, p.35

2.4 다중지능 이론

지능의 개념적 정의는 사회문화적 요구를 반영하므로, 기존의 산업사회에서는 언어와 수리에 관련된 인지적 능력을 가치 있는 지능으로 보았다. 그러나 사회가 변화함에 따라 종전의 학습에 관련된 인지적 특성에 국한되었던 지능의 개념은 새롭게 조명되고 있으며, 그 중 대표적인 시도로 Gardner의 다중지능 이론을 들 수 있다.

Gardner(1983)는 기존의 관점에서는 지능을 하나의 통합된 능력이라고 너무 좁게 해석하고 있다고 전제하고, 지능은 단일한 능력이 아닌 다수의 능력으로 구성되어 있으며, 그것들의 상대적 중요성은 각각 동일하다고 가정하였다. Gardner는 지능을 "문화 속에서 가치가 부여된 문제를 해결하거나 결과물을 창출하는 능력"으로 정의하였다. 전통적인 지능에 대한 획일화된 일차원적 개념인 IQ에서 더 나아가 Gardner는 인간의 지능을 다원적으로 보았다. 그는 인간이 다양한 지능을 가지고 있으며, 이 각각의 지능은 개인마다 다른 조합을 형성하고 있다고 설명한다.

다중지능이론에서는 인간의 지능을 음악적 지능, 신체-운동적 지능, 논리-수학적 지능, 언어적 지능, 공간적 지능, 대인관계 지능, 개인이해 지능, 자연탐구 지능, 실존적 지능 등으로 제시한다. 이 이론은 이렇게 다양한 지능을 인간이라면 누구나 가지고 있고 이중 최소한 하나의 우수한 지능을 갖고 있다는 가정에서 출발한다. 따라서 교사는 학습자가 갖고 있는 지능의 특성에 맞추어 각 교과의 내용을 재구성할 것을 강조한다. Gardner의 관점은 개인들이 지니고 있는 지능의 조합들이 저마다 다르기 때문에 나타나는 개인의 차이를 존중하고 다양한 잠재능력을 계발해주는 개별화된 교육을 강조한다.

Gardner(1983)는 프로젝트 스펙트럼(project spectrum)을 실시하였는데, 이 프로그램의 목적은 3~4세 유아들에게 다양한 다중지능 활동을 통해 조기에 아동의 지적인 강점과 약점을 확인해 내는 데 있다. 이것은 Harvard Project Zero의 동료들과 Tufts 대학교의 Feldman에 의해 엘리어트 피어슨 유치원에서 처음 시도된 다중지능이론에 기초한 취학 전 프로그램으로 Gardner와 Feldman은 지필검사 중심의 학교평가 실제에서는 인간이 가지고 있는 다양한 능력들이 효과적으로 발견될 수 없음을 인정하고, 유아들을 대상으로 일곱 개의 지능이 발견될 수 있고, 또한 학생 개인의 강점이 규명될 수 있는 프로그램을 개발한 것이다(Feldman & Gardner, 1989).

프로젝트 스펙트럼은 지식 위주의 활동이 아닌, 유아의 다양한 능력에 대한 인식의 중요성이 강조되며, 자연스런 상황 속에서 지적 호기심을 불러일으켜 유아의 뛰어난 지능 영역을 확인하고, 유아의 잠재력과 개별적 학습지도를 할 수 있는 교수-학습방법이다. 프로젝트 스펙트럼이 진행되는 교실에서는 여러 가지 지능들을 발달시키기 위한 다양하고 풍부한 자료들을 유아에게 제공한다.

■ 다중지능 이론에서 본 유아수학교육

다중지능 이론이 교실에서 활용되는 가장 큰 이유는 학습자의 개별적 특성에 적합한 학습형태를 구성하는데 있다. 이것은 수학 학습에서도 동일하다. 스펙트럼 프로젝트의 작업양식을 관찰한 결과, 유아들은 자신이 강한 영역에서 쉽게 참여하고, 자신감을 가지며, 높은 집중도를 나타냈다. 그러한 경우 논리·수학적 지능이 낮은 유아라 할지라도 유아들이 자신의 강한 영역과 관련한 작업양식으로 수학문제를 해결하기 위한 활동을 수행할 때, 수학 학습에 효과를 기대할 수 있다. 즉 시·공간지능이 높은 유아의 경우 그림이나 도표, 벤다이어그램 등을 활용한 수업을 전개시키고, 음악적 지능이 높은 유아들은 패턴을 중심으로 한 활동이나 반복적 수 세기와 관련한 더하기, 빼기 활동을, 언어적 지능이 높은 유아에게는 비형식적 경험을 바탕으로 한 문장제 수학 활동을 적용하는 것이다. 이것은 수업활동 뿐만 아니라 유아 평가에서도 같은 개념으로 이루어진다. 다중지능이론이 적용된 수학교육에서의 평가는 유아들의 의사전달이나 반성적 사고, 또는 포트폴리오와 같은 학습 결과물을 통해 이루어진다(홍혜경, 2004).

[표 2-1] 수학적 과정에 다중지능의 적용

	문제-해결	추론 & 논증	의사소통	연계	표상
언어적 지능	- 문장제에 대한 맥락으로써 이야기를 쓴다. - 문제-해결에 대해 쓴다.	- 다른 사람을 이해시키는 방법으로 논쟁한다. - 수학적 아이디어를 반박, 지지한다.	- 수학에 대한 문어적 표현의 촉구에 반응한다. - 용어를 정의한다.	- 수학적 개념간의 관계에 대해 쓴다.	- 문장제를 대수적 표현으로 혹은 그 역으로 옮겨 본다.
논리-수학적 지능	- 문제해결을 위해 수리적 자료를 수집, 기록, 사용한다. - 문제해결을 위해 계산한다.	- 수학적 결론을 일반화 한다. - 비 예시적인 것을 제공한다.	- 구어적, 문어적, 수학적 정보를 분류하기 위해 범주를 사용하고 개발한다.	- 수를 범주화하고 분류한다. - 다른 과목에서 수를 사용하는 것을 탐색한다.	- 자료를 분류하고 표상하기 위해 테크놀로지를 사용한다. - 다양한 방법으로 수를 표상한다.
시각-공간적 지능	- 문제해결전략으로 그림과 도표를 사용한다. - 유도된 해결책을 설명한다.	- 개념을 증명하기 위해 종이접기나 자르기를 사용한다.	- 2차원 모양과 3차원 물체의 특성을 기술한다.	- 건축에서 수학을 사용하는 경우를 찾아본다. - 교실과 학교를 기술한다.	- 문제를 해결하기 위해 표, 차트, 그림과 도표를 사용한다.
신체/운동적 지능	- 문제해결을 위한 전략으로써 가상화를 사용한다.	- 개념에 대한 추론을 위해 신체의 일부를 사용한다.	- 수학적 메시지를 전하기 위해 바디랭귀지, 제스처를 사용한다.	- 실제에서 다양한 제한점과 연계에 대해 조사한다.	- 사람에게 사물을 분배함으로써 나눗셈을 모델화 한다.
음악적 지능	- 회상을 돕기 위해 해결 전략을 음악적 음조로 옮겨본다.	- 끝없이 돌아가는 패턴을 가진 노래와 패턴을 비교하여 본다.	- 다른 문화와 언어에서 사용하는 수 세기 노래를 들어본다.	- 음악프로그램과 연계하여 수학적 음악을 만들어 본다.	- 리듬의 모델을 위해 사물을 사용한다. - 구체적 사물의 소리를 탐색한다.
대인간 지능	- 협동학습을 통해 문제를 해결한다. - 문제해결의 실행을 유도한다.	- 논쟁과 증명을 위해 다른 사람과 협동한다.	- 협동적 집단에서 상호적인 역할을 공유한다.	- 수학적 연계에 대한 토의에서 또래들을 이끌어 간다.	- 다양한 표상의 적용성을 토론해 본다.
대내적 지능	- 발전을 위한 목표를 세운다. - 문제해결 과정을 모니터한다.	- 추측에 대한 토대 형성을 위해 개인적 사전지식을 사용한다.	- 수학에 대한 느낌과 태도를 기술한다. - 소리내어 생각한다.	- 수학이 자신의 인생에서 사용되는 방법을 고려해 본다.	- 다양한 표상에 따라 사고를 조직한다. - 다양한 표상을 사용한다.

출처: 홍혜경 역(2001). 다중지능과 학교수학을 위한 기준에 의한 수학학습을 하도록 돕기. 어린이교육, 3, 131-142.

참 고 문 헌

신은수(1995). 3, 4, 5세 유아의 비형식적 더하기와 빼기의 수학능력 및 인지적 전략의 발달에 관한 연구. 유아교육연구, 15(1), 101-121.

이지현(1999). 유아 수교육 내용 및 방법에 관한 문화 심리학적 고찰. 유아교육연구, 19(1), 111-131.

홍혜경(2001). 다중지능과 학교수학 기준에 의한 수학학습을 하도록 돕기. 어린이교육, 3, 131-142. T. C. Adams. *Helping children learn mathematics through multiple intelligences and standard for school mathematics*의 번역.

홍혜경(2004). 유아수학능력의 발달과 교육, 서울: 양서원.

Bjorklund, D. F. (1995). *Children's thinking: Developmental function and individual differences*. Pacific Grove, CA: Books/Cole.

Bloom, B. S. (1976). *Human characteristics and school learning*. New York: McGraw-Hill.

Bodrova, E., & Leong, D. J. (김억환·박은혜 역) (1996). 정신의 도구: 비고츠키 유아교육, 서울: 이화여대출판부.

Bruner, J. S. (1986). *Actual minds, possible worlds*. Cambridge: Harvard University Press.

Bryant, P. (1997). Piaget, mathematics *and* Vygotsky. in S. Smith, J. Dockrell, & P. Tomlinson (Eds.). *Piaget, Vygotsky and beyond: Future issues for developmental Psychology and education* (pp. 131-144). New York, NY: Routledge.

Cobb, P., Yackel, E., & Wood, T. (1992). A constructivist alternative to the representational view of mind in mathematics education, *Journal of Research in Mathematics education*. 23(1), 2-33.

De Vries, R., & Kohlberg, L. (1987). *Constructivist early education: Overview and comparison with other programs*. Washington, DC: NAEYC.

Feldman, D. H., & Gardner, H. (1989). *Project Spectrum* : July 1987 - June 1989 (Final Annual Report to the Spencer Foundation).

Fuson, K. C., & Kwon, Y. (1992a). Effects on children's addition and subtraction of the system of number words and other cultural tools. In J. Bideaud, C.

Meljac, & J. P. Fischer (Eds.), *Pathways to number: Children's developing numerical abilities* (pp. 283-306). Hillsdale, NJ: Erlbaum.

Fuson, K. C., & Kwon, Y. (1992b). Korean children's understanding of multidigit addition and subtraction. *Child Development*, 63, 491-506.

Gardner, H. (1983). *Frames of mind: The theory of multiple intelligences*. NY: Basic Books.

Guberman, S. R. (1999). Cultural aspects of young children's mathematics knowledge. In J. V. Copley (Ed.), *Mathematics in the early years*. Reston, VA: NCTM.

Kamii, C. (1982). *Numbers in preschool and kindergarten: Educational implication of Piaget's theory*. Washington, DC: NAEYC.

Miller, K. F., & Stigler, J. W. (1987). Counting in Chinese: Cultural variation in a basic cognitive skill. *Cognitive Development*, 2, 279-305.

Miura, T., Kim, C., Chang, C., & Okamoto, Y. (1988). Effects of language characteristics on children's cognitive representation of number: Cross-national comparisons. *Child Development*, 59, 445-1450.

National Council of Teachers of Mathematics (1989). *Curriculum and evaluation standards for school mathematics*. Reston, VA: NCTM.

National Council of Teachers of Mathematics (1991). *Professional standards for teaching mathematics*. Reston, VA: NCTM.

National Council of Teachers of Mathematics (1995). *Assessment standards for school mathematics*. Reston, VA: NCTM.

Piaget, J. (1965). *The child's conception of number*. New York: Norton.

Saxe, G. B. (1991). *Culture and cognitive development*. Hillsdale, NJ: Earlbaum.

Saxe, G. B., & Posner, J. (1983). The development of numerical cognition: Cross-cultural perspectives. In H. P. Ginsburg(Ed.), *The development of mathematical thinking* (pp.291-317). New York: Academic Press.

Siegler, R. S. (1998). *Children's thinking*. (3rd ed.). Upper Saddle River, NJ: Prentice-Hall.

Vygotsky (1978). *Mind in society*. Cambridge, MA: Harvard University.

3장. 유아수학교육의 내용 구조

수학교육과정에서 제시되어 있는 유아수학교육 내용 뿐 아니라 초등 중등으로 연계되어 있는 수학적 내용 및 구조 관계에 대한 이해를 위하여 수와 연산, 기하, 측정, 규칙성과 통계 영역을 중심으로 그 내용을 간단히 살펴보고자 한다.

3.1 수와 연산

수학에서 다루는 대상 중 가장 기본적인 수는 인류의 역사와 함께 시작되었다. 인류의 문화에 따라 각기 다른 수 체계를 갖게 되었는데 현재 세계적으로 공용되고 있는 아라비아 수 체계는 인도에서 유래되어 12C경 아라비아 상인들에 의해 유럽에 전해지면서 전 세계로 전파되게 되었다(강완·백석윤, 1998; 강지형 외, 1999).

인간이 태어나서 가장 먼저 접하게 되는 개념인 수는 자연수 개념으로 시작된다. 수를 인식하는 초기 단계에서는 주로 물건의 종류나 모양, 크기에 관계없이 그 개수로 비교하면서 그 개념을 형성하게 된다. 이 개수는 자연 상태 그대로의 현상을 나타내는 것이므로 이를 자연수로 구분지을 수 있다. 이는 초등학교 이후의 분수와 소수 개념이 형성되기 이전 상태이다.

3.1.1 자연수의 구분

일상생활에서 사용하는 자연수는 경우에 따라 여러 가지 의미로 소통된다. 예를 들면 '아파트 3동 3층의 3번째 집'에서 사용된 '3'은 그 의미가 다르다. 이렇듯 자연수는 경우에 따라 집합수(혹은 기수, cardinal number), 순서수(혹은 서수, ordinal number), 명칭수(혹은 이름수, nominal number)의 의미로 쓰이며 다음은 각각의 예이다.

집합수

어느 집합에 속하는 원소의 수를 나타내며 사물이나 사람의 개수를 세는 경우로서 한 명, 두 명 등으로 세는 경우이다.

순서수

차례를 나타내는 수이며 첫째, 둘째, 셋째 등으로 세는 경우이다.

명칭수

이름수라고도 불리며 사물의 이름 대신 다른 사물과 구분하기 위하여 사용하는 수로서 전화번호, 아파트 동/호수 등이 그 예이다.

3.1.2 기수법과 명수법

수를 기호로 나타내며 이를 읽는 방법은 문화권에 따라 다르게 나타났다. 이때 기호로 수를 나타내는 방법은 기수법, 수를 읽는 방법은 명수법으로 구분하며 이를 간단히 요약하면 다음의 [표 3-1]과 [표 3-2]와 같다.

[표 3-1] 기수법의 종류

기수법의 종류	의미	예	특징
가법적 기수법	하나의 기호 옆에 기호를 첨가	고대 이집트의 상형 문자식의 로마숫자(1: I, 2: II, 3: III 등), 바빌로니아 수	큰 수의 경우 많은 공간이 필요
승법적 기수법	一부터 九를 나타내는 기본적인 수와 승(承)을 나타내는 숫자 기로를 조합하여 사용	한자(예: 二千六) 만(萬): 10^4 억(億): 10^8 조(兆): 10^{12} 경(京): 10^{16} 해(垓): 10^{20} ... 정(正): 10^{40} 등	자릿값이 없는 경우를 한눈에 구분하기는 어렵다.
위치적 기수법	수가 놓인 자리로 단위를 나타냄	아라비아 수(예: 2006)	자릿값이 없는 경우 0을 사용

[표 3-2] 명수법의 종류

명수법의 종류	예
우리말 명수법	하나, 둘, 셋, ..., 아흔아홉
한자말 명수법	일, 이, 삼, ... 구십구

3.1.3 유리수

유리수(rational number)는 비(比)를 나타내는 ratio를 나타내는 수에서 유래한다. 자연수의 체계로는 수를 표현하지 못하는 상황이 있는데 예를 들면 '빵 한 개를 두 사람이 똑같이 나눌 때 한 사람이 먹을 수 있는 양은 얼마인가'와 같은 상황이다. 이는 2와 1과 같은 자연수만으로는 표현이 불가능하다. 이때 반 조각과 같은 의미의 양을 표현해야 하는 데 이를 유리수로 표현하게 된다(Sheffielf & Cruikshank, 2000).

모든 실수는 유한 또는 무한인 소수(小數)로 나타낼 수 있다. 이때, 유한 소수 또는 순환소수로 나타내어지는 것은 유리수이고, 그렇지 않은 것은 무리수이다. 유리수는 두 정수 p와 $q(q \neq 0)$를 비(比) $\frac{p}{q}$(분수)의 꼴로 나타낸 수를 말하며, 특히 $q=1$일 경우는 정수가 된다. 유리수를 나타내는 방법에는 분수와 소수의 형태가 있다([표 3-3] 참조).

[표 3-3] 수의 출현 및 관련 역사

수 종류	역사적 사실	비고
분수	기원전 2000년경 바빌로니아인 사용 흔적 있음	어원: al-kasr (부수는 것)
0	인도의 힌두 수학자(500~800경 추정)가 사용한 흔적 있음	
소수	스테빈(1585)이 처음 사용	5.678을 5□6①7②8로 표기하였음
π (3.14)	영국의 수학자 존스(1706)가 용어 처음 사용	

3.1.4 사칙연산

연산은 수학의 가장 기본적인 기능이라고 할 수 있다. 기본적인 사칙연산으로는 덧셈, 뺄셈, 곱셈, 나눗셈이 있으며 연산의 각각의 의미와 예시는 다음의 [표 3-4]와 같이 요약된다(Van de Walle, 1998). 참고로 수학의 주요 기호에 관한 역사적 배경은 다음의 [표 3-5](김민경, 2005)와 같다.

[표 3-4] 사칙연산 기호 및 의미

연산	의미 및 예시
덧셈 (+)	- 합병: 빨간 구슬 5개와 흰 구슬 2개를 합하면 얼마인가? - 첨가: 꽃병에 꽃이 5송이 있다. 여기에 2송이를 더 꽂으면 꽃은 모두 몇 송이가 되는가? - 수직선 모델
뺄셈 (-)	- 구잔(덜어내기, take-away) : 사과 7개에서 5개를 먹으면 몇 개 남는가? - 구차(비교하기, comparison) : 귤 7개와 사과 5개 중 어느 것이 얼마나 많은가?
곱셈 (×)	- 두 집합의 순서쌍으로 나타나는 곱집합 원소의 수: a×b=n(A×B) : 자연수에만 가능 : 세 가지 다른 모양의 티셔츠와 두 가지 다른 바지를 입을 수 있는 경우의 수(3 곱하기 2) - 동수 누가(반복된 덧셈, repeated addition) : 사과 세 개씩 두 봉지가 있다. 사과는 모두 몇 개인가?
나눗셈 (÷)	- 등분제(fair sharing) : 사과 15개를 3사람에게 똑같이 나누어 줄 때 한 사람이 몇 개를 차지하는가? - 포함제(반복된 뺄셈, repeated subtraction) : 사과 15개를 한 사람에게 3개씩 주면 몇 사람에게 줄 수 있는가?

[표 3-5] 수학의 주요 기호에 관한 역사적 배경

수학 기호	처음 사용한 사람
＋ (더하기)	독일의 비트먼(1489) → 프랑스의 비에타
－ (빼기)	독일의 비트먼(1489) → 프랑스의 비에타
× (곱하기)	영국의 오트래드(1631)
÷ (나누기)	스위스의 하인리히란(1659)
$\overline{)\ }$ (나누기)	독일의 슈티펠(1544)
＝ (equal)	영국의 레코드(1557)
<, > (부등호)	영국의 해리어트(1631)
: (比)	존슨(1633)
% (퍼센트)	1425년경 이탈리아어 필사본에 나타남
∠ (각)	프랑스의 에리곤네(1644)
° (각도)	프랑스의 페레티에르(1558) 이후 톨레미가 사용

3.1.5 문제해결의 이해

수학에서 필수불가결한 요소인 문제는 문장제와 같은 의미로 쓰인 적도 있으나 근래에 이르러서는 문제의 해결방법이 쉽게 떠오르지 않는 상황을 의미한다. 즉, 공식이나 절차가 알려지지 않은 문제, 많은 시간동안 생각해서 풀 수 있는 문제, 문제 배경이 실생활과 관련이 있는 문제 등을 포함한다.

특히 Polya는 문제해결을 위한 일반적인 사고 과정을 ㉠ 문제의 이해, ㉡ 풀이 계획의 수립, ㉢ 풀이 계획의 실행, ㉣ 풀이에 대한 반성의 4단계로 나누고, 각 단계에서의 효과적인 사고를 위한 발문(question)과 권고(suggestion)를 다음과 같이 제시하였다.

[표 3-6] Polya의 문제해결 4단계 및 관련 발문

문제의 이해	문제를 읽고, 문제에서 무엇을 요구하는지, 문제에 주어진 자료와 조건은 무엇인지 등에 대하여 생각해 보게 한다. **발문** ㅣ문제를 설명해 보시오(문제를 학생 자신의 용어로 설명하게 한다.) ㅣ알고자 하는 것은 무엇입니까? 무엇을 묻고 있습니까? ㅣ문제에서 알 수 있는 사실은 무엇입니까? ㅣ문제에 나타난 여러 사실들 사이의 관계를 말해보시오.
계획 수립	무엇을 어떤 조건에 맞추어 구해야 하는지를 파악하고 나면, 그 풀이 방법을 생각해 보게 한다. 이것은 <풀이 계획의 수립> 단계를 말하는데, 이 때 여러 가지 문제해결 사고 전략을 익히던지, 이미 익힌 사고 전략을 검토해 보게 한다. **발문** ㅣ전에 이와 비슷한 문제를 본 적이 있습니까? 있다면 그 문제는 무엇이었습니까? 또, 어떻게 풀었습니까? ㅣ문제 해결의 여러 가지 전략을 활용해 보시오(그림을 그리면 문제해결에 도움이 되겠는가? 표를 만들면 좋겠는가? 일정한 규칙을 찾을 수 있을까? 등). ㅣ문제를 다시 설명해 보시오. ㅣ문제에서 일부의 조건이 없다면 어떻게 될까요? ㅣ문제에 나타난 사실은 모두 사용되었습니까?

[표 3-6] 계속

계획의 실행	이 단계에서는 효과적인 풀이를 이끌어 낼 수 있는 사고 전략이 정해진 경우, 풀이 계획을 세우고, 이에 따라 계획을 실행하도록 한다. 이 때, 풀이의 매 단계가 옳게 이루어졌는지 확인하는 습관을 가지도록 한다. 이때 사고 전략으로는 다음을 들 수 있다. ▪ 실제로 해 보기 ▪ 식 만들기 ▪ 예상과 확인 ▪ 그림그리기 ▪ 표 만들기 ▪ 규칙 찾기 ▪ 단순화 하기 ▪ 거꾸로 풀기 발문 I 풀이에 대한 계획을 실행하고 단계마다 점검하시오. I 왜 그렇게 되는지 말해보시오. I 계획대로 실행해서 안 되면 다른 계획을 세워보시오. I 그래도 안 되면 문제를 다시 읽고 문제의 뜻을 설명하시오.
풀이에 대한 반성	풀이가 다 이루어지면, 더 좋은 풀이 방법은 없었는지, 풀이 과정을 다른 문제에 어떻게 활용할 수 있는지 알아보게 한다. 발문 I 결과를 점검할 수 있는가? 논증 과정을 점검할 수 있는가? I 결과를 다른 방법으로 이끌어 낼 수 있는가? 그것을 한눈에 알 수 있는가? I 결과나 방법을 다른 문제에 활용할 수 있는가?

3.2 기하

3.2.1 기하학의 생성 및 발달

초기의 수학은 고대 이집트에서 고대 그리스로 전파된 이후 학문적 체계를 갖추어 발달하게 되었다. B.C. 6세기경 전후하여 그리스의 Tales(탈레스)와 Euclid(유클리드) 등에 의해 체계적인 면모를 갖추게 되었다. 특히 유클리드는 그 당시까지 회자되던 실용수학을 집대성하여 원론(Elements) 13권을 저술하였다. 원론에는 대부분의 내용이 기하에 관한 것이었으며 용어에 대한 정의(定義)와 공준(公準), 공리(公理)를 기술하였다. 그 정의 및 예는 다음과 같다.

■ 정의: 용어의 성질을 설명하고 약속하는 것(예: 점, 선)
(예) 점이란 부분이 없는 것이다. 선이란 폭이 없는 길이이다.

■ 공준: 도형의 성질 중에서 누구도 의심 없이 받아들일 수 있는 분명한 이치 (5개)
(예) 공준 1: 임의의 점에서 임의의 점으로 한 직선을 그을 수 있다. 공준 2: 유한한 선분은 그 양쪽으로 계속 연장할 수 있다. 공준 3: 임의의 점(중심)에서 임의의 거리(반지름)를 갖는 원을 그릴 수 있다. 공준 4: 모든 직각은 같다. 공준 5: 두 직선이 하나의 직선을 만날 때 같은 쪽에 있는 두 내각의 합이 180도 보다 작으면 두 직선을 무한히 연장했을 때 반드시 그 쪽에서 만난다.

■ 공리: 모든 학문에서 당연히 성립하는, 공준보다 더 일반적인 자명한 이(理)
(예) ■ 동일한 것과 같은 것은 각각 서로 같다.(A=B, A=C => B=C) ■ 동일한 것에 같은 것을 더하면 그 전체는 같다. (A=B => A+C = B+C) ■ 동일한 것에서 같은 것을 빼면 나머지는 같다. (A=B => A-C = B-C) ■ 평면 위에서 직선 a 위에 있지 않은 한 점 A를 지나고 직선 a와 만나지 않는 직선은 오로지 하나 존재한다(평행선 공리).

이렇게 시작된 유클리드 기하학은 현실세계를 바탕으로 한 유클리드 공간에서의 경험적인 증명에 바탕을 두었다. 이후 기하학의 발달은 17세기경 데카르트에 의해 점을 좌표로 나타내며 도형을 식으로 표현하는 해석기하

학의 시대를 열게 된다. 한편 17세기 이후 파스칼에 의해 미분적분학과 같은 동적인 연구대상 방법의 사영기하학이 탄생하였다. 또한 유클리드 기하학에서의 평행선 공리를 다른 측면에서 접근하게 되는 비유클리드 기하학이 탄생되었다. 이로써 도형의 성질을 연구하는 기하학은 도형의 다양한 공간적 성질을 연구하면서 더욱 발전하게 되었다.

3.2.2 Van Hiele(반힐)의 기하학적 학습수준 이론

도형 학습에 관한 이론으로는 네덜란드의 Van Hiele 부부에 의한 학습수준 이론을 대표적으로 들 수 있다. 도형학습에 관하여 아동의 사고수준을 다음의 5가지 수준([표 3-7] 참조)으로 구분하였다. Van Hiele은 처음에는 0수준에서 4수준까지로 구분하였으나 1986년 '구조와 통찰'이란 저서에서 1수준에서 5수준으로 수정, 분류하였다.

[표 3-7] 아동의 사고 수준

수 준		대 상	(구분) 방법	설 명
1수준	시각적 인식 수준 (recognition)	구체물	형	도형학습의 초보단계로서, 주변의 구체물을 외형적인 형태로 인식하는 수준이다. 따라서 비록 간단한 도형이라도 그 구성요소에 관해서는 생각할 수 없고, 오직 전체적인 형만을 변별할 수 있는 단계이다.
2수준	기술적/분석적 인식 수준 (analysis)	형	성질	구체물에서 벗어나 도형이 학습대상이 되고 도형이 갖는 성질이 고찰의 방법이 되는 단계이다.
3수준	관계적/추상적 인식 수준 (ordering)	성질	명제	이 단계는 도형의 구체물에서 완전히 벗어나 순수한 도형의 입장에서 정의하고, 그 성질을 파악할 수 있다. 따라서 도형의 외연적 개념이 수학적인 명제로 접근할 수 있는 수준이다.
4수준	형식적 연역 수준 (deduction)	명제	논리	이 단계에서는 수학적 명제가 연구의 대상이 되고 이들 명제들의 논리 관계가 학습방법이 됨으로서 연역적 추론이 가능한 수준이다.
5수준	엄밀한 수학적 수준 (rigor)	논리	적용	기하학의 발달과정과 그 구조를 이루는 논리와 이론이 연구의 대상이 되므로 논리를 엄밀하게 분석하고, 추론함으로써 일반적인 도형의 성질을 발견할 수 있다.

유아 및 초등학년의 도형 내용으로는 평면도형과 입체도형의 개념 및 두 직선의 위치관계, 평행과 수직에 관한 관계 개념도 포함한다. 또한 도형을 이동하거나 모양이나 크기를 바꾸는 도형의 변환은 합동과 닮음을 포함한다. 도형을 이동하여 다른 도형에 완전히 겹칠 수 있을 때 두 도형은 합동이라고 하며 합동변환은 평행이동, 대칭이동(선대칭, 점대칭, 면대칭), 회전이동을 포함한다.

3.2.3 도형 학습을 위한 구체물

도형의 실제 수업에서 비교적 수월하게 활용할 수 있는 교구나 모형의 종류로는 칠교(탱그램, tangram), 패턴 블록(pattern block), 속성 블록(attribute block), 기하판(geoboard), 미라(mira) 등을 들 수 있다.

미라

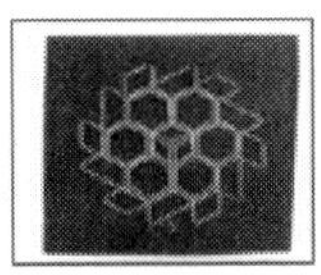
기하판

속성블록

패턴블록

칠교

3.3 측정

3.3.1 양의 개념

아동에게 본질적으로 상대적인 개념으로 이해되는 양은 일반적으로 분리량(이산량)과 연속량으로 구분할 수 있다. 분리량(이산량)은 더 이상 분리할 수 없는 양으로 'how many'와 관련이 있다. 이에 반하여 연속량은 분할가능한 양으로 'how much'와 관련이 있다. 구체물을 비교하는 과정에서 얼마나 더 큰지, 긴지 그 만큼의 양을 표현하는 과정이 불가피하게 발생한다. 일반적으로 양은 다음의 [표 3-8]과 같은 성질을 갖는다.

[표 3-8] 양의 기본 성질

성질	설 명
비교성	■ 같은 종류의 양은 비교할 수 있다. ■ 양을 비교하는 방법: 직접 비교와 간접 비교
가법성	■ 같은 종류에 대해 반드시 물체의 합병에 해당하는 양이 얻어질 때 두 양은 덧셈 가능하다.
연속성	■ 양은 측정할 수 있다는 점에서 양은 얼마든지 등분할 수 있다고 말할 수 있다.

3.3.2 측정

어떤 양을 기준으로 측정대상이 기준량의 몇 개분에 해당하는가의 수치를 구하게 되는데 이 활동을 측정이라 한다. 이때 기준으로 삼는 양을 단위라 하며 측정 활동에 의해 얻어진 양을 측정값이라고 한다. 일반적으로 양은 직접 비교하거나 간접적으로 비교하는 과정을 거치며 이를 보다 명확히 수치화하기 위하여 직접 측정하거나 간접 측정하는 방법이 있다(강지형 외, 1999).

직접 비교	간접 비교
- 대상을 직접 이동하여 겹치거나 견주어 봄으로써 양의 대소를 비교하는 방법 - 실제로 아동의 놀이 활동은 대부분 양을 비교하는 활동 - 난점: 시산적, 공간적으로 불편하세 됨	- 비교하는 양을 이동할 수 없는 경우 다른 구체물을 이용하여 비교 - 뼘, 보폭, 막대기 등과 같은 보편단위(표준단위)를 사용하는데 결국 의사소통에 문제 발생하세 됨으로써 보편단위의 도입이 필요하게 됨

직접 측정	간접 측정
- 측정도구나 계기를 이용한 측정방법 - 양을 적절한 크기로(단위) 분할하여 분리량화하여 측정하는 방법으로 주로 자연수에 바탕을 둠 - 양을 자, 저울, 시계, 각도기 등의 계기판의 수치나 눈금에 대치시키는 측정방법	- 계기만으로 직접 측정할 수 없는 양 (예: 전선의 길이, 강우량, 배의 무게, 원의 넓이, 기둥의 부피, 나무의 높이의 측정 방법)

이렇듯 양을 측정할 때 단위가 필요하게 된다. 즉 모든 사람이 똑같은 양으로 인식할 수 있는 보편단위가 필요하다. 단위는 경우에 따라 다음과 같이 구분할 수 있다.

■ 기본 단위

길이(m), 질량(kg), 시간(sec), 전류(A), 열역학적 온도(K), 물질량(mol), 광도(cd)

■ 보조 단위

대개 기본단위에 접두사를 첨가하여 사용(예: 길이의 경우: cm, mm; 무게의 경우: g, mg)

■ 유도 단위

기본단위와 보조단위를 결합한 단위(예: 부피, 속도, 밀도, 농도)

■ 전통 단위

보편단위의 이전 조상들이 사용한 단위(예: 자, 리, 평, 마지기)

3.4 규칙성과 통계

3.4.1 규칙성

규칙성이란 패턴, 배열, 규칙이라고도 하며 수, 도형, 무늬 등을 일정한 규칙으로 늘어놓은 배열이며 우리나라 초등교육과정에서는 두 양사이의 대응학습으로 도입하면서 함수의 기초를 경험하게 되어 있다. 7단계 이상의 중등교육과정에서는 일반화, 형식화하는 함수 학습을 본격적으로 다룬다. 규칙성 학습은 주위환경에서 수학이 어떻게 활용되고 있는가에 관한 이해로 주어진 정보를 분류, 조직하는 능력을 향상시킨다. 패턴으로도 불리는 규칙성의 유형으로는 다음과 같이 구분할 수 있다(강지형 외, 1999).

속성에 따른 패턴 유형

관계적인 속성, 도형 속성, 물리적 속성

생성방식에 따른 패턴 유형

반복 패턴, 증가 패턴, 대칭 패턴, 회전 패턴, 카오스 패턴

도형의 이동방식에 따른 패턴 유형

옮기기(slide, 평행이동), 뒤집기(flip, 대칭이동), 돌리기(turn, 회전이동)

- 평행이동(translational symmetry): 한 평면 위에서 적당한 벡터에 의하여 원래의 도형의 모든 점들이 같은 방향과 같은 거리만큼 옮기는 대칭
- 회전이동(rotational symmetry): 한 평면 위에서 고정된 한 점에 대해 적당한 각의 크기로 회전시키는(돌리는) 대칭
- 대칭이동(reflection symmetry): 한 평면 위의 주어진 직선에 대하여 하나의 도형을 뒤집기(flipping)에 의해 이동시키는 대칭

함수는 서로 관계를 맺고 있는 두 양 A, B가 있을 때, A의 크기가 변함에 따라 B의 크기가 변할 때 두 양 사이의 규칙적인 관계를 의미한다. 결국 양의 규칙적인 변화를 관찰하면서 '따라서 변하는 변량'에 대한 인식을 가질 수 있다. 즉 함수 학습을 통해 다음과 같은 학습효과면을 기대할 수 있다.

- 2개의 집합 X, Y에서 서로 대응하는 원소를 발견할 수 있다.
- 대응의 규칙성을 발견할 수 있다.
- 대응관계를 말이나 식으로 표현할 수 있다.
- 대응 관계식을 이용하여 하나의 변량을 알면 다른 변량의 값을 구할 수 있다.

3.4.2 통계

통계학(statistics)은 '집단현상을 수량적으로 관찰하고, 분석하는 방법을 연구하는 학문'으로서 연구목적에 필요한 자료 및 정보를 최적의 방법으로 수집하고, 수집한 자료를 과학적이고 논리적인 이론에 의하여 정리, 분석하는 것을 의미한다. 통계학은 크게 기술통계와 추리통계로 구분된다. 기술통계는 어떤 집단의 성질 파악을 위해 자료의 수집, 정리, 표나 그래프의 작성, 대표값이나 변동의 크기 등을 구함으로써 집단을 구성하는 대상들의 속성을 설명하는데 주안점을 둔다. 반면 추리통계는 일부자료(표본 집단)로부터 얻어진 결과를 활용, 대상 전체집단(모집단)의 특성을 추측하는데 주안점을 둔다. 일반적으로 통계는 목적 확인 → 자료 수집 → 분류·정리 → 해석 → 판단의 과정을 거친다.

자료를 조사하거나 수집하였을 때 통계자료를 나타내는 방법으로 표와 그래프 작성 방법이 있다. 표는 통계자료를 목적에 따라 분류하고 쉽게 정리하여 기호나 숫자 등으로 항목에 따라 나타낸 것이며 그래프는 자료의 특징이나 수량사이의 관계를 직관적으로 알아보기 쉽도록 그림으로 나타낸 것이다. 그래프의 종류는 다음의 [3-9]와 같다.

[표 3-9] 그래프의 종류

비교그래프	▪ 막대그래프 - 막대의 길이로 수량을 나타냄 ▪ 줄기와 잎 그림(Stem-and-leaf displays) - 수량의 길이에 의해 대소관계를 비교
경과그래프	▪ 꺾은선그래프 - 시간적 변화하는 사실의 시각적 표현
비율그래프	▪ 띠그래프 - 직사각형의 띠를 이용하여 해당하는 변량의 양을 전체 100% 중 차지하는 %로 나타냄 ▪ 원그래프 - 원을 이용한 비율그래프

이 중 개정된 초등학교 7차 교육과정에서 등장한 그림과 잎 그림을 그리는 방법 및 그 예는 다음과 같다.

○ 줄기와 잎 그림을 그리는 순서 ○

1. 줄기와 잎을 정합니다.
2. 세로선을 긋고, 세로선 왼쪽에 줄기의 숫자를 씁니다.
3. 세로선의 오른쪽에 잎의 숫자를 씁니다.
4. 줄기와 잎 그림에 알맞은 제목을 붙입니다.

..(예).. 줄기와 잎을 그림으로 나타낸 경우

- 성민이네 마을 사람들의 나이 -

(단위: 세)

-성민이네 마을 사람들의 나이-					
21	36	47	54	25	34
43	72	62	56	29	48
52	39	51	63	69	67
40	53	68	62	78	65

➡

줄기	잎						
2	1	5	9				
3	6	4	9				
4	7	3	8	0			
5	4	6	2	1	3		
6	2	3	9	7	8	2	5
7	2	8					

집단의 변량 전체를 대표하여 특징을 하나의 수로 나타낸 값을 그 통계집단의 대표값이라도 한다. 대표값에는 평균(mean), 중앙값(median), 최빈값(mode) 등이 있다. 또한 통계집단의 변량들이 흩어진 정도는 산포도로 표시하며 표준편차, 평균편차, 범위, 사분편차 등이 그 예이다.

참 고 문 헌

강완 · 백석윤(1998). 초등수학교육론, 서울: 동명사.

강지형 외(1999). 7차 교육과정에 의한 초등수학교육, 서울: 동명사

교육부(1997). 유치원 교육과정.

김민경(2005). 초등수학 교육과정에서 수학사 관련 내용 분석 및 그 적용. 한국수학사학회지, 18(2), 43-54.

NCTM (1991). *Professional Standards for Teaching Mathematics*. Reston, VA: Author.

NCTM (2000). *Principles and Standards for Teaching Mathematics*. Reston, VA: Author.

Sheffielf, L. J., & Cruikshank, D. E. (2000). *Teaching and learning elementary and middle school mathematics*. New York: John Wiley & Sons, INC.

Van de Walle, J. A. (1998). *Elementary and middle school mathematics*. Addison Wesley Longman, Inc.

유아수학교육의 탐구

제 II 부

유아수학교육의 연구동향

4장 수와 연산

5장 기하

6장 측정

7장 규칙성과 통계

8장 교수-학습 방법

4장. 수와 연산

수와 연산은 NCTM(2000)에서 제안한 수학교육 내용 기준 5가지 가운데 기하와 더불어 유아기에 가장 크게 강조되는 중요한 영역이다. 수와 연산 영역은 특히 영유아기에 학습되어야 하는 기본적인 내용들을 포함한다. 흔히 수와 연산 영역이라고 하면 수 그리고 연산이라는 서로 밀접하게 관련된 2가지의 기본적인 개념으로 구성된다고 생각되기 쉽다. 그러나 수와 연산에 관련된 학습은 한두 가지의 개념습득 차원이 아니라 수 세기, 비교하기, 순서짓기, 합성하기, 분해하기 등을 비롯한 많은 개념들이 함께 획득되어야 가능해지는 것이다. 본 장에서는 먼저 영유아기에 발달되는 수와 연산 능력을 살펴보고 이 시기 아동을 대상으로 한 수와 연산 교수-학습에 관련된 국내외 연구들을 찾아 그 결과를 정리하고 이러한 연구의 결과들이 유아 수학교육에 시사하는 바를 논의해 보고자 한다.

4.1 수와 연산 능력의 발달

인간은 수량에 대한 민감성을 갖고 태어나며, 매우 어릴 때부터 수량적 관계의 경험을 통해 수에 대한 학습을 시작한다. 인간이 수를 인식하고 구별할 수 있으려면 눈에 보이는 지각적인 차원의 정보를 넘어서야 한다. 즉, 서로 다른 외양을 지닌 다른 물건들이 서로 다르게 배열되어 있다 하더라도 이들이 동일한 수량으로 있을 때, 예컨대 나란히 배열된 꽃 세 송이와 둥글게 배열된 꽃병 세 개가 있을 때, 꽃과 꽃병의 수량은 각각 3개로서 같음을 이해해야 한다. 뿐만 아니라 전깃줄에 앉아 있던 참새 2마리가 날아가 나뭇가지에 앉을 때와 같이 물체들의 배열이나 겉모습이 달라진다 해도 참새는 여전히 2마리로 그 수량은 달라지지 않음을 이해해야 한다.

이처럼 수에 대한 인식은 어떠한 세트 안의 수량, 즉 기수에 대한 인식을 요구한다. 이와 더불어 수가 일정한 순서, 즉 서열의 특성을 지니고 있다는 사실(2는 1보다 크고, 3은 2보다 크다는 사실)도 이해해야 하는데, 이는 서수에 대한 인식을 의미한다. 기수 및 서수에 대한 인식에 더하여 수세기에 대한 학습도 필요하다. 인간이 사용하는 대부분의 수 체계는 십진 구조로서(Nunes & Bryant, 1996), 가장 강력하고 위대한 인간의 발명품 중 하나이다. 그러나 수세기 체계는 언어와 문화에 따라 다르고(Saxe, 1979) 유아가 학습하는데 많은 시간이 걸린다. 이러한 초기의 다양한 수 개념과 지식은 가정과 보육시설 및 각종 유아교육 기관 등에서 영유아가 겪는 경험들에 의해 뒷받침되기 때문에, 모든 영유아들에게 수에 대한 풍부한 경험과 문화적 지식의 토양을 형성시키는 것은 매우 중요하다(Clements, 2004).

이처럼 수에 관련된 다양한 개념들을 인간은 어떠한 과정을 거쳐 발달시키는지를 밝히기 위하여 많은 학자들이 노력하여 왔고 또 과거에 비해 볼 때 이에 대한 많은 사실을 알게 되었다. 그러나 아직도 이러한 발달 과정이 명쾌하게 설명되지 않고 있는 것 또한 사실이다. 여기서는 수와 연산에 관련된 다양한 개념들의 발달에 대한 그동안의 연구 성과들을 정리함으로써 이 분야의 연구 동향을 살펴보도록 한다.

4.1.1 영아의 수 능력

수에 대한 인간의 지식은 놀라울 만큼 어릴 때에 출현하여 발달해 나간다. 그중 수를 식별하는 인간의 능력은 태어날 때부터 갖고 있는 선천적인 능력일지도 모른다는 가설이 1980년대에 Gelman(Gelman & Gallistel, 1978; Gelman & Meck, 1983; Gelman, Meck, & Merkin, 1986)과 최근 Dehaene(1997) 및 Butterworth(1999)에 의해 제안되었으며, 이러한 가설을 지지하는 증거로서 습관화(habituation) 기법을 활용하여 아기들이 서로 다른 수를 식별할 수 있는지를 살펴본 실험 결과들이 제시되고 있다. 아기들은 새롭거나 예상치 못한 자극을 더 오래 쳐다보는 성향이 있다. 습관화 기법이란 이미 친숙한 자극보다는 새로운 자극에 대하여 흥미를 나타내는 영아들의 특성을 이용한 실험방법으로서 자신의 생각이나 감정을 언어로 표현할 수 없는 영아들을 연구하는 방법이다. 습관화 기법을 사용한 많은 연구들은 영아들도 물체의 수를 구별할 수 있고 초보적인 산술관계를 이해할 수 있음을 주장하고 있으나 이에 대한 반론도 만만치 않다.

물체 수량의 식별

습관화 기법을 이용하여 영아들이 물체의 수를 구별할 수 있는지의 여부를 검증한 대표적인 연구로 Starkey와 Cooper(1980)의 연구를 들 수 있다. 이들은 생후 4개월 된 영아를 대상으로 전통적인 습관화 기법에 따라 실험을 실시하였다. 먼저 대상 아기들을 두 집단으로 구분하여 이들에게 반복해서 일정한 수의 둥근 점을 보여주었다. 한 집단에게는 두 개 또는 세 개의 점을, 다른 집단에게는 다소 많은 네 개 또는 여섯 개의 섬을 보여주었다. 이때 아기들에게 보여준 둥근 섬의 수는 매회 동일하였지만 점의 지각적인 배열은 매번 다르게(띄엄띄엄한 배열 vs. 촘촘한 배열) 하였다.

이렇게 반복하면 둥근 점에 대한 아기들의 흥미가 사라지는 습관화 현상이 나타난다. 습관화가 되어 자극에 대한 흥미가 사라졌을 때 이번에는 대상 아기들에게 자극의 수를 바꿔서 보여주었다. 이전 단계에서 둥근 점 두 개를 본 아기들에게는 세 개의 점을, 전 단계에서 점 세 개를 본 아기들에게는 두 개의 점을 제시하였고, 이전 단계에서 둥근 점 네 개를 본 아기들에게는 여섯 개를, 전 단계에서 여섯 개를 본 아기들에게는 네 개를 제시하였다. 이렇게 할 때 아기들의 흥미가 다시 살아날 수 있을지, 또 소량의 자극에 습관화가 된 아기들과 다소 많은 자극에 습관화가 된 아기들이 새로운 자극에 대해 서로 다른 반응을 보일지의 여부가 관찰의 핵심이었다.

그 결과 연구자들은 적은 수의 자극을 보여준 집단의 아기들이 수를 식별한다는 명백한 증거를 발견하였다. 즉 아기들은 새로운 수의 자극이 제시되자 그 자극을 응시하는 시간의 양이 증가하였으며, 자극의 변화를 명백히 인지하였다. 반면 상대적으로 많은 수의 자극을 보여준 아기들에게서는 이러한 식별의 증거를 발견하지 못하였다. 연구자들은 이를 증거로 아기들이 처음에는 적은 수의 자극만을 구분할 수 있으며, 성장과 더불어 인지능력이 증가하면 더 많은 수의 자극도 식별하게 된다고 주장하였다.

이와 유사하게 Starkey와 Spelke, Gelman(1990)은 생후 6개월 된 아기들에게 세 개의 물체가 그려진 그림들을 반복해서 보여주면 서로 다른 물체의 그림들이라 하더라도 점차 그림들에 대한 흥미를 잃게 되는데, 그림에 그려진 물체의 수를 두 개나 또는 네 개로 바꿔서 보여주면 다시 그림에 대해 새롭게 흥미를 나타낸다는 결과를 제시하였다. Antell과 Keating(1983)은 생후 1일에서 3일 된 신생아들을 대상으로 유사한 실험을 하였고 신생아들도 두 개와 세 개의 차이를 구별한다는 결과를 보고하였다. 이를 뒷받침하는 연구들로 영아들이 사물이 유사하거나 그렇지 않음과 관계없이(Strauss & Curits, 1981), 사물이 고정되어 있거나 움직이는 것과 관계없이(Van Loosbroek & Smitsman, 1990) 적은 수의 사물의 수를 구별할 수 있었고, 심지어 아기들은 청각적 자극으로 제시된 소리의 회수와 시각적 자극으로 제시된 사물의 수가 같은 것끼리 연결지을 수 있었다(Starkey, Speke, & Gelman, 1983, 1990).

신생아를 포함한 어린 영아들이 수를 식별하는 능력이 있다는 이와 같은 연구 결과는 인간에게 사회적, 문화적인 작용이 주입되기 이전인 태어날 때부터 수에 대한 생득적인 이해를 갖고 있음을 의미하는 것으로 해석된다. 따라서 인간이 어려서부터 수와 수세기를 학습하는데 있어서 이러한 생득적인 이해가 작용하며 학습에 큰 도움을 준다는 Gelman을 비롯한 심리학자들의 주장을 지지하는 증거로 채택되기도 한다.

그러나 이러한 연구들에 대하여 의문을 제기한 학자들도 있다(Clearfield & Mix, 1999; Mix, Levine, & Huttenlocher, 2001). 위의 실험들에서 아기들은 수(불연속적임)를 구별한 것이 아니라 양(연속적임)을 구별한 것이라는 주장이다. 즉, 아기들은 물체의 수가 변화된 것을 인식한 것이 아니라 배열의 전체적인 크기가 달라진 것을 인식한 것이라는 지적이다. Clearfield와 Mix(1999)는 Starkey와 Cooper(1980)의 실험 디자인을 그대로 사용하되, 실험의 두 번째 단계에서 아기들에게 보여준 물체의 크기를 달리하여 실험을 실시하였다. 대상 아기들을 두 집단으로 나누어 한 집단의 아기들에게는 1단계(습관화 단계)와 2단계에서 자극의 수는 같지만 크기를 달리함으로써 전체적인 배열의 크기가 처음과 달라지게 하였다(예 : 습관화 단계에서는 작은 크기의 자극 세 개를 보여주고 2단계에서는 크기가 큰 자극 세 개를 보여줌). 다른 집단의 아기들에게는 1, 2단계에서 전체적인 배열의 크기가 동일한 반면, 실제 배열 안의 물체의 수를 다르게 하여 제시하였다(예: 습관화 단계에서는 크기가 큰 두 개의 자극을 보여주고 2단계에서는 크기가 작은 세 개의 자극을 보여줌). 실험 결과, 전체적인 배열의 크기는 1, 2단계에서 일정하게 유지되면서 자극의 개수가 달라졌을 때에 아기들은 흥미를 나타내지 않았던 반면, 자극의 수는 그대로지만 크기가 달라짐으로써 전체 배열의 크기가 달라졌을 때 아기들의 흥미는 명백히 증가하였다. 따라서 아기들은 물체의 수가 아니라 배열의 크기에 반응하였다는 것이다. 이와 같은 연구 결과는 인간이 물체의 수를 식별하는 능력을 생득적으로 지닌다는 주장을 반박하는 것이다.

산술 관계

간단한 산술적 추론 역시 생에 초기에 발달되기 시작하는 수적 인지 중 또 하나의 측면이다. 산술적 추론은 물체의 수를 세거나 두 개 세트의 수량을 비교하는 것 그 이상을 포함한다. 이러한 유형의 추론은 세트 안에 들어 있는 물체의 수량을 변화시킨 결과를 추정하는데 사용된다.

Sophian과 Adams(1987)는 어린 아기들(생후 14, 18, 24, 28개월)이 물체들을 더할 때와 뺄 때 나타나는 결과의 방향, 즉 더하면 물체의 수가 더 많아지고 빼면 더 적어진다는 사실을 이해하는지 연구하였다. 우선 아기들에게 물건이 한 개씩 들어 있는 두 개의 세트를 보여주고, 이 세트들을 스크린으로 가린 뒤, 그 중 한 세트에 물건 하나가 더해지거나 빼지는 것을 보여주었다. 아기가 원래 세트의 수를 알고 있고 더해지거나 빼지는 행위만을 볼 수 있었을 뿐 물체의 수가 변한 결과는 보지 못한 상태에서, 24개월과 28개월 된 영아들은 더 많은 수가 있는 세트에 손을 뻗었으나, 14개월과 18개월 영아들은 더해졌는지 혹은 빼졌는지와 관계없이 변화된 세트를 선택하였다. 이와 같은 결과를 통해서, 우리는 아기들이 최소한 24개월경이 되면 더하기는 물건의 수를 더 많게 하고 빼기는 수를 적게 만든다는 사실을 인식하게 된다고 볼 수 있다. 그러나 이 연구에서 밝히지 못한 것은 아기들이 더하기 빼기에 의해 나타난 결과를 정확하게 셈할 수 있느냐의 여부이다.

Starkey(1992)는 아기들이 계산을 할 수 있는 능력을 갖고 있는지의 여부를 밝히기 위한 과제를 개발하였다. 18개월에서 2세 된 아기들에게 똑같은 공들을 보여주고 그 공들을 투명한 용기에 한 개씩 넣게 한 후, 아기가 보고 있는 상태에서 실험자는 공 한 개를 용기에 더 넣거나 또는 용기에서 공 한 개를 빼내었다. 따라서 만일 아기가 처음에 세 개를 용기에 넣었다면 실험자는 한 개를 더하여 용기 안에는 네 개의 공이 있도록 한 것이다. 이때 아기의 과제는 용기에 있는 공들을 모두 -여기서는 네 개- 꺼내는 것이었다. 이 용기는 손을 넣어도 그 안에 들어 있는 공들이 나오지 못하도록 고무마개로 덮여 있었으며, 용기 안에는 별도의 공간이 있고 원거리에서 작동이 가능한 함정 문으로 보이지 않게 여닫을 수 있게 되어 있었다. 아기들이 그 용기 속을 찾고 있는 동안 원거리 작동으로 용기에는 아기의 손이 미치지 못하는 공간에 공이 한 개 남아 있도록 조작하였다. 따라서 아기들은 공을 더 꺼낼 수 있다는 사실을 촉감으로는 알 수 없었다. 여기서 연구자의 관심은 아기들이 공 하나를 꺼내기 위해 용기 속을 찾는 행위였다. 이것은 더하기 또는 빼기가 가해진 후에 용기 안에 남아 있어야 한다고 아기들이 생각하는 공의 개수를 나타냈다. 실험 결과, 18개월 된 어린 아기들조차 정확하게 계산할 수 있음이 발견되었다. 18개월 아기들은 공의 수가 최대 두 개를 넘지 않을 때에 (1+1 및 2-1), 24개월 아기들은 최대 세 개일 때 주로 빼기 문제들을, 그리고 30

개월 아기들은 최대 세 개일 때 더하기 빼기 문제를 바르게 해결하였다. 그러나 어떤 연령 집단도 공이 네 개가 넘을 때에는 계산하지 못했으며, 언어로 수 세기를 하는 것은 거의 관찰되지 않았다. 따라서 영아기 후기의 아기들은 물체의 수가 적을 때 언어적인 수세기 없이도 더하기와 빼기를 정확히 계산할 수 있다고 결론지을 수 있다.

Wynn(1992) 역시 생후 6개월 된 어린 영아들도 간단한 산술적 추론을 할 수 있다고 보고하였다. Wynn은 만일 아기들이 더하기와 빼기를 할 수 있다면 더하기와 빼기가 명백하게 틀렸을 때 아기들은 그것에 주의를 집중할 것이라고 가정했다. 이러한 가정에 따라 아기들에게 실험을 실시하였다. 먼저 아기들에게 미키마우스를 보여주고 그 앞에 스크린을 내린 다음 스크린 뒤로 또 하나의 미키마우스가 놓여지는 것을 보여주었다. 스크린을 치웠을 때 미키마우스의 수가 옳은(두 개) 경우 또는 틀린(한 개) 경우를 제시하였다. 아기들은 옳은 경우보다 틀린 경우에 마치 미키마우스가 한 개 있는 것은 수량에 대한 자신의 기대를 벗어나는 것이라는 듯 더 오래 응시하는 경향을 나타냈다. 빼기에 대한 실험도 이와 유사하게 진행하였는데, 먼저 아기들에게 두 개의 미키마우스를 보여주고 스크린으로 미키를 가린 다음 스크린 뒤로 두 개 중 하나를 빼냈다. 스크린을 치웠을 때 미키마우스의 수가 옳은 경우(한 개) 또는 틀린 경우(두 개)를 제시하였는데, 아기들은 틀린 경우 더 오래 응시하였다. Wynn은 이런 결과가 아기들도 더하기와 빼기를 할 수 있음을 의미한다고 결론내렸다.

요약하면, 수학적 인지는 매우 어린 영아기에 발생하고 영아기와 걸음마기 유아기를 거치면서 발달적 변화를 겪는다. 이러한 초기 수학적 능력에는 적은 수량의 인지, 같은 수의 물체들을 연결 짓는 능력, 더하기와 빼기 결과의 방향에 대한 지식, 더하기와 빼기의 변형을 계산하는 능력이 포함된다. 따라서 분명한 사실은 영아들이 지니고 있는 초보적인 수학적 능력은 언어나 문화적 매개에 좌우되는 것이 아니라는 것이다. Geary(1994)가 지적한 바와 같이 인간은 수량에 대한 기본적인 감각을 지니고 태어나므로, 언어나 도구를 사용하는 것이 인간의 본성인 것처럼, 수학적으로 사고하는 것 역시 인간의 본성이라는 주장이 설득력을 갖는다.

4.1.2 유아의 수 능력

수량에 대한 민감한 능력을 타고난 인간은 영아기와 걸음마기를 거치면서 물리적, 사회적 환경에서 제공되는 수량에 관련된 다양한 경험들을 통해 수에 대한 인지적 구조를 정립시켜 나간다. 대부분의 문화권에서 유아들은 풍부한 수량적 자극을 제공하는 물리적 환경 속에 놓여지며, 만질 수 있고 셀 수 있는 많은 대상들을 경험하면서 성장하고 발달한다. 유아들은 또 수량에 관해 중요한 개념을 제공하는 사회적 환경에 접하여 생활한다. 문화는 유아들로 하여금 수 단어와 수 세기 같이 중요한 도구들을 사용하게 한다. 거의 모든 문화에서 10을 기초로 한 기수 체계로 구성된 수 단어 체계가 제공된다(Dantzig, 1954). 물리적·사회적 환경 속에서 수량을 경험하는 일이 너무도 일상화 되어 있으므로 우리는 그것을 제대로 의식하지 못하지만, 인간의 마음은 항상 물리적·사회적 환경 안에서 발달한다(Ginsburg, Klein & Starkey, 1998).

학자들은 유아들이 형식적인 학교 교육을 받기 이전에 비형식적 수학 개념을 구성한다는 사실에 대하여 일반적으로 동의한다(Carpenter, Moser, & Romberg, 1982; Resnick, 1989). 여기서 비형식적 수학 지식과 형식적 수학 지식에 대한 구분이 엄연하다. 비형식적 지식은 의도에 의한 지식획득이 아닌 주변의 일상적 경험과 구체물을 통한 문제해결 상황이 기반이 되어 물리적·사회적 환경과의 상호작용을 통해 구성되는 지식이다. 반면 형식적 지식은 문자언어라는 상징 체계의 조작을 수반하며 학교에서 획득되는 지식을 말한다. 비형식적 지식의 발달 정도는 사회문화적 영향력에 따라 좌우되기도 하지만, 비형식적 지식의 기본 구성요소는 다양한 문화와 사회 계층을 넘어서 보편적이다(Ginsburg, Choi, Lopez, Netley, & Chi, 1997; Klein & Starkey, 1988). 학자들은 유아기에 발달되는 비형식적 수학 지식이 장차 학교에서 배우는 형식적 수학 지식을 위한 토대로서 매우 중요하다고 본다.

수 단어 체계와 같이 문화에 따라 상이한 수학적 지식이 아동의 수학적 사고에서 현저하게 작용하기 시작하는 시기는 바로 유아기이다. 유아들은 문화가 제공하는 첫 번째 수학적 도구인 수 단어와 수 세기를 획득하기 시작하며 이와 함께 수학적 문화화(mathematical enculturation) 과정을 경험하기 시작한다. 약 2세 경에 많은 아동들은 수 세기를 습득하기 시작한다. 이 시기 아동들은 앞에서 이미 지적한 바와 같이 백지와 같은 상태에서가 아니라 이미 존재하는 상당한 수학적 지식을 가지고 수 세기를 습득하는 것이다. 수 세기의 획득은 본질적으로 구성적인 과정으로서 이미 갖고 있는 수학적 지식이 문화적으로 전수된 지적인 도구에 의하여 통합되고 진보되는 것이다. 4세 경에 아동들은 수 세기를 자신의 산술적 지식과 통합하고, 이를 통해 물건들이 더해지고 빼지는 상황을 셈하는 수 세기 전략을 만들어낸다(Ginsburg, 1989; Groen & Resnick, 1977). 이에 따라 수 세기는 유아들이 비형식적 수학지식을 구성하는데 사용하는 강력한 지적 도구가 된다. 아동들이 학교에 입학하여 형식적 수학교육을 받기 전에 이미 더욱 강력한 도구가 그들에게 사용되기도 하는데 그것은 숫자이다.

수 단어 획득

유아의 수학적 사고에 처음으로 개입되는 문화적 도구는 수 단어이다. 수 단어는 수학적으로 다양한 상황, 즉, 순서, 수 세기, 기수, 서수, 측정, 명목적 상황에서 사용된다(Fuson & Hall, 1983). 유아들은 처음에는 수 단어가 사용되는 상황에 결부하여 수 단어의 의미를 습득하지만, 차츰 하나의 수 단어가 다양한 상황에 적용될 때 수 단어의 의미가 차이를 나타낸다는 사실을 인식하게 된다. 대체로 2돌이 되기 전, 즉 수 세기를 시작하기 이전에 "둘"이라는 수 단어가 나타나며(Wagner & Walters, 1982), 수 단이가 처음 나타난 1년 이내에 유아들은 적은 수량의 물선들이 있을 때 "하나"와 "셋"을 말한다. "넷"은 수 세기를 시작하기까지 획득되지 못한다.

수 세기가 가능하기 위해서는 먼저 수 단어가 획득되어야 하는데, 고유 수 단어와 한자 수 단어의 이중적인 수 단어 체계를 갖고 있는 우리나라 유아들의 수 단어 획득을 연구한 홍혜경(1990)에 의하면, 유아들이 2세를 전후하여 고유 수 단어(예 : 하나, 둘, 셋)를 먼저 획득하지만 5세 경에는 한자 수 단어(예 : 일, 이, 삼) 획득이 고유 수 단어 획득을 능가하게 되는데, 이는 수 단어 생성 규칙 적용의 용이함이 수 단어 획득과 관련있기 때문이라고 설명하였다. 이러한 수 단어의 이중 체계는 동일한 크기의 수에 상이한 두 명명 체계가 있음을 인식하고 이 둘을 연결할 수 있어야 하므로 유아들의 수 헤아리기, 더하기와 빼기 등의 초기 수량적 사고 발달에 혼란을 가져오는 것으로 지적되고 있다(송명자, 1990).

즉지와 수 세기(subitizing and counting)

3세가 되기까지 유아는 적은 수의 물건들이 있을 때 즉지(subitizing) 또는 수 세기를 통해 수를 헤아릴 수 있다. "즉지"는 적은 수의 물건이 있을 때 그 수를 헤아리는 신속한 절차이다. 인간은 매우 어릴 때부터 적은 수의 물건들을 즉지하며, 즉지의 범위, 즉 즉지로 정확하게 헤아릴 수 있는 수의 범위는 발달에 따라 변화한다(Cooper, 1984; Starkey & Cooper, 1995). 언어적으로 수 세기를 아직 시작하지 못한 걸음마기에는 즉지의 범위가 약 한 개에서 세 개로서, 이 범위는 영아들이 정확하게 헤아릴 수 있는 수의 범위와 일치한다(Starkey & Cooper, 1995). 즉지의 범위는 3세의 한 개에서 네 개, 4, 5세의 한 개에서 다섯 개로 유아기 동안 확장되며, 성인의 즉지 범위도 이 수준과 거의 비슷한 것으로 보인다.

즉지와 비교할 때, 수 세기는 수 단어를 물체에 하나씩 순서적으로 배정하는 절차이다. 유아의 언어적 수 세기(oral counting)는 정확한 순서로 셀 수 있는 앞부분(하나, 둘, 셋...)과 하나나 둘 정도를 건너서 세는 중간 부분(넷, 여섯, 일곱, 여덟...)과 수 단어를 마구 세는 부분(아홉, 스물, 마흔...) 등으로 나누어질 수 있다. 일반적으로 3세 경까지는 10까지 셀 수 있으며, 4세 경까지는 30 정도 셀 수 있고, 5세 경에는 100까지 셀 수 있는 것으로 나타났다(Fuson, 1998; Siegler, 1998). 1에서 9까지는 비교적 쉽게 획득되지만, 10 단위 수 단어는 주어지는 단서에 영향을 받는다(홍혜경·이정욱·정정희, 2004).

유아들의 수 단어 획득 및 수 세기 학습 과정에 대한 깊이 있는 설명은 '아동의 수 이해'(Gelman & Gallistel, 1978)에서 처음 등장하는데, 여기서 저자들은 수 세기가 아동의 수학적 발달에 가장 기본적이고 개념적 토대가 되는 과정임을 주장하였다. 여기서 아동의 수 세기는 결코 개념이 없는 기계적인 활동이라고 말할 수 없으며, 수 세기 원리들에 의하여 안내되어진다고 설명한다. 수 세기 원리란 (a) 수 단어는 단 하나의 대상에만 배정된다는 1대1 원리; (b) 개별 대상에 배정되는 수 단어의 순서는 항상 일정하다는 안정된 순서의 원리; (c) 마지막으로 세어진 사물에 적용된 수 단어는 세어진 대상의 수량을 나타낸다는 기수의 원리; (d) 한 집합 안의 물체의 수는 어떤 순서로 세어도 항상 일정하다는 순서 무관의 원리; (e) 어떤 물체 또는 사건의 집합에도 수 세기가 적용될 수 있으며, 서로 같은 물건으로 이루어진 집합은 물론 다른 것들로 이루어진 집합이나 심지어는 물체가 아닌 것들도 수 세기를 할 수 있다는 추상화의 원리이다. 이중 1대1 원리, 안정된 순서의 원리 및 기수의 원리는 모두 수를 세는 방식에 관련된 이해인 데 비하여 추상화의 원리와 순서 무관의 원리는 수를 세는 대상에 관한 이해이다. 이 원리들은 아동의 수 세기의 개념적 구조인 수 세기 체계를 형성한다.

Gelman과 Gallistel의 이론은 어린 아동이 나타내는 사소해 보이는 수 세기 활동이 1대1 대응, 순서, 기수성이라는 중요한 수학적 원리에 토대를 두고 있음을 제안했다는 점에서 매우 획기적이다. 이것은 어린 아동들의 수 세기가 별 볼일 없는 행동이며 핵심적인 수학적 개념은 보편적인 인지구조가 정교화 된 이후에만 발달된다는 전통적인 Piaget의 이론과 날카로운 대립을 나타낸다. 또 이 이론은 수세기를 의미 없는 연합의 집합이라고 본 Thorndike의 견해와도 대립된다.

유아들의 수 세기는 개념에 토대를 둔 활동이라는 사실이 이제는 널리 인정받고 있다. 이것은 그러나 수 세기가 실수 없는 것임을 보장하지는 않는다. Gelman과 Gallistel(1978)은 3세 유아가 두 개에서 다섯 개의 물건의 수를 셀 때 나타내는 실수들에는 하나의 대상을 두 번 세거나 또는 세지 않고 지나가는 것이 약 33%, 5세 유아들은 이러한 실수가 19%정도 된다는 사실을 발견하였다. 유아가 수 세기를 할 때 실수하게 만드는 요인들에는 대상의 배열, 대상의 수량, 대상이 만져지거나 옮겨질 수 있는지의 여부이다(Greeno, Riley, & Gelman, 1984). 유아들은 적은 수량이 일렬로 배열되어 있고 만져질 수 있는 대상일 때 정확하게 수를 셀 수 있다.

수 세기에서 실수할 때 그 아동이 반드시 수 세기 원리를 알지 못하기 때문이라고 볼 수는 없다. 수 세기가 요구하는 절차, 예컨대 수를 이미 센 대상과 세지 않은 대상을 정확하게 기억하는 일 등은 아동이 수 세기 원리를 잠시 잊게 만들기도 한다. Gelman과 Meck(1983)은 이러한 가능성을 검증하기 위하여 실수를 추적하는 과제를 사용하였다. 여기서 실험자는 유아가 보고 있는 상황에서 손 인형을 끼고 대상의 수를 세었는데 이때 실험자는 수를 올바르게 세거나 틀리게 세었다. 이때 유아에게 손 인형의 수 세기가 옳은지 그른지를 판단하도록 했다. 이렇게 함으로써 이미 세어진 대상과 세어지지 않은 대상을 계속 기억해야 하고 수를 세는 동안 가장 최근에 어떤 수 단어를 말하였는지 기억하는 책임은 손 인형에게 있고 유아에게는 이러한 절차적 요구가 감소되었다. 그 결과 연구자들은 유아들도 수세기 방법의 원리에 어긋나는 실수를 바로바로 판단할 수 있음을 발견하였다. 따라서 실수추적 과제는 유아의 수 세기가 개념에 토대를 둔 행위라는 Gelman과 Gallistel의 주장을 다시 한 번 지지하였다.

Briars와 Siegler(1984) 역시 실수추적과제를 3세에서 5세 유아들에게 적용하여 실험을 실시하였다. 유아들에게 올바른 수 세기와 원리에 어긋나는 수 세기, 및 이에 더불어 비 관례적이지만 수 세기 원칙을 어기지는 않는 수 세기를 제시하였다. 예를 들어, 색이 서로 번갈아 다른 일렬로 배열된 물체를 셀 때, 왼쪽부터 오른쪽으로 세는 일반적인 수 세기가 아니라 처음에는 한 가지 색깔의 물건들을 먼저 센 다음 다시 다른 색의 물건들을 세는 모습을 보여준 것이다. Briars와 Siegler의 실험에서는 Gelman과 Meck의 결과가 반복되었다. 즉 4, 5세 유아들은 원리에 어긋나는 실수를 틀린 수 세기로 판단하였다. 그러나 그중 어떤 유아들은 비 관례적이지만 올바른 수 세기를 틀린 수 세기로 판단하였다. 이러한 결과는 유아들의 수 세기가 수학적으로 불필요한 관례에 의해 제한됨을 제시한다. 그렇다면 유아들의 발달과제는 수 세기의 본질적 특성을 관례적이지만 비본질적인 특성과 좀 더 완전하게 구분하는 것이다.

처음 수 세기를 시작하는 2, 3세 된 유아들의 수 세기 역시 개념적 토대가 약하다는 증거가 많다(Baroody, 1992; Bryant, 1995; Siegler, 1991; Starkey & Cooper, 1995). 대다수의 연구들은 수 세기 원리들 가운데 기수의 원리에 집중적으로 몰려있다. 2, 3세 유아들이 처음 수 세기 행동을 나타낼 때, 그들은 수 세기를 세트의 수량인 기수와 관련짓지 못한다(Frye, Braisby, Love, Maroudas, & Nicholls, 1989; Fuson, 1988; Sophian & Adams, 1987; Wynn, 1990). 네 개가 있는 세트를 셀 때, 유아들은 "하나, 둘, 셋, 넷"하고 바르게 수를 세지만 그 세트에 있는 물건의 수가 네 개임을 말하지 못한다. 실험자가 "거기 몇 개 있니?"하고 물을 때, 유아들은 마지막으로 세어진 수를 말하기보다는 그 세트를 다시 세는 경향이 있다(Fuson, 1988; Gelman & Gallistel, 1978; Schaeffer, Eggleston, & Scott, 1974). 연구자들은 이러한 유아의 반응을 통해 마지막으로 세어진 수 단어가 기수의 기능을 한다는 사실을 처음에는 이해하지 못함이 증명된 것이라고 본다.

이처럼 유아들의 수 세기 행동을 관찰함으로써 유아들이 갖고 있는 수 세기에 대한 개념을 살펴본 연구들은 많지만 수 세기의 기능과 목적에 대하여 유아들이 어떤 생각을 갖고 있는지를 알아본 연구는 무척 드물다. Munn(1997)은 스코틀랜드의 3, 4, 5세 유아들과 개별적으로 만나 수 세기에 대한 이야기를 나누면서 다양한 수 세기 관련 개념들을 살펴보았다. 그 중 특히 '너는 무엇을 세니?' '왜 수를 세니?'와 같이 수 세기의 기능과 목적에 관련된 질문에 대한 유아들의 답을 분석한 것이 흥미로운데, Munn(1997)은 유아들은 수 세기의 목적을 성인들과는 다르게 이해하고 있음을 발견하였다. 유아들이 수를 세는 이유로 대답한 것을 범주화하면, (1) 자기 자신을 만족시키기 위한 수 세기(예: 내가 하고 싶으니까, 내가 하니까), (2) 다른 사람의 기대를 충족시키기 위한 수 세기(예: 엄마가 좋아하니까), (3) 학습을 위한 수 세기(예: 수를 배우려고, 공부하려고), (4) 몇 개가 있는지 알기 위한 수 세기(예: 장난감이 모두 몇 개인지 알려고)로 구분된다. 즉, 성인들이 수를 세는 이유는 대체로 '얼마나 많이 있는지를 알기 위해서'이다. 그러나 이런 목적으로 수를 센다고 대답하는 유아들은 매우 드물었다.

우리나라에서 유아들의 수 세기 발달과정을 살펴본 연구들에 의하면, 4세경이면 1에서 10까지의 기계적 세기와 합리적 세기를 할 수 있는 것으로 나타났으며(나귀옥, 2002; 이지혜, 2003; 이정욱·안경숙·김소향, 2001), 5세경이면 20 이하의 수에 대한 기수 개념을 지니는 것으로 제시되고 있다(이지혜, 2003). 3세 유아는 수량을 알기 위해 수를 세어야 한다는 사실을 이해하지 못하는 반면 4세 유아들은 수를 센다는 것과 수 세기 원리와의 관계를 이해하는 것으로 나타났다. 또한 3세와는 달리 4세 유아들은 기수의 원리 즉, 어떤 세트의 물건의 수를 세다가 마지막으로 불리어진 수 단어가 그 세트의 수량을 의미함을 이해하는 것으로 나타났다. 이와 같은 결과는 유아들이 수 세기 원리를 선천적으로 알기보다는 수 세기를 의미 없이 반복적으로 하다가 수 세기 원리를 학습하게 된다는 것을 시사한다(신은정, 1994). 황정숙(2003)은 자료유형에 따라 유아의 수 세기가 차이 있는지를 살펴보았는데, 자료가 실물일 때와 그림일 때 유아의 수 세기에는 유의한 차이가 나타나지 않았으나 자료 제시의 순서에 따라서는 차이가 나타나 무순으로 제시할 때 점수가 가장 낮았다고 하였다. 유아들이 수 세기에서 일대일 대응의 원리를 정확하게 이해하지 못할 경우, 수 세기를 하다가 한 개의 항목을 빠뜨리는 오류, 같은 항목을 두 번 이상 지적하며 세는 오류, 하나의 수 단어를 빠뜨리고 세는 오류, 하나의 수 단어를 반복하여 말하며 세는 오류를 보여주었다(이효영, 1986; 장영미, 1988).

요약하면, 수 세기 발달은 수학적 발달의 영역 중에서도 연구가 가장 활발하게 이루어진 분야이다. 수 세기는 유아가 2, 3세에 획득하기 시작하는 문화적 도구이지만 이 도구는 쉽게 내면화 되지 않으며 이전의 수학적 지식을 토대로 하여 구성되어진다. 이러한 과정은 신속하게 완성되는 것이 아니며 시간이 지남에 따라 발달하는 수학적 인지 안에 개념적으로 좀 더 깊이 뿌리를 내리는 것이다.

수의 십진 구조(base-ten number system) 및 자리 값(place value) 개념

수의 십진 구조와 자리 값 개념에는 다음과 같은 이해가 포함된다. 먼저 수는 10을 단위로 하여 묶여진다는 사실을 이해(즉 1의 자리 수, 10의 자리 수, 100의 자리 수가 있음)하는 것과 여러 자리의 수에서 각각의 수가 위치하는 자리는 정해진 의미를 갖고 있음에 대한 이해를 포함한다. 예컨대 15라는 수에서 1은 10이 한 개 있음을 나타내며 5는 1이 5개 있음을 나타낸다는 것을 이해하는 것이다. 수의 십진 구조와 자리 값에 대한 이해는 유아들이 1의 자리나 수 또는 여러 자리 수들의 더하기와 빼기 문제를 해결하고자 할 때 반드시 필요한 개념이다.

연구자들은 유치원 시기의 유아들 중에 수의 10진 구조와 자리 값 개념을 나타내기 시작함을 밝히고 있다(Geary, Bow-Thomas, Liu, & Sigler, 1996; Fuson & Ho, 1998). 예를 들어, Fuson과 Ho(1998)의 연구에 의하면, 중국의 4세 유아들의 대부분은 10의 자리 수인 10-x가 하나의 10과 x개의 1로 구성되어 있다는 개념을 발달시키지 못한 반면, 수를 100까지 셀 수 있었던 70%의 5세 중국 유아들은 이러한 개념을 갖고 있었다. 이와는 대조적으로 영국과 미국의 5세 유아들은 100까지 셀 수 있었던 유아까지 포함하여 아무도 이러한 개념을 갖고 있지 못했다. 연구자들은 동아시아의 유아들은 수의 10진 구조 개념을 유치원에서 구성하기 시작하며 이러한 개념을 간단한 더하기에 적용하기 시작함을 지적한다(Geary, et al., 1996; Fuson & Ho, 1998). 따라서 영국과 미국의 유아들은 동아시아의 유아들과 비교할 때 수 개념 형성에서 뒤처지는 것 같다는 것이다.

문화적 배경이 다른 유아들에게서 나타나는 수 개념과 수학 성취도의 차이는 각 문화권에서 사용되는 수 단어가 10진 구조와 자리 값 개념을 형성하는데 영향을 미치기 때문으로 해석된다(Miura, et al., 1993; Miura & Okamoto, 1989). 한국과 중국, 일본을 포함하는 동아시아의 수 단어에는 10진 구조가 그대로 드러나므로(예 : 11은 "십-일", 20은 "이-십") 유아들이 이를 쉽게 이해할 수 있는 것에 비하여 영어의 수 단어(예 : eleven, twenty)는 10진 구조에 대한 정보를 담고 있지 못하다는 것이다. 이와 같은 언어적 특성으로 다른 문화권의 유아들이 수학적 개념에서 차이를 나타낸다고 설명한다.

비형식적인 더하기와 빼기

유아기의 비형식적 수학지식의 발달은 여기서 그치지 않는다. 연산 지식 또한 유아기에 발달하며 이러한 지식은 불완전하기는 하지만 이후의 형식적 계산체계 발달을 위한 토대를 형성한다.

아주 어린 유아들도 적은 수의 세트들에 대한 더하기와 빼기를 수 세기 없이 계산할 수 있음을 앞서의 연구들에 대한 소개를 통해 보여준 바 있다. 영아기와 걸음마기 아기들과는 달리 3, 4세 유아들은 수 세기 전략을 사용하여 자발적으로 더하기 빼기 문제를 해결하는지의 여부를 살펴보기 위해 연구한 결과, 이들은 수 세기 전략을 거의 사용하지 않았으며, 기억을 돕는 수단으로 손가락을 이용하지도 않았고 일반적으로 소리 없이 문제를 해결하였다. 이러한 결과에 대하여 적은 수량일 경우 즉지과정을 통해 문제를 해결하였을 것이라는 해석이 가능하다. 3, 4세 유아들은 더 어린 아기들이 정확하게 해결했던 수량보다 더 큰 수량의 산술문제를 해결할 수 있었는데, 이는 아마도 유아기에는 즉지의 범위가 그전보다 더 확장되기 때문일 것이다.

다른 연구들 역시 3세 유아들이 다양한 문제 상황에서 소량의 더하기 빼기를 겉으로 드러나는 수 세기 전략을 사용하지 않고 해결했음을 확인하였다. Siegler와 Robinson(1982), Starkey와 Gelman(1982)은 3세 유아들이 더하기 문제를 해결하는데 수 세기를 자발적으로 사용하지 않았음을 발견하였다. 이들에게 수 세기를 하도록 가르쳤을 때조차 3세 유아들은 수 세기를 거의 사용하지 않았다. 이러한 결과는 앞서 진술한 견해, 즉 걸음마기와 유아기 초기의 수 세기는 세트의 기수(수량)를 알기 위해 사용되는 절차로는 아직 발달되지 않았다는 사실을 더욱 뒷받침한다.

약 4세 경이 되면 유아들은 산술문제를 해결하기 위해 자발적으로 수 세기 전략을 사용하기 시작한다. 처음에는 문제가 제시되는 순서에 따라 수 세기를 하므로 처음 세트의 수를 세고 더해진 세트의 수를 센 후, 전체의 수량을 알기 위해 처음부터 다시 세는 모두 세기(counting-all) 전략을 보인다. 때로는 구체물이 주어지지 않을 경우 손가락을 사용하여 해결하기도 하며 이를 손가락 세기(counting fingers)라고 한다. 이러한 전략은 정신적 수 세기 전략으로 전환되는 과정에서 나타난다. 정신적 수 세기 전략으로서 더하여지는 수(피가수)를 처음 제시된 수 다음부터 이어 세는 계속 세기(counting on from first number)가 나타나다가 점차로 수 세기 전략을 사용함에 있어서 제시되는 순서에 영향을 받지 않게 되는데, 두 수 중 큰 수 다음부터 이어 세는 큰 수부터 계속세기(counting on from larger number)로 발달해 간다(Baroody, 1987).

빼기 상황에서 유아들이 사용하는 수 세기 전략 역시 매우 다양한데, 처음에는 구체물을 사용하여 덜어내고 나머지를 세는 덜어내기 전략(separating from)을 사용한다. 그 후 정신적 세기 전략으로는 빼는 수(감수)로부터 빼지게 되는 수(피감수)까지 더해가는 전략(adding-on)이 있는데, 네 개에서 두 개를 뺄 때, 2에서부터 계속 세어서 4가 될 때까지 세는 방법이다. 이것은 빼는 수(감수)로부터 빼지게 되는 수(피감수)까지 세어 올라가는 전략(counting up)이기도 하다. 또 피감수부터 감수까지 거꾸로 세어가는 전략(counting down)이 있는데, 이는 수 단어를 나열하는 순서를 거꾸로 짚어가야 하는 어려움뿐 아니라 세는 수 단어의 수를 기억해야 하므로 빼기 과정이 더욱 힘든 과제가 되고 있다(Baroody, 1984; Fuson, 1984).

유아들은 더하기 빼기 문제를 해결하는데 여러 가지 전략을 혼합하여 사용한다. Siegler와 Robinson(1982)의 관찰이 그 전형적인 예를 제시하는데, 이들은 3세에서 5세 유아들에게 물건들이 더해지는 단순한 과정을 언어적으로 제시하였다. 실험자는 처음 세트에 있는 물건의 수와 형태를 설명하였고 변형의 형식과 양을 설명하였다. "너에게 오렌지들이 있다고 상상해 봐. 너는 오렌지 m개를 가지고 있는데 내가 너에게 n개를 더 준다면 너는 모두 몇 개를 갖게 될까?"라고 유아에게 물었다. 3세 유아들은 수량이 적을 때 일관되게 문제를 해결하였다. 4, 5세 유아들은 더 큰 세트를 포함하는 문제들도 해결할 수 있었으며 다양한 전략을 사용하였다. 그들은 38%의 문제에서 겉으로 드러나는 전략을 사용하였고 62%의 문제에서는 한 개 이상의 드러나지 않는 전략을 사용하였다.

드러나는 전략들에는 손가락을 이용한 수 세기(손가락을 세우면서 수를 셈), 언어적 수 세기(손가락이나 다른 물체를 이용하지 않고 수를 셈), 및 손가락(손가락을 세우지만 언어적으로 수를 세지는 않음) 등이 포함된다. 유아들이 손가락 전략을 사용할 때 실제로 어떻게 문제를 해결하는지는 분명치 않다. 아마도 그들은 즉지를 하거나 소리내지 않고 손가락을 세는지 모른다. 또는 Siegler와 동료들이 제시한 바와 같이 손가락은 유아들로 하여금 장기기억에서 구구를 회상하게 만드는지도 모른다. 손가락의 사용이 드러나지 않는 수 세기 절차나 구구의 회상을 수반하는지의 여부는 분명치 않아도 유아들이 구체적인 더하기 문제를 해결하는데 다양한 방법을 사용할 수 있다는 것은 명백하다.

유아들이 간단한 빼기 문제를 해결하기 위해 동일한 전략들을 혼합하여 사용함을 연구들은 밝힌 바 있다(Siegler, 1987; Starkey & Gelman, 1982). 유아의 비형식적 빼기 지식은 비형식적 더하기 지식에 비하여 연구가 적게 이루어졌지만, 더하기와 빼기 발달의 보편적인 패턴은 동일하다. 즉 드러나지 않는 전략이 먼저 발달되며 유아가 적은 수량의 문제를 해결하기 위해 이러한 전략을 사용된다. 수 세기 전략은 나중에 발달하며 좀 더 수량이 큰 세트의 문제들을 해결하는데 사용된다. 시간이 지남에 따라 수 세기 전략들은 좀 더 효율적으로 변화하며 증가하는 수학지식을 반영한다. 더하기 문제가 빼기보다 먼저 발달되는지의 여부는 아직 불분명하지만, 일반적으로 유아들은 더하기를 빼기보다 쉽게 해결하는 경향이 있다. 이는 더하기의 경우 계속 세기 등의 수 세기 전략을 적용할 때의 인지적 부담이 빼기일 경우보다 적게 요구된다는 사실과 관련이 있는 것으로 보이는데, 예를 들면, 하나씩 더해가는(adding up) 전략이 피감수부터 감수까지 거꾸로 세는(counting down) 전략보다 처리 과정에서 요구되는 인지적 부담이 적기 때문에 미국 사람들은 adding up 전략을 더 많이 사용한다는 것이다.

더하기와 빼기 상황에서 사용되는 수 세기 전략은 물체가 제시되는 상황 즉, 조작가능한 물체인지의 여부, 다루는 수량의 크기, 문제의 난이도 등에 따라 영향을 받는다(Carpenter & Moser, 1983). 높은 수준의 수 세기 전략을 사용할 수 있는 유아라 하더라도 물체가 주어지거나 또는 큰 수가 주어질 때는 모두 세기나 덜어내기 등의 낮은 수준의 전략으로 전환함을 관찰할 수 있다. 이러한 전략의 선택은 해결에 대한 자신감의 기준과 정확한 답을 낼 가능성을 최대화시키면서도 최소한의 노력을 요하는 것에 의해 결정된다는 것이다(Siegler, et al., 1982).

유아의 산술적 추론은 한계가 있으며 오랜 시간을 거쳐 발달한다는 사실을 보여준 연구가 있다. 4, 5세 유아들에게는 특히 서로 다른 수량의 세트들을 다루는 문제가 어려운데(Blevins-Knabe, Cooper, Mace, Starkey, & Leitner, 1987; Brush, 1978; Klein, 1984), 예를 들어 유아들에게 서로 개수가 다른 세트를(열 개와 일곱 개) 제시하고 적은 세트에다 두 개를 추가한다. 이 문제에서 유아들은 처음에 제시된 두 세트가 서로 수량이 다르다는 정보를 더하기에 대한 정보와 통합해야만 한다(즉, 적은 세트에 두 개가 추가됨으로써 처음보다는 더 많아졌지만 처음부터 열 개가 있는 세트의 수량보다는 여전히 적다는 것).

이러한 문제들을 다룰 때 유아들이 나타내는 실수는 두 세트들 간의 수량적 관계를 산술적으로 추론하는 능력에서의 질적 변화를 반영한다(Klein, 1984). 나이가 어릴수록 유아들은 방향적 실수(directional errors)를 나타내는데, 즉, 세트들의 수량이 처음부터 상이함을 고려하지 않고 산술적 변형의 방향만을 고려하는 경향을 나타낸다. 따라서 한 세트에 대상이 추가될 때, 처음 제시된 세트들의 수량을 무시한 채 무조건 추가된 세트의 수가 더 많다고 판단한다. 반면 좀더 나이든 유아들은 통합적인 실수(integration errors)를 범한다. 즉, 세트들의 수량이 상이한 상태임을 산술 변형에 통합하려 하지만 세트 간 차이를 정확하게 파악하지 못하여 처음의 상이함을 변형으로 상쇄시키는데 실패한다. 따라서 이들은 두 세트들의 대상이 동등해진다고 판단한다. 일반적으로 6, 7세가 되기 이전에는 이런 유형의 문제를 바르게 해결하지 못한다.

우리나라 유아들의 더하기와 빼기 능력이 어느 정도인지를 밝힌 연구(신은수·김은정·김소향, 1993)에서 4세 유아는 합이 5 이하인 더하기를 할 수 있고, 5세 유아는 합이 10 이하인 더하기를 할 수 있는 것으로 나타났다. 또한 4세 유아는 피감수가 5 이하인 빼기가 가능하고 5세 유아는 피감수가 10 이하인 빼기가 가능한 것으로 나타났다. 더하기와 빼기 문제에서 유아들이 사용하는 전략을 연구한 결과(강대은, 2003; 김경철, 1993; 김소향, 1992; 신은수, 1995) 대부분의 유아들이 더하기 문제에서 사용하는 전략은 모두 세기였고, 빼기 문제에서 사용하는 전략은 덜어내기 였다. 우리나라 유아들에게서는 더하기 문제에서 피가수 다음부터 이어세기와 큰 가수 다음부터 이어세기가 비교적 적게 나타났으며, 빼기 문제에서도 피감수까지 세기와 거꾸로 세기 전략은 비교적 적게 나타났는데, 이러한 전략들은 외국의 유아들을 대상으로 한 연구들에서는 많이 사용되는 것으로 보고된 전략들이다.

비형식적 곱하기와 나누기

곱하기와 나누기는 일반적으로 유아들의 수학 학습 내용으로 인식되지 않으며 이에 관련된 연구들도 매우 드물다. 그러나 유아들은 일상생활 속에서 수 세기 전략인 묶어 세기를 사용하여 곱하기 상황의 문제를 해결하기도 하고, 물건을 똑같이 나누기 위하여 일정 양을 반복적으로 덜어내는 전략을 사용하기도 한다. 이러한 생활 속의 경험들은 유아들이 나누기에 대한 기초 개념을 비형식적으로 습득할 수 있는 기회를 제공한다.

2~3세 유아들은 물건을 나누어야 하는 상황에서 임의의 양으로 분배할 수 있지만, 양의 동등성에는 관심이 없이 마구 집어주는 덤핑 전략

(dumping)을 사용한다(Ginsburg, Klein & Starkey, 2001; 홍혜경, 이정욱, 정정희, 2004에서 재인용). 그러나 좀 더 나이가 든 유아들은 한 사람에게 하나씩 주고 다시 하나씩 분배하는 중복전략(overlapping)을 사용할 수 있으며, 4~5세가 되면 적은 수로 나눌 경우에 12나 24까지 나누어 줄 수 있다(Geary, 1994).

나누기 지식의 발달적 원천을 살펴본 몇 가지 연구들이 있다. Klein과 Langer(1991)는 2, 3세 유아들에게 두 마리의 장난감 강아지에게 과자를 똑같이 나누어 주라고 요구하였다. 동시적 조건에서는 처음부터 과자들을 전부(네 개 또는 여덟 개) 제시한 반면, 순차적 조건에서는 과자가 한 개씩 나오도록 제시하였다. 나누기 문제는 몇 가지 차원에서 서로 달랐는데, 이는 과자의 수량(네 개 또는 여덟 개) 또는 종류(과자의 종류가 같거나 다름)가 유아의 수행에 영향을 미치는지의 여부를 파악하기 위한 것이다. 그 결과 생후 24개월 된 유아들은 거의 모두 단일 세트 구성(강아지 한 마리에게 과자를 전부 줌)을 나타내던 것에서 30개월 된 유아들은 거의 모두 두 세트 구성(각각의 강아지에게 적어도 한 개 이상을 줌)을 나타내었다. 36개월 된 유아들은 동시적 조건일 때 대체로 과자를 똑같이 나눌 수 있었으며, 42개월에는 순차적 조건일 때에도 나누기를 할 수 있었다. 과자의 수량이 적을 때 똑같이 나누기를 더 잘하였다.

유아들은 주로 두 가지 유형의 전략을 사용하였다. 연속 전략(consecutive strategy)은 차례대로 분배하는 것으로 먼저 한쪽 강아지에게 과자를 주고 다른 강아지에게 나머지 과자를 주는 것이다. 중복 전략(overlapping strategy)은 2개의 세트를 오가면서 과자를 주는 것으로 하나를 한쪽 강아지에, 또 하나를 다른 쪽 강아지에게 차례로 주는 것이다. 어떤 경우에는 중복 전략에서 1대1 대응이 사용되기도 하였다(즉, A 강아지에게 한 개, B 강아지에게 한 개 등). 이 두 가지 전략은 유아들이 두 개의 세트를 구성하기 시작하는 약 30개월경에 나타났다. 중복 전략은 나누어 줄 대상의 수량이 많은 문제일 때 더 많이 사용되었으며 결국 좀 더 보편적인 방식이 되었다.

연구들은 유아들이 갖고 있는 초기 수학적 지식의 확대와 한계를 모두 드러냈다. Hunting과 Sharpley(1988)는 3세 4개월에서 5세 2개월 된 유아들에게 둘, 셋, 네 개의 인형에게 과자를 똑같이 나누어 주게 하였는데 약 70%의 유아들이 세 개의 인형에게 열두 개의 과자를 동등하게 나누어 주었다. 그러나 이 중 처음부터 열두 개의 과자를 모두 사용하여 나누어준 유아들은 27% 뿐이었다. 나머지는 처음에는 과자 중 일부만 나누어 주었고 연구자가 모두 나누어주라고 말하였을 때 성공할 수 있었다. 이에 비해 비연속적 양인 끈을 나누어주라고 했을 때, 두 개의 인형에게 나누어 줄 때에는 89%의 유아들이 끈을 한 번 잘랐고, 세 개의 인형에게 나누어 줄 때에는 약 40%의 유아들이 끈을 두 번 잘라서 나누어주기는 했지만 대부분 끈의 길이는 동일하지 않았다. 또 다른 연구들에 의하면, 4, 5세 유아들은 큰 수량의 세트(12개와 24개)를 두, 세 명, 심지어는 네 명의 수령 대상들에게 성공적으로 나누어 줄 수 있었다. 또한 이 연령대에서는 더 어린 연령일 때보다 1대1 대응을 활용하여 나누어 주는 비율이 높았다. 그러나 유아들은 똑같이 나누어지지 않고 나머지가 생기는 경우 나누는 것을 어려워했다(Frydman & Bryant, 1988; Miller, 1984). 7세 유아들은 정해진 수량의 물건들을 더 많은 대상들에게 나누어 줄수록 개별 수령 대상이 갖게 되는 수량은 적어진다는 사실을 이해하였다(Sophian, Garyantes, & Chang, 1997).

Carpenter, Ansell, Franke, Fennema 그리고 Weisbeck(1993)은 유치원 아동들에게 1년 동안 손으로 조작할 수 있는 구체물을 나누는 문제를 제시하였다. 학년 말이 되기까지 유아들은 부분 나누기(예: 영수는 강아지 2마리에게 과자를 똑같이 나누어 주었어)와 측정적 나누기(예: 성미는 금붕어 8마리를 키우는데, 어항 1개에 금붕어를 2마리씩 넣었어. 그렇다면 성미는 어항을 모두 몇 개 갖고 있지?)를 모두 해결할 수 있었다. 따라서 유아들은 일반적인 기대보다 훨씬 어린 연령에도 간단한 나누기 문제를 해결할 수 있다. 이러한 연구들의 결과는 유아들이 자연수에 대한 이해와 더불어 일찍부터 분수의 기초 개념에 대한 초보적인 이해가 발달됨을 의미한다.

우리나라에서 유아들의 분수의 기초개념에 대한 이해를 밝히고자 하는 연구가 실시되었다. 박영신(2002)에 따르면, 우리나라 6세 유아들은 일정한 양을 여러 명의 수령자에게 나누어 줄 때 수령자의 수가 증가할수록 수령하는 양은 감소한다는 사실을 잘 이해하였으며, 5세 유아들은 일부만이 이러한 이해를 갖고 있었다. 또한 수령자의 수와 수령하는 양과의 관계 이해는 연속적 양과 비연속적 양에서 크게 차이가 나지 않았다.

4.2 수와 연산 교수-학습 연구

수학을 교수하는 방법은 크게 비형식적 교수(informal instruction)와 형식적 교수(formal instruction)로 구분할 수 있다. 일반적으로 비형식적 교수는 수 개념과 관련된 구체물 조작을 포함하는 반면, 형식적 교수는 수 상징 표상의 조작을 포함한다. 예를 들어 사탕 두 개를 갖고 있는 4세 유아에게 사탕 네 개를 갖고 있는 엄마가 "우리가 갖고 있는 사탕이 모두 몇 개지?"하고 물을 때, 유아는 사탕을 세기 시작해서 여섯 개가 있음을 알게 되는데, 여기에는 수에 대한 상징표상(예: 2, 4 등의 숫자)이 전혀 들어 있지 않다. 이 상황에서 유아가 경험하는 비형식적인 더하기는 숫자와 기호를 사용하는 초등학교에서의 형식적 덧셈과는 다르다. Ginsburg와 Klein, Starkey(1998)에 따르면, 이와 같이 상이한 수학적 경험을 통해서 유아들은 비형식적 지식(informal knowledge)과 형식적 지식(formal knowledge)을 형성한다. 비형식적 지식은 구체물을 갖고 문제를 해결하는 상황에 토대를 두며, 유아들은 물리적·사회적 세계와의 상호작용을 통해 비형식적 지식을 구성해 가는 반면, 형식적 지식은 문자 언어적 상징 체계의 조작을 수반하며 대체로 학교교육을 통해 습득되는 지식이다(Ginsburg, Klein, Starkey, 1998).

유아는 학교에 입학하기 훨씬 전부터 수와 연산에 관한 직관적이고 비형식적인 상당한 수준의 수학적 이해를 형성한다. 따라서 유아 수학교육의 핵심적 기능은 유아들이 이미 갖고 있는 비형식적인 수학 지식을 좀 더 형식적인 학교 수학과 연결시키는 것이라고 할 수 있다. 수와 연산에 관련된 교수-학습 상황에서 교사의 가장 중요한 임무 중 하나는 각 유아가 수를 어떻게 해석하는지에 대한 통찰을 갖고 개별 유아가 아는 것과 모르는 것을 평가하는 것이며, 후속적인 교수-학습을 통해 유아가 현재 갖고 있는 비형식적 개념으로부터 좀 더 형식적인 학교 수학의 개념으로 발전시키도록 돕는 것이다.

유아교육기관에서 유아들의 수와 연산 교수-학습과 관련하여 실시된 연구들은 수학의 다른 내용 영역에 관련된 연구들에 비하여 수적으로도 많지만 그 내용에 있어서도 매우 다양하다. 여기서는 먼저 유아의 수와 연산 능력을 증진시키기 위해 고안된 프로그램이나 활동들을 중심으로 한 연구들을 소개하고, 이와 같은 교수 활동이 유아의 수와 연산 능력에 미친 효과를 검증한 연구로 구분하여 살펴보도록 한다.

4.2.1 수와 연산 능력을 증진시키기 위한 프로그램 및 활동들

최근 들어 유아의 수학적 사고능력을 증진시키기 위한 수학교육 프로그램들이 개발되고 있다. 그 중 대표적인 프로그램으로 Greenes, Ginsburg, Balfanz(2004)가 4, 5세 유아들을 위해 개발한 'Big Math for Little Kids'와 Casey와 그녀의 동료들(예: Casey, Goodrow, Schiro, & Anderson, 2002; Casey, Paugh, & Ballard, 2002) 3, 4세부터 초등 저학년까지의 유아들을 위해 개발한 'Round the Rug Math'를 들 수 있다. 이들은 모두 유아의 수학적 능력발달에 대한 연구에 기초한 프로그램으로, 'Big Math for Little Kids'가 수, 도형, 패턴, 논리적 추론, 측정, 수와 공간에 대한 사고능력에 초점을 맞춘 종합적인 프로그램이라면, 'Round the Rug Math'는 주로 공간, 도형, 측정에 초점을 맞춘 프로그램이다. 다양한 활동들, 게임 및 이야기를 활용하여 진행되도록 구성되어 있으며, 유아들이 재미있는 활동들에 몰입함으로써 수학적 개념을 깊이 있게 학습하도록 돕고 연속적이면서 일관된 방식으로 수학적 사고를 도입하여 수학학습에 대한 유아들의 흥미와 호기심을 증진시키고자 고안되었다.

이 중에서 'Big Math for Little Kids'의 수에 관한 교육과정을 구체적으로 살펴보면, 수가 일상생활에서 사용되는 다양한 방식들에 초점을 맞추고 있는데, 예를 들어 집주소나 전화번호와 같이 수를 사용하여 구분하기, 측정을 위해 수를 사용하기(예: 손가락 세 개 만큼의 길이), 사물의 수량을 나타내기, 서열이나 순서를 나타내기 등으로 우리 주변에서 수가 사용되는 방식이 매우 다양함을 경험하게 한다. 이 프로그램의 활동들은 하나씩 세기, 다섯씩 세기, 열씩 세기, 백씩 세기와, 사물의 수량에 대한 시각적 인식 또는 수 세기를 통한 수량 인식, 사물의 속성(색, 크기, 기능)이 수 세기에 영향을 미치지 않음에 대한 인식 등을 발달시킨다. 또한 반(1/2)과 두 배의 개념을 포함한 비례관계, 사물들을 더하고 곱하기, 빼고 나누기, 수를 합성하고 분해하는 방법 등에 대한 유아들의 이해를 발달시킨다. 이와 더불어 집합과 부분집합 사이의 관계와 분수도 포함하며, 숫자, 수 단어, 빗금이나 점으로 표시하기 등의 수를 표상하는 다양한 방법을 강조한다. 각각의 수학 내용 영역에서 유아들이 읽을 이야기책도 개발하였는데 수학적 언어가 제공되는 스토리와 그림들은 유아들이 수학의 주요 개념을 깊이 있게 이해할 수 있도록 돕는다. 이야기를 들은 후 유아들은 생략된 정보를 그림으로 그리거나, 스토리를 다시 말하는 활동들을 하게 되며, 이런 활동은 유아들에게 새로운 수학 어휘를 사용하는 기회를 제공한다.

Starkey, Klein, 및 Wakeley(2004)는 유아기부터 시작되는 수학적 지식에 있어서의 사회경제적 계층의 차이에 주목하고, 특히 중류 및 저소득 계층의 유아들을 위한 수학적 중재 프로그램을 개발하였다. 이 프로그램은 가정과 유아교육기관의 학습 환경을 모두 고려한 것으로 학급에서 이루어지는 활동들은 구체물을 활용하는 27개의 소집단 활동으로 구성되어 있다. 이 교육과정은 유아들의 비형식적 수학 지식을 지원하는 포괄적인 수학개념을 제공하며, 포함된 단원의 내용은 물체의 수세기와 수 감각, 산술적 추론, 공간감각, 기하 추론, 패턴감각 및 단위구성, 비표준적 측정 및 논리적 관계이다. 교사가 안내하는 소집단 활동들과 더불어 유아의 개별적 학습 양식에 맞춘 컴퓨터 수학활동과 교실내의 수학영역을 통한 활동들도 포함되어 있다. 가정에서의 중재는 부모들이 자녀의 수학적 발달을 지원할 수 있도록 하기 위하여 자녀와 함께 활동하는 방법을 가르치고 가정에서 활동할 자료들과 교육지침을 제공함으로써 학급에서의 교육의 효과를 확장시킨다.

유아의 기본적인 수 기술과 수학학습에 대한 동기를 증진시키기 위하여 게임을 활용하는 교수방법을 지지하는 연구들도 있다. 게임은 다른 교수방법보다 유아들의 학습동기를 증진시키고 의미 있는 사회적 맥락 안에서 이루어진다는 점에서 커다란 장점을 갖는다(Ainley, 1990; Bragg, 2003). 프로젝트 스펙트럼(Krechevsky, 1998) 역시 친근한 주제에 기초한 게임을 통해 다른 영역에서와 마찬가지로 수학에 대한 유아들의 동기와 학습을 유발한다. 수학 영역에서의 스펙트럼 활동으로 개발된 게임의 대표적 예로 공룡

게임과 버스게임이 있다. 이 두 게임에서 유아들은 수 개념, 수세기 기술, 규칙을 지키는 능력, 수 이해, 암산 수행 능력, 수를 조직하고 기록하는 능력 등을 다루고 있다.

그림책과 이야기, 전래 동요 등을 포함하는 아동문학을 활용하여 유아의 수학적 사고를 증진시키는 교수방법 또한 많은 학자들의 지지를 받는다(홍혜경, 1995; Conaway & Midkiff, 1994; Ernest, 1997; Gailey, 1993; Griffiths & Clyne, 1990; Hong, 1999; Jenner, 2002; Lewis, Long, & Mackay, 1993; McDuffie & Young, 2003; Thatcher, 2001). 아동문학을 통한 수학학습은 아동의 흥미에 기초한 학습으로 전개시키기 쉬우며(Tischler, 1992), 다른 영역과의 내용 통합과 총체적 교육과정으로 결합시킬 수 있고(Sawyer & Comer, 1991), 문제해결, 추리력 및 의사소통 과정을 통해 수학에 대한 긍정적인 태도를 갖게 할 수 있으므로(Thiessen & Matthias, 1992) 활용가치가 높다(홍혜경, 1995).

이상에서 살펴본 바와 같이, 수와 연산을 포함하는 유아들의 수학적 지식을 발달시키기 위해 개발되고 사용되는 교수방법들은 주로 유아들의 흥미와 관심을 집중시키고 활동에 몰입시킴으로써 수학적 개념을 깊이 있게 경험할 수 있는 놀이, 게임, 문학 활동 등의 비형식적인 방법을 활용하고 있음을 알 수 있다.

4.2.2 교수활동이 유아의 수와 연산 능력에 미치는 효과에 대한 연구

전통적인 수학교육에서는 어린 유아들에게 수 개념들을 기계적으로 암기하게 하고 반복 연습을 통한 연산 기술의 단련을 강조하는 비효율적인 교수방법을 적용하는 특징을 지니며, 이러한 교수방법은 유아들의 수학 성취나 수학에 대한 태도를 형성하는데 부정적인 영향을 미치는 발달에 부적절한 실제일 뿐 아니라 지식정보화 사회에 필수적 기능인 창의적 사고능력, 문제해결력, 정보처리 능력 및 논리적 사고능력을 길러 줄 수 없는 것으로 밝혀지고 있다(홍혜경 · 이정욱 · 정정희, 2004). 이에 따라 유아기 아동들을 대상으로 하는 학습지나 교사 중심적이고 지시적인 수업방식을 지양하는 한편, 유아들이 즐겁고 의미 있는 놀이나 게임 등의 활동을 통해 수학적 개념을 학습하도록 이끄는 수학교수방법을 강조하는 방향으로 나아가고 있으며, 이러한 교수방법의 효과를 입증하는 연구들도 국내외에서 다수 시행된 바 있다.

유아들의 수학적 능력을 향상시키기 위해 개발된 활동들 또는 교육 프로그램들이 실제로 교육적인 효과를 지니는지를 살펴본 연구들은 주로 유아들의 수와 연산 능력에 집중되어 있다. 특히 유아의 수세기, 수의 순서, 수 표상, 10진법, 자리 값 등의 수 개념과 더하기와 빼기 등의 연산 능력을 종속변인으로 하는 연구들이 다수 시행되었다.

먼저 Young-Loveridge(2004)는 5세 유아 151명을 대상으로 수에 대한 그림책과 게임을 활용하는 소집단 교수 프로그램이 유아들의 수량적 사고(수세기, 패턴인식, 물체의 수 세기, 숫자 인식, 구체물과 상상적 물체에 대한 더하기와 빼기 등)에 미치는 즉각적 효과와 장기효과를 살펴보았다. 7주에 거쳐 매일 30분씩 짝을 지어 하는 게임과 수에 대한 이야기 활동 등을 실시한 결과 유아들의 수량적 사고를 증진시키는 즉각적인 효과가 있었음은 물론이고 프로그램이 종료된 1년 후까지 그 효과가 지속되었음을 발견하였다.

유아 문학이 유아의 수학적 성취에 미치는 영향을 연구한 학자로서 Hong (1996)은 유아 문학을 수학 교육을 위한 매체로 활용할 때 유아들이 흥미영역 중 수학활동 영역을 더 강하게 선호한다는 사실을 발견하였으나 유아들의 수학성취도 점수에는 별다른 효과가 나타나지 않았음을 보고하였다. 이 연구에서 유아들은 대부분 상류 계층 가정의 자녀였으며, 아마도 가정에서 이들이 경험하는 수학활동(학습지)으로 인해 수학학습에는 큰 영향을 미치지 못했을지도 모른다고 Hong은 지적하였다. 정민영 · 정정희(2004)의 연구는 문학을 활용한 수학활동에서 교사의 비계설정이 5세 유아의 수 개념과 수학 관련 어휘 사용에 영향을 미치는 것으로 보고하였다. 이는 유아들에게 의미 있는 상황에서 학습할 수 있는 역할을 하는 문학의 활용과 더불어 교사의 비계설정을 통한 수학활동이 유아들의 수 개념 습득에 효과적임을 보여준다.

Hughes(1986)는 유아들의 수세기 기술을 증진시키기 위하여 주사위 게임을 활용한 결과 주사위 게임은 유아들의 수세기 기술을 발달시키는 데에 효과적이었음을 밝혔으며, Peters(1998)는 5세 유아들이 부모의 지도하에 소집단으로 수학 게임을 했을 때 수세기와 수의 순서에 대한 지식 및 수의 패턴에 대한 인식에 있어서 큰 효과가 있음을 발견하였다.

10진법과 자리 값에 대한 유아들의 이해를 돕기 위한 유아교육기관에서의 교수활동에 대한 정보는 많지 않으나, 미국 유아들의 자리 값에 대한 이해를 증진시키기 위한 방법으로 수는 부분들로 나뉠 수 있다는 개념을 발달시키고자 한 연구자들이 있다(Fischer, 1990; Kline, 1994; Resnick, 1983; Ross, 1989). 이들에 따르면 물건들의 세트는 하위 세트들로 구분될 수 있으며, 특히 두 개의 부분으로 나뉠 수 있다는 이해가 자리 값 이해의 토대로서 중요하다. 다시 말해서 수가 부분들로 구성됨을 유아가 이해해야만 수를 10과 관련지어 생각할 수 있다는 것이다(Fischer, 1990; Kline, 1994; Resnick, 1983; Ross, 1989).

Fischer(1990)는 86명의 유치원 아동들을 두 집단으로 나누어 한 집단의 유아들에게는 부분과 전체의 관계에 초점을 맞춘 다양한 활동들(11이란 수는 5와 6, 또는 10과 1 같이 두 개의 부분이 합해진 것)을 25일에 걸쳐 20분씩 실시한 반면, 통제 집단의 유아들에게는 같은 기간 동안 전통적인 수세기 활동을 실시한 결과, 부분과 전체의 관계를 경험하는 활동을 한 집단의 유아들이 통제집단 유아들에 비하여 자리 값 개념을 테스트하는 과제에서 의미 있게 높은 점수를 나타냈다. Kline(1994) 역시 450명의 유치원 아동들을 대상으로 1년에 걸친 실험을 실시했는데, 295명의 유아들에게는 부분과 전체 관계의 개념에 초점을 맞춘 활동을 1년 동안 70회 제공한 반면, 155명의 유아들에게는 특별한 교수 없이 그 지역의 전통적인 교육 지침을 따랐다. 1년 후 부분과 전체의 관계에 대한 교육을 받은 유아들이 통제집단의 유아들에 비하여 수 개념 검사에서 높은 수행을 나타냈다. 이처럼 수의 부분과 전체의 관계에 초점을 맞춘 비형식적 교수는 유아들의 자리 값에 대한 이해에 긍정적인 효과가 있음을 알 수 있다.

Chao, Stigler와 Woodward(2000)는 구체적인 학습 자료가 유아들의 10진법 개념 습득에 미치는 영향을 살펴보았다. 이들은 157명의 유치원 아동들에게 시리즈로 된 아홉 개의 수학 게임을 5주 동안 실시하였다. 여기에는 유아들이 갖고 놀 두 가지 유형의 수 카드(10개씩 묶인 점들이 구조적으로 배열된 카드 vs. 점이 아무렇게 배열된 카드)가 포함되어 있었고 유아들이 이러한 자료를 자발적으로 갖고 게임을 할 때 기본적인 더하기와 빼기 기술이 습득되는지의 여부와 카드게임을 통해 10진법 개념이 발달되는지의 여부를 살펴보기 위하여 사전과 사후 검사를 실시하였다. 그 결과 구조화된 카드가 유아의 10진법에 대한 개념발달에 영향을 미치지 못한 것으로 나타났다. 이러한 결과에 대하여 연구자들은 학습 자료가 아무리 구조화된 것이라 하더라도 그에 상응하는 추상적 수 개념으로 연결시키는 명시적인 단계별 교수 없이는 유아들에 의해 교육적 의도대로 사용되지도 않고 추상적 수 개념으로 연결되지도 않는다고 해석하였다. 즉, 유아들에게 수가 10씩 묶이는 패턴을 갖는다는 사실을 인식하게 도우려면 구조화된 자료와 더불어 이에 상응하는 명시적인 교수가 필요하다는 것을 강조하는 것으로서, 명시적 교수가 없을 때는 유아들이 단순히 카드의 점들을 세는데 그치고 만다는 것이다.

Lee(2006)는 유치원 학급에 제시되는 학습 자료와 수 활동 및 교사의 교수 유형이 유아의 10진법과 자리 값 개념에 미치는 영향을 살펴보았다. 우리나라의 5세 유아들을 10개의 유치원 학급에서 무선으로 표집하여 사전 검사를 실시하였고 학년 말에 사후검사를 실시하여 10진법과 자리 값에 대한 유아들의 이해를 측정하였다. 그 결과 유아들의 십진법과 자리 값 개념은 교실에 제시된 자료와 활동 교수를 유치원에서 경험한 빈도에 따라 다양하게 나타났다. 이 연구에 대상으로 참여한 우리나라의 전형적인 유치원에서는 10진법과 자리 값에 관련된 교수자료들을 제공하고 있었으며, 이들 자료들은 주로 2~4명의 유아들이 함께 게임이나 놀이를 하면서 사용하게 되어 있었고 이런 게임을 하기 위해서는 더하기, 빼기, 수 세기와 같은 다양한 수 개념이나 기술들이 요구되었다. 교사들은 새로운 교수자료를 제공할 때 대집단 상황에서 자료를 사용하여 놀이하는 방법을 알려주었으며 어떤 교사들은 자료 사용방법을 알려주기 위하여 유아들과 상호작용하기도 하였다. 그러나 유치원이 제공하는 교수자료와 활동들의 범위는 기관에 따라 차이가 있었다. 100까지 세기, 1의 자리 수와 10의 자리 수들 간의 더하기와 빼기, 10씩 묶어보기, 수의 자리 값을 비교해 보기 등을 포함하는 다양한 수와 연산 활동들을 제공하는 기관이 있는가 하면 30까지 수 세기나 일의 자리 수들의 더하기와 빼기로 한정된 기관들도 있었으며, 이러한 기관에서는 10진법과 자리 값에 대한 활동들은 거의 관찰되지 않았다. 교사가 교수자료들의 사용을 유아들에게 안내하거나 시범을 보이고 유아와 긴밀하게 상호작용하는 등의 교수행동을 얼마나 나타내는지를 관찰한 결과, 다양한 교수자료와 학습활동을 제공하는 학급의 교사들은 적극적으로 교수행동을 나타내는 경향을 보인 반면 교수자료와 활동을 제한적으로 제공하는 학급의 교사들은 10진법과 자리 값에 관련된 교수행동을 거의 나타내지 않았다. 결과적으로 10진법과 자리 값에 관련된 교수자료, 활동 및 교사의 교수행동을 경험하는 정도는 유아의 10진법과 자리 값에 대한 이해의 수준과 정적인 상관을 나타냈지만 학습 자료와 활동만으로는 유아들의 수 개념 발달을 독립적으로 예언하지 못했다.

홍혜경(1993)은 우리나라 유아들이 이중으로 획득해야 하는 고유 수 단어 체계(예: 하나, 둘, 셋...)와 한자 수 단어 체계(예: 일, 이, 삼...)를 효과적으로 습득할 수 있는 교수방법을 개발하고 그 효과를 검증하기 위한 연구를 실시하였다. 수 단어 분리학습과 수 단어 동시학습의 2가지 유형의 교수방법을 사용하여 명명과 물체 세기를 위한 목적으로 수 단어를 사용하게 하는 활동들을 고안했다. 분리학습이란 고유 수 단어의 학습을 모두 마친 후 한자 수 단어 학습이 제공되는 것이며, 동시학습은 일정 고유 수 단어를 학습한 후 해당 한자 수 단어 학습이 이어서 제공되는 과정을 반복하도록 고안된 학습이다. 4, 5, 6세 유아들을 대상으로 분리학습에 45명, 동시학습에 44명을 무선 배정하여 구체물의 조작, 노래, 율동, 동화, 손유희, 게임을 활용하여 한 활동을 15분 정도 2주에 걸쳐 각 교수방법을 사용한 활동들을 실시한 후 두 집단에 공히 수 단어 전용학습을 다시 2주에 걸쳐 실시하였다. 그 결과, 분리학습과 동시학습의 두 유형의 교수방법은 수 단어 세기 검사와 수 개념 검사에서 모두 의미 있는 차이를 나타내지 못했다. 그러나 수 단어를 학습한 후 이어 두 수 단어 체계간의 전용을 위한 학습이 제공된 후에는 동시학습이 분리학습보다 수 개념 검사에서 더 효과적으로 나타났다. 즉, 일정 수까지 고유 수 단어로 명명하는 수업을 한 후 이어 한자 수 단어의 명명학습을 제공하는 형태의 동시학습 그 자체는 수 개념에 차이를 나타내지 않지만, 두 수 단어 체계의 전용학습과 함께 진행되었을 때 수 개념에 영향을 주는 것으로 나타났다.

Starkey, Klein과 Wakeley(2004)는 사회경제적으로 혜택 받지 못한 계층의 유아들을 위한 수학교육 프로그램을 개발하고 중재한 후 그 효과를 살펴보았다. 연구를 시작할 시점에 저소득층 유아들은 중류계층 유아들에 비하여 수학적 지식에 있어서 현격히 낮은 수준에 있었다. 프로그램을 실시한 후에는 모든 유아들의 전체 수학지식 점수가 증가하였으며, 수, 연산, 공간, 패턴, 측정에 대한 지식을 평가하는 과제에서 점수가 증가하였다. 또한 이러한 중재의 효과는 특히 저소득 계층의 유아들에게 더욱 컸으며, 따라서 초기의 계층에 관련된 수학지식의 격차가 중재로 인하여 줄어들었다.

우리나라에서 유아들의 연산능력에 초점을 맞추어 유아교육기관의 전형적인 교육 활동들의 효과를 살펴본 연구들(김유정 · 이지현, 2003; 나귀옥, 2002; 한종화 · 박찬옥, 2004) 역시 대체로 유아들의 연산능력에 비형식적인 수학교육 활동들이 효과적이었음을 보고하고 있다. 나귀옥(2002)은 만 4, 5세 유아들에게 동화를 들려준 다음 그 동화 내용과 관련이 있는 비형식적인 더하기 문제와 빼기 문제를 제시하고, 그림·상징·문자 등을 사용하여 자신의 생각이나 문제 풀이 과정을 표상하면서 문제를 해결하도록 하였다. 이 연구에서 만 4세는 더하기 문제를 풀 때, 만 5세는 더하기와 빼기 문제를 풀 때 수학적 표상활동이 유아에게 긍정적 영향을 나타내었다. 만 4세 유아들은 대체로 구체적인 그림으로 자신의 문제 해결 과정을 표상하였고, 만 5세 유아들은 구체적인 그림보다는 추상화된 그림이나 표시, 혹은 상징(주로 숫자)을 사용하여 수학적 표상을 하였다. 그러나 유아들의 수학문제 해결을 돕기 위한 표상활동은 유아들이 쉽게 해결할 수 있는 과제나 너무 어려운 과제에서는 도움이 되지 못하였다. 그러므로 유아에게는 약간의 도움을 제공할 때 해결할 수 있는 수준의 도전적 과제에서 수학적 표상활동이 유아들의 더하기와 빼기에 효과적이라 할 수 있다.

김유정 · 이지현(2003)은 생활문제에 바탕을 둔 소집단 이야기 나누기가 유아들의 비형식적 연산에 미치는 효과를 알아보았다. 일상생활에서 유아들이 자주 경험하는 수와 관련된 주제들을 정하고 이를 드러낼 수 있는 상황을 입체적인 모형으로 제작하여 유아들에게 제시하고, 이 상황에 포함된 연산 관련 문제를 이야기 나누기를 통해 해결하는 활동들이 이루어졌다. 그 결과 생활문제에 바탕을 둔 소집단 이야기 나누기는 연산 중에서 특히 빼기와 곱하기 상황의 문제해결에 큰 효과가 나타났으며, 더하기와 나누기의 문제해결 상황에서도 유아들의 연산 책략이 다양하게 나타났다. 이는 유아교육기관에서의 비형식적 연산 활동이 유아들의 생활 경험과 관련될 때 그들에게 직접적인 목적과 의미를 갖게 하는 동시에 이미 생활에서 경험을 통해 알고 있는 지식을 활용할 수 있게 함으로써 유아들에게 더 의미 있고 적극적인 수학지식을 구성하게 하는 것으로 보여진다.

한종화 · 박찬옥(2004)는 5세 유아를 대상으로 하여, 유아들이 수학적 지식을 탐구하고, 자신의 사고를 반성해보는 과정적 측면을 강조하고 다양한 절차와 해답을 허용하는 탐구중심 수학교육 프로그램을 구성하고 그 효과를 살펴보았다. 교육내용은 문제해결, 추론하기, 의사소통, 관련짓기, 사회적 규범형성이었으며, 이와 관련된 교수 방법은 집단활동과 개별활동으로 실시하였다. 그 결과 문제상황 중심의 곱하기 · 나누기의 경우, 유아들도 충분히 문제를 해결할 수 있었으며 해결전략 시 유아들은 수를 분해하고 다시 결합하는 전략을 사용하는 것을 알 수 있었다.

위에서 살펴본 바와 같이 즐거운 놀이나 게임, 문학관련 활동들로 구성된 다양한 수학교육 프로그램들과 교육 활동들은 수와 연산에 관련된 수학적 개념을 학습하도록 이끌고 특히 수 세기, 수의 순서, 10진법, 자리 값 등의 수 개념과 더하기와 빼기 등의 연산 능력에 긍정적인 효과가 있음을 국내 · 외의 많은 연구들이 밝히고 있다. 이와 더불어 유아들에게 수와 연산을 가르치기 위해 제작된 구조화된 교구들은 제작의도에 상응하는 교사의 계획적이고 명시적인 교수와 함께 제공될때에만 그 효과를 볼 수 있다는 사실을 몇몇 연구들을 통해 알 수 있다. 그러나 유아들이 수를 이해하고 자유롭게 활용할 수 있는 수 감각 능력을 발달시키기 위해서는 수들 사이의 관계에 대한 이해가 토대가 되므로 앞으로의 연구에서는 집합의 크기 비교, 즉각적인 수 인식 능력, 수의 부분과 전체 관계에 대한 인식 등을 발달시킬 수 있는 다양한 활동들이 좀 더 많이 개발되고 교수활동에 적극 활용되며 이러한 활동들의 교육적 효과를 확인해보는 노력이 더욱 필요하다.

참 고 문 헌

강대은(2003). 3, 4, 5세 유아의 수세기와 더하기, 빼기 능력 및 전략에 관한 연구, 중앙대학교 교육대학원 석사학위 논문.

김경철(1993). 유아 수학 문제해결 능력 신장에 관한 연구, 중앙대학교 대학원 박사학위 논문.

김소향(1992). 3, 4, 5세 유아의 비형식적 더하기와 빼기의 수학능력 및 인지적 전략의 발달에 관한 연구. 유아교육연구, 15(1), 101-121.

김유정 · 이지현(2003). 생활문제 중심의 소집단 이야기 나누기가 유아의 수연산 발달에 미치는 효과. 유아교육연구, 24(1). 165-185.

나귀옥(2002). 만 4, 5세 유아의 수학적 표상활동이 비형식적 더하기 및 빼기에 미치는 영향. 미래유아교육학회지, 9(3), 39-57.

박영신(2002). 분수의 기초적 개념에 대한 유아들의 이해. 유아교육연구, 22(3), 5-22.

송명자(1990). 한국 수의 이중 명명체계가 아동의 수 사고에 미치는 영향. 교육학연구, 28(2), 91-90.

신은수(1995). 3, 4, 5세 유아의 비형식적 더하기와 빼기의 수학능력 및 인지적 전략의 발달에 관한 연구. 유아교육연구, 15(1), 101-121.

신은수 · 김은정 · 김소향(1993). 3, 4, 5세 유아의 합리적 수세기, 더하기, 빼기능력 발달에 관한 연구. 아동학회지, 14, 23-37.

신은정(1994). 어린 아이들의 수세기와 기수 원리의 이해, 충북대학교 대학원 석사학위 논문.

이정욱 · 안경숙 · 김소향(2001). 3세와 4세 유아의 비형식적 수 지식에 대한 연구, 유아교육연구, 21(1), 251-267.

이지혜(2003). 유아의 수 세기 행동 및 수 세기에 대한 생각, 건국대학교 대학원 석사학위 논문.

이효영(1986). 4, 5세 어린이의 수세기 지식에 관한 연구, 중앙대학교 대학원 석사학위 논문.

장영미(1989). 유아의 수 세기에서의 공간전략에 관한 연구, 부산대학교 교육대학원 석사학위 논문.

정민영 · 정정희(2004). 문학을 활용한 수학활동에서 교사의 비계설정이 유아의 수학적 성취 · 흥미 · 수학 관련 어휘사용에 미치는 영향. 아동학회지, 25(4),

129-145.

한종화 · 박찬옥(2004). 탐구중심 유아수학교육 프로그램의 교육적 효과 탐색. 유아교육연구. 24(3), 225-242.

홍혜경(1990). 한국 유아의 수단어 획득에 관한 연구. 아동학회지, 11(2), 5-23.

홍혜경(1993). 한국 유아의 수단어 획득을 위한 교수방법에 관한 연구. 유아교육연구, 13, 115-132.

홍혜경(1995). 유아 수학학습에 아동문학의 교육적 활용을 위한 탐색. 교육학연구, 33(1), 399-424.

홍혜경 · 이정욱 · 정정희(2004). 유아 수학능력 및 수학교육의 연구 동향. 유아교육연구, 24(7), 227-261.

황정숙(2002). 유아기 수학 교수-학습 방법에 대한 연구. 수학교육논문집, 13(1), 107-127.

Ainley, J. (1990). Playing games and learning mathematics. In L. P. Steffe & T. Wood (Eds.), *Transforming children's mathematics education: International perspectives* (pp. 84-91). Hillsdale, NJ: Erlbaum.

Antell, S. E., & Keating, D. P. (1983). Perception of numerical invariance in neonates. *Child Development*, 54, 695-701.

Baroody, A. J. (1984). Children's difficulties insubtraction. *Arithmetic Teacher*, 32(3), 14-19.

Baroody, A. J. (1987). *Children's mathematical thinking*. New York: Teachers College Press.

Baroody, A. J. (1992). The development of preschoolers' counting skills and principles. In J. Bideaud, C. Meljac, & J. P. Fisher (Eds.), *Pathways to number* (pp. 99-126), Hillsdale, NJ: Erlbaum.

Blevins-Knabe, B., Cooper, R. G., Mace, P. G., Starkey, P., & Leitner, E. (1987). Preschoolers sometimes know less than we think: The use of quantifiers to solve addition and subtraction tasks. *Bulletin of the Psychometric Society*, 25, 31-34.

Bragg, L. A. (2003). Children's perspectives on mathematics and game playing. In L. Bragg, C. Campbell, G. Herbert, & J. Mousley (Eds.), *MERINO: Mathematics education research: Innovation, networking, opportunity* (*Proceedings of the 26th annual conference of the Mathematics Education Research Group of Australasia*, pp. 160-167). Geelong, Vic., 6-10 July.

Briars, D., & Siegler, R. S. (1984). A featural analysis of preschoolers' counting knowledge. *Developmental Psychology*, 20, 607-618.

Brush, L. R. (1978). Preschool children's knowledge of addition and subtraction. *Journal for research in mathematics Education*, 9, 44-54.

Bryant, P. (1995). Children and arithmetic. In L. Smith (Ed.), *Critical readings on Piaget*. London: Routledge.

Butterworth, B. (1999). *The Mathematical Brain*. London: Macmillan.

Carpenter, T. P., Ansell, E., Franke, M. L., Fennema, E., & Weisbeck, L. (1993). Models of problem-solving: A study of kindergarten children's problem -solving processes. *Journal for research in mathematics Education*, 24(5), 427-440.

Carpenter, T. P., & Moser, J. M. (1983). The acquisition of addition and subtraction concepts. In R. Lesh & M. Landan (Eds.), *Acquisition of mathematical concepts and process*. NY: Academic Press.

Carpenter, T. P., Moser, J. M., & Romberg, T. A. (1982). *Addition and subtraction: A cognitive perspective*. Hillsdale, NJ: Erlbaum.

Casey, B., Goodrow, A. M., Schiro, M., & Anderson, K. L. (2002). *Round the rug math: Teeny visits shapeland*. Chicago, IL: McGraw-Hill.

Casey, B., Paugh, P., & Ballard, N. (2002). *Round the rug math: Sneeze builds a castle*. Chicago, IL: McGraw-Hill.

Chao, S., Stigler, J. W., & Woodward, J. A. (2000). The effects of physical materials on kindergartners' learning of number concepts. *Cognition and Instruction*, 18(3), 285-316.

Clearfield, M. W., & Mix, K. S. (1999). Number vs contour length in infants' discrimination of small visual sets. *Psychological Science*, 10, 408-411.

Clements, D. H. (2004). Themes and recommendations. In D. H. Clements, J. Sarama, A, DiBiase(Eds.), *Engaging young children in mathematics*. Mahwah, NJ: Lawrence Erlbaum Asso.

Conaway, B., & Midkiff, R. B. (1994). Connecting literature, language, and fractions. *Arithmetic Teacher*, 41, 430-434.

Cooper, R. G. (1984). Early number development: Discovering number space with addition and subtraction. In C. Sophian, *The origins of cognitive skill* (pp.157-192). Hillsdale, NJ: Lawrence Erlbaum.

Danzig, T. (1954). *Number: The language of science* (4th ed.). New York: Macmillan.

Dehaene, S. (1997). *The number sense.* London: Penguin.

Ernest, P. (1997). Popularization: Myths, massmedia and modernism. In A. J. Bishop, K. Clements, C. Keitel, J. Kilpatrick, & C. Laborde (Eds.), *International handbook of mathematics education: Part 2* (pp. 785-817). Dordrecht, Netherlands: Kluwer Academic Publishers.

Fischer, F. E. (1990). A part whole curriculum for teaching number in the kindergarten. *Journal for Research in Mathematics Education*, 21, 207-215.

Frydman, O., & Bryant, P. E. (1988). Sharing and the understanding of number equivalence by young children. *Cognitive Development*, 3, 323-339.

Frye, D., Braisby, N., Lowe, J., Maroudas, C., & Nicholls, J. (1989). Young children's understanding of counting and cardinality. *Child Development*, 60, 1158-1171.

Fuson, K. C. (1984). More complexities in subtraction. *Journal for Research in Mathematic Education*, 15, 214-225.

Fuson, K. C. (1988). *Children's counting and concepts of number*. New York: Springer.

Fuson, K. C., & Ho, C. S. (1998). Children's knowledge of teen quantities as tens and ones: Comparisons of Chinese, British, and American kindergarteners, *Journal of Educational Psychology*, 90(3), 536-544.

Gailey, S. K. (1993). The mathematics-children's literature connection. *Arithmetic Teacher*, 40, 258-261.

Geary, D. C. (1994). *Children's mathematical development*. Washington, DC: American Psychological Association.

Geary, D. C., Bow-Thomas, C. C., Liu, F., & Siegler, R. S. (1996). Development of arithmetical competencies in Chinese and American children: Influence of age, language, and schooling. *Child Development*, 67, 2022-2044.

Gelman, R., & Gallistel, C. R. (1978). *The child's understanding of number.* Cambridge, MA: Harvard University Press.

Gelman, R., & Meck, E. (1983). Preschoolers' counting: Principles before skill. *Cognition*, 13, 343-360.

Gelman, R., Meck, E., & Merkin, S. (1986). Young children's numerical competence. *Cognitive Development*, 1, 1-29.

Ginsburg, H. P. (1989). *Children's arithmetic: How they learn it and how you teach it.* (2nd ed). Austin, TX: Pro-Ed.

Ginsburg, H. P., Choi, Y. E., Lopez, L. S., Netley, R., & Chi, C. Y. (1997). Happy birthday to you: The early mathematical thinking of Asian, South American, and U. S. children. In T. Nunes & Bryant (Eds.), *Learning and teaching mathematics: An international perspective* (pp.1-45). East Sussex, England: Erlbaum/Taylor & Francis.

Ginsburg, H. P., Klein, A., & Starkey, P. (1998). The development of children's mathematical thinking: Connecting research with practice. In I. E. Siegel & K. A. Renninger (Eds.), *Handbbook of child psychology (5th ed.) Vol 4: Child psychology in practice.* NY: John & Wiley & Sons, Inc.

Greenes, C., Ginsburg, H. P., & Balfanz, R. (2004). Big Math for Little Kids. *Early Childhood Research Quarterly.* 19(1), 159-166.

Greeno, J. G., Riley, M. S., & Gelman, R. (1984). Conceptual competence and children's counting. *Cognitive Psychology*, 16, 94-143.

Griffiths, R., & Clyne, M. (1990). *More than just counting books: Curriculum challenges for children.* Melbourne: Thomas Nelson Australia.

Groen, G., & Resnick, L. B. (1977). Can preschool children invent addition algorithms? *Journal for Educational Psychology*, 69, 645-652.

Halpern, P. A. (1996). Communicating the mathematics in children's trade books using mathematical annotations. In P. Elliot & M. J. Kenney (Eds.), *Communication in mathematics, K-12 and beyond: 1996 yearbook.* Reston, VA: National Council of Teachers of Mathematics.

Hong, H. (1996). Effects of mathematics learning through children's Literature on math achievement and dispositional outcomes. *Early Childhood Research Quarterly*, 11, 47-94.

Hong, H. (1999). Using storybooks to help young children make sense of mathematics. In J. Copley(Ed.), *Mathematics in the early years.* Reston, VA: NCTM.

Hunting, R. P. & Sharpley, C. F. (1988). Preschoolers' cognition of fractional units. *British Journal of Educational Psychology*, 58, 172-183.

Hughes (1986). *Children and number.* Oxford: Blackwell.

Jenner, D. M. (2002). Experiencing and understanding mathematics in the midst of a story. *Teaching Children Mathematics*, 9, 167-171.

Klein, A. (1984). The early development of arithmetic reasoning: Numerative activities and logical operations. *Dissertation Abstracts International*, 45, 375B-376B.

Klein, A. (1994). *Developing kindergartners' reasoning with number using a part whole schema.* Unpublished doctoral dissertation, University of Michigan, Michigan.

Klein, A., & Langer, J. (1991). *The early development of division: Social sharing or numerical distribution.* Presented at the meeting of the Jean Piaget Society, Philadelphia, PA.

Klein, A., & Starkey, P. (1988). Universals in the development of early arithmetic cognition. In G. Saxe & M. Gearhart (Eds.), *Children's mathematics* (pp.5-26). San Francisco: Jossey-Bass.

Krechevsky, M. (1998). Project Spectrum: Preschool assessment handbook. Teachers College · Columbia University.

Lee, Y. (2006). *Korean kindergarten teachers' use of base-ten and place value materials and children's learning.* Unpublished doctoral dissertation, Boston University.

Lewis, B. A., Long, R., & Mackay, M. (1993). Fostering communication in athematics using children's literature. *Arithmetic Teacher*, 40, 470-473.

McDuffie, A. M., & Young, T. A. (2003). Promoting mathematical discourse through children's literature. *Teaching Children Mathematics*, 9, 385-389.

Miller, K. (1984). The child as the measure of all things: measurement procedures and the development of quantitative concepts. In C. Sophian, *Origins of cognitive skills* (pp.193-228). Hillsdale, NJ: Erlbaum.

Mix, K. S., Levine, S. C., & Huttenlocher, J. (2001). *Quantitative development in infancy and early childhood.* New York: Oxford University Press.

Miura, I. T., & Okamoto, Y. (1989). Comparisons of U. S. and Japanese first graders cognitive representation of number and understanding of place value. *Journal of Educational Psychology*. 81, 100-114.

Miura, I. T., Okamoto, Y., Kim, C. C., Steere, M., & Fayol, M. (1993). First graders' cognitive representation of number and understanding of place value: Cross-national comparison - France, Japan, Korea, Sweden, and the United States, *Journal of Educational Psychology*. 85, 24-30.

Munn, P. (1997). 수세기에 대한 유아의 생각. I. Thompson(Ed.). (이지현 역). 어린이 수학교육: 피아제 수학교육의 대안 (pp.28-50), 서울: 정민사.

NCTM (2000). *Principles and standards for school mathematics*. Reston, VA: NCTM.

Nunes, T., & Bryant, P. E. (1996). *Children doing mathematics*. Oxford, England: Basil Blackwell.

Resnick, L. B. (1983). A developmental theory of number understanding. In H. P. Ginsburg (Ed.), *The development mathematical thinking*, (pp.109-157). London: Acdemic Press.

Resnick, L. B. (1989). Developing mathematical knowledge. *American Psychologist*, 44, 162-169.

Ross, S. H. (1989). Parts, wholes, and place value: A developmental view. *Arithmetic Teacher*, 36(7), 47-51.

Sawyer, W., & Comer, D. E. (1991). *Growing up with literature*. Albany, NY: Delmar Publishers. Inc.

Saxe, G. B. (1979). Developmental relations between notational counting and number conservation. *Child Development*, 50, 180-187.

Schaeffer, B., Eggleston, V. H., & Scott, L. H. (1974). Number development in young children. *Cognitive Psychology*, 5, 357-379.

Siegler, R. S. (1987). Strategy choices in subtraction. In J. A. Sloboda & D. Rogers (Eds.), *Cognitive processes in mathematics* (pp. 81-106). Oxford, England: Claredon Press.

Siegler, R. S. (1991). In young children's counting, procedures precede principles. *Educational Psychology Review*, 3, 127-135.

Siegler, R. S. (1998). *Children's thinking*. (3rd ed.). Upper Saddle River, NJ: Prentice-Hall.

Siegler, R. S., & Robinson, M. (1982). The development of numerical understandings. In H. W. Reese & L. P. Lipsitt (Eds.), *Advances in child development and behavior*. New York: Academic Press.

Sophian, C., & Adams, N. (1987). Infants' understanding of numerical transformations. *British Journal of Developmental Psychology*, 5, 257-264.

Sophian, C., Garyantes, D. & Chang, C. (1997). When three is less than two: Early developments in children's understanding of fractional quantities. *Developmental Psychology*, 33, 731-744.

Starkey, P. (1992). The early developmental of numerical reasoning. *Cogntion*, 43, 93-126.

Starkey, P., & Cooper, R. G. (1980). Perception of numbers by human infants. *Science*, 210, 1033-1034.

Starkey, P., & Cooper, R. G. (1995a). The development of subitizing in young children. *British Journal of Developmental Psychology*, 13, 399-420.

Starkey, P., & Gelman, R. (1982). The development of addition and subtraction abilities prior to formal schooling in arithmetic. In T. P. Carpenter, J. M. Moser, & T. A. Romberg (Eds.), *Addition and subtraction: A cognitive perspective* (pp. 99-106), Hillsdale, NJ: Erlbaum.

Starkey, P., Klein, A., & Wakeley, A. (2004). Enhancing young children's mathematical knowledge through a pre-kindergarten mathematics intervention. *Early Childhood Research Quarterly*, 19, 99-120.

Starkey, P., Speke, E. S., & Gelman, R. (1983). Detection of intermodal numerical correspondences by human infants. *Science*, 222, 179-181.

Starkey, P., Speke, E. S. & Gelman, R. (1990). Numerical abstraction by human infants. *Cogntion*, 36, 97-128.

Stevenson, H. W., Lee, S. Y., & Stigler, J. W. (1986). Mathematics achievement of Chinese, Japan, American children. *Science*, 231, 693-699.

Strauss, M. S., & Curits, L. E. (1981). Infant perception of number. *Child Development*, 52, 146-1152.

Thatcher, D. H. (2001). Reading in the math class: Selecting and using picture books for math investigations. *Young Children*, 56(4), 20-26.

Thiessen, D., & Matthias, M. (1992). *The wonderful world of math*. Reston, VA: NCTM.

Tischler, R. W. (1992). *How to use children's literature to teach mathematics*. Reston, VA: NCTM.

Van Loosbroek, E., & Smitsman, A. W. (1990). Visual Perception of numerosity in infancy. *Developmental Psychology*, 26, 916-922.

Wagner, S. H., & Walters, J. (1982). A longitudinal analysis of early number concepts: From numbers to number. In G. E. Forman (Ed.), *Action and thought: From sensorimotor schemes to symbolic operations* (pp. 137-161). New York: Academic Press.

Wynn, K. (1990). Children's understanding of counting, *Cogntion*, 36, 155-193.

Wynn, K. (1992). Addition and subtraction by human infants, *Nature*, 358, 749-750.

Young-Loveridge, J. M. (2004). Effects on early numeracy of a program using number books and games. *Early Childhood Research Quarterly,* 19, 82-98.

5장. 기 하

기하학은 특정 공간 안에서의 도형의 성질을 연구하는 것이다. 2차원 평면 위에 놓여있는 평면도형과 3차원 공간 안에 있는 입체도형의 성질은 도형이 놓여있는 공간에 의존하게 된다. 따라서 공간에 대한 인식은 도형을 이해하는 데 매우 중요하다. 연구자들은 어떻게 유아가 자신이 살고 있는 삼차원 공간 안에서 물체들 간의 관계 및 위치를 이해하고 조작하는지, 그리고 평면 및 입체 도형들의 형태를 인식하고 속성을 이해하는지를 밝히고자 노력해 왔다. 또한 유아의 공간 및 도형 이해 능력을 신장시키기 위해 적합한 교육적 경험들은 무엇인가를 밝히고자 하는 연구들도 실시되어 왔다. 본 장에서는 이들 연구들을 요약하여 제시하고, 관련 연구들이 시사하는 바를 살펴보고자 한다.

5.1 기하 능력의 발달

5.1.1 위치 및 공간 관계의 인식

공간 능력에 관한 연구들은 공간 능력, 공간 지각 또는 공간 시각화란 용어를 사용하여 실시되어 왔으며, 1990년대에 들어서는 공간 감각이란 용어도 함께 사용되고 있다. 연구자들에 따라 이들 용어에 대한 정의는 조금씩 차이가 있지만 공간 능력은 크게 공간 방향화(spatial orientation)와 공간 시각화(spatial visualization)로 나누는 것이 공통된 견해이다(Clements, 2004; Macgee, 1979; Tartre, 1990). 공간 방향화는 위치를 파악하고 목적지까지 갈 수 있으며, 제시된 형상이 다른 시각에서는 어떻게 나타나는가를 이해할 수 있는 능력이다. 공간 시각화는 이미지를 생성하고 조작할 수 있는 능력으로 2차원 및 3차원 대상의 가상적인 움직임을 이해하고 실행하는 것을 포함한다(Clements, 2004). 즉, 주어진 대상이나 공간 정보를 마음 속으로 조작하여 대상을 회전, 재배열, 또는 조합하여 머릿속에 가시화할 수 있는 것이다. 지금까지 유아의 공간 능력에 관한 연구들은 대부분이 공간 방향화를 중심으로 실시되어 왔으며, 공간 시각화에 관한 연구는 도형의 변환이나 친숙한 공간의 이미지 형성과 관련하여 일부의 연구가 있을 뿐이다.

유아의 공간 능력에 관한 연구는 1950년대에 들어서 기하학적 이해의 발달을 밝히고자 한 Piaget의 초기 관찰들과 함께 시작하였다(Piaget & Inhelder, 1967). Piaget는 공간 및 기하개념이 연령에 따라 자발적으로 발달한다고 보았다. Piaget에 따르면 유아는 안/밖, 열림/닫힘, 근접/분리, 순서와 같은 위상학적 관계를 가장 먼저 이해한다. 위상기하에서는 유클리드 기하와는 달리 물체가 어떤 고정된 형태를 가지도록 요구하지 않으며, 공간 속에서 물체들이 어떻게 서로 관련이 되는가를 설명한다. 예를 들어, 고무풍선 위에 사각형을 그린 후에 풍선을 최대한 크게 불면 사각형은 거의 원에 가까운 형태로 변한다. 그러나 열려있지 않고 닫혀 있다는 폐곡선의 성질은 변하지 않고 그대로 남아 있게 된다. 이와 같이 위상기하는 공간 속에서 근접성, 분리, 순서, 개폐 등의 성질을 탐구한다.

Piaget와 Inhelder(1967)는 공간에 대한 최초의 표상에서 유아가 측정, 비례, 조망은 무시하는 것을 발견하였다. 3, 4세 경의 유아는 근접성, 개폐, 분리, 순서에 보다 주목하며, 6세 경에 이르러 각과 차원에 기초하여 형태를 변별할 수 있게 된다고 하였다. 예를 들어, 보지 않고 형태를 만져만 본 후에 해당되는 모양을 찾게 하거나 그리게 하는 과제(Touch and Draw/Identify)에서 3~4세 유아는 ◎ 모양을 만져본 후에 자신이 만졌던 모양으로 ◎를 찾아내거나 또는 ◇를 선택하기도 한다. 이는 유아들이 곡선이나 직선 또는 각과 같은 특성이 아니라 개폐('닫힘')라는 위상기하의 공간개념을 우선적으로 인식함을 보여준다.

Piaget는 전조작기 유아의 근접성과 분리 관계에 대한 판단은 다른 격리 물체의 유무에 의해서 영향을 받는다고 하였다. 예를 들어, 유아는 모래놀이 책상과 문 사이에 아무 것도 없을 때는 모래놀이 책상이 문에 가까이 있다고 생각한다. 그러나 모래놀이 책상과 문 사이의 거리는 변함이 없지만 그 사이에 큰 블록으로 집을 만들어 놓으면 모래놀이 책상과 문이 멀리 떨어져 있다고 생각한다.

유아가 물체들 간의 위치 관계를 이해하고 공간 개념을 형성하는 것은 오랜 기간을 통해 이루어진다. 감각 운동기의 영아는 물체를 시각적으로 따라가는 것을 학습하고, 물체에 도달하고 잡는 것을 학습하게 된다. 초기 8개월 동안 영아는 자신의 시야 안에서 볼 수 있는 물체만을 인식한다. 8~12개월 사이에 영아는 몸을 움직여 즉각적으로 시야 밖에 있는 물체를 찾는 것을 학습한다. 그리고 물체를 잡거나 떨어뜨리는 등의 공간 속에서 조작하는 것을 학습하게 된다. 12~18개월 사이의 걸음마 시기 유아는 자신이 공간 속에서 위치한다는 것을 인식한다. 또한 다른 물체와 관련하여 물체의 위치 변화를 학습하게 된다. 18~24개월 사이의 유아는 정신적으로 공간을 표상하는 능력을 발달시키게 된다. 예를 들어, 장난감이 소파 밑으로 굴러 반대쪽으로 빠져나갔다는 것을 발견할 수 있게 된다(이영자 · 이기숙 · 이정욱, 1999).

유아는 자신을 중심으로 방향과 위치, 거리를 포함하는 공간적 관계에 대한 탐색을 시작으로 하여 점차 공간 내의 물체들 간의 위치, 방향, 거리를 인식하고 설명하게 된다. 따라서 유아들의 공간관계 이해는 자신과의 관계에서, 지표물(landmark)과의 관계로, 그리고 추상적인 체계와의 관계로 발달하게 된다(Huttenlocher & Newcombe, 1984; Siegler, 1998). 초기 공간관계의 이해는 유아가 자기 자신과 관련지어 위치를 이해하는 것으로써, 최근 연구(Siegler, 1998)에 따르면 미로에 장난감을 놓고 그 위치를 찾는 실험에서 6~11개월 영아들은 자신의 위치를 중심으로 한 특정방향으로만 기어가지만 16개월 이후에는 자신의 위치가 변하는 것에 좌우되지 않고 장난감을 감춘 방향으로 갈 수 있었다(홍혜경 외, 2004 재인용).

지표물과의 관계로 이해하는 것은 큰 건물이나 나무 등 주변의 특징적인 물체를 지표로 삼아 위치를 나타내는 것이다. 지표물의 존재는 자기중심적 공간행위에서 객관적인 공간행위로의 발달에 중요하며, 어린 유아도 지표물 단서에 민감하게 반응한다. 9개월 된 영아는 엄마를 지표물로 활용하기 시작하며, 1세 경까지는 목표에 가까이 있는 물체에 국한하여 지표물을 사용할 수 있지만, 2~3세 경이 되면 먼 지표물도 활용할 수 있게 되나 자신이 움직이면 위치를 잃기도 한다. 5세 경이 되면 여러 지표물을 활용할 수 있게 되며, 자신의 위치에 덜 의존적이 된다(Siegler, 1998; 홍혜경 외, 2004 재인용). 유아는 물체 위치기억 과제에서 주변에 지표가 될 수 있는 표식물이 첨부되었을 때 위치기억이 증가하였으며(김미혜, 1985), 5세와 6세 유아를 대상으로 실시한 연구(김지현 · 이정욱, 2004)에서도 좌표평면 위에 놓인 블록의 위치를 나타낼 때 주변에 있는 다른 블록을 지표물로 활용하는 비율이 가장 높게 나타났다.

추상적인 체계와의 관계로 이해하는 것은 물체의 위치를 지도와 같은 일반적이고 객관적인 참조의 추상적 체계와 관련지어 나타내는 것이다. 유아는 경로를 인식하여 정신적 지도(mental map)를 형성할 수 있으며, 점차적으로 지도가 공간상의 물체의 위치를 나타낸다는 것을 이해하고 집, 자동차, 나무와 같은 장난감들을 배치하면서 간단한 지도를 구성할 수 있다. 유치원이 끝나는 만 6세 경까지는 많은 유아들이 교실이나 놀이터 같이 친숙한 장소의 지도를 만들고 지도를 보고 따라갈 수 있다(NAEYC & NCTM, 2002). 원용분(1987)은 공간개념이 발달한 유아일수록 지도 축적 이해도가 높다고 밝히고 있다.

Huttenlocher, Newcombe과 Vasilyeva(1999)는 만 3, 4세 유아들도 지도와 실제 공간과의 관계를 이해한다고 제시하고 있다. Blades와 Spencer(1987)의 연구에서는 4세경부터 유아가 지도를 보고 바닥에 그어진 줄을 따라 걸어갈 수 있었다고 보고한다. 김경애(1998)는 유치원 교실의 평면지도와 입체지도를 사용하여 4, 5세 유아가 특정 물체의 위치를 표상하게 한 연구에서 연령 증가에 따라 유아의 표상능력이 증가하며, 유아들은 평면지도 보다는 입체지도에서, 그리고 지표물 단서가 제시된 조건에서 공간표상 점수가 높았다고 보고하고 있다.

그러나 Jovignot(1995)는 지도를 읽고 길을 찾아가는 미로과제에서 5세 유아는 6세 유아와 많은 차이를 나타냈다고 보고하였다. 5세 유아들은 6세 유아들보다 실수가 2배 가까이 많았으며, 지도를 사용하기보다는 시행착오를 통해서 길을 찾아가는 경향이 나타났다. 이들 유아들에게 교실에서 바깥 놀이터까지의 간단한 지도 읽기 훈련을 여러 회에 거쳐 실시한 후, 지도를 사용하여 경로에 따라 놀이터의 지표물을 찾게 하였을 때 유아들은 성공적으로 수행하였다. 그러나 익숙한 주변지역의 지도를 주고 주어진 경로에 따라 학교로 오게 하였을 때는 지도 읽기에 많은 어려움을 나타냈다. 이어서 6세 유아들만을 대상으로 지도를 보고 놀이터에서 9개의 지표물을 빨리 찾는 과제를 실시한 결과와 미로과제 수행 결과와의 상관관계를 산출했을 때, 두 과제의 수행능력 간에는 상관이 없는 것으로 나타났다. 이는 미로 실험 상황과 실제 자신의 몸으로 위치 및 방향을 찾는 상황과는 연관성을 찾기가 어렵다는 것을 시사한다. 또한 미로 실험의 단순한 지도에 비해 실제 지역의 복잡한 지도를 읽고 방향을 파악하기는 어렵다는 것을 의미한다. 마지막 실험에서는 5, 6세 유아들 모두에게 지도를 주고 동굴에서 출입구로 되돌아 나오는 과제를 실시하였다. 동굴과제는 막힌 길이 없이 단순하게 길을 찾을 수 있는 과제였지만 성공적으로 수행한 유아가 없었다. 이는 유아의 정서적인 불안감과 함께 들어갔던 경로와 반대로 생각할 수 있는 능력의 부족 때문으로 해석된다.

공간에서 정확하게 위치를 나타낼 수 있는 능력은 추상적인 참조체계를 사용하는 능력을 필요로 한다. 즉, 직교하는 수평, 수직선과 같은 추상적인 좌표축을 인식하고 이를 참조체계로 사용할 수 있을 때 유아는 물체의 정확한 위치관계를 파악하고 나타낼 수 있다. Piaget는 직교 좌표체계를 사용하여 공간에서 위치를 인식하는 것은 X축과 Y축의 두 차원을 동시에 고려해야 하며, 거리, 각도, 평행, 수평, 수직 등의 유클리드적 공간개념을 요구하기 때문에 8, 9세 이전의 유아들은 가능하지 않다고 하였다(Piaget, Inhelder, & Szeminska, 1960).

그러나 Somervill과 Bryant(1985), Blades와 Spencer(1989)는 과제를 단순화시켜 제시할 경우 4~6세 유아들도 좌표지각 능력을 보이며, 공간상의 특정 위치를 좌표체계를 참조하여 인식할 수 있다고 제시하였다. 예를 들어, Blades와 Spencer는 x와 y좌표를 숫자대신에 유아에게 친숙한 그림과 색으로 표시하였을 때 만 5세 유아도 주어진 좌표에 해당되는 위치 찾기와 위치에 해당되는 좌표 읽기가 가능하다고 보고하였다. 반면 권우정(2004)과 이정욱(2005)은 좌표축에 숫자를 사용하여 제시했을 때도 5세 유아들이 평면좌표 위에서 특정 위치를 인식할 수 있으며, 특정 위치에 해당하는 좌표를 읽을 수 있다고 제시하였다. 김지현과 이정욱(2004)의 연구에서도 6세 유아들은 좌표지각과제의 대부분을 성공적으로 수행했으며, 5세 유아들도 좌표지각과제의 반 이상을 성공적으로 수행한 것으로 나타났다. 또한 좌표지각 능력과 위치표상 능력 간에는 정적 상관이 있어 좌표지각능력이 높으면 위치표상능력도 높은 것으로 나타났다.

최근의 연구들(Rieser, Guth, & Hill, 1986; Reiser, Garing, & Young, 1994)은 유아도 자신에게 친숙한 주변 공간의 이미지를 형성할 수 있고, 관찰 지점이 바뀌었을 때 예상되는 대상의 위치 변화를 상상할 수 있다고 제시한다. Reiser, Garing과 Young(1994)은 유아가 집에서 자신의 교실을 머릿속에 떠올리게 하고, 자신의 자리에서 그리고 교사의 자리에서 교실의 중요한 물건 4개의 위치를 지적하게 하였다. 유아는 자신의 자리에서 교사의 자리까지 걸어간다고 가정하면서 실제 경로대로 걸어보는 조건(locomotion condition)과 단지 머릿속으로 상상만 하는 조건(imagination-only condition)에서 물건의 위치를 지적하는 일련의 실험들이 실시되었다. 연구결과, 3½세 유아들도 자신의 교실 공간에 대한 이미지를 형성할 수 있는 것으로 나타났다. 또한 유아들은 교실을 상상하고 실제 걸어보는 조건에서는 자신의 자리 뿐만 아니라 교사의 자리에서도 물건의 위치를 정확히 지적할 수 있었다. 즉, 위치 변화에 따른 공간의 이미지를 조작할 수 있었다. 그러나 단지 상상만 하는 조건에서는 교사의 위치에서 조망을 정확히 판단할 수 없는 것으로 나타났다. 이는 공간 방향화에서 유아의 행동, 이미지와 지각이 서로 밀접히 연결되어 있음을 보여준다.

유아는 대상의 공간적 관계가 단순한 수준일 경우 정신적으로 표상할 수 있는 것으로 나타난다. Uttal(1996)의 연구에서 4~5세의 유아들은 6개의 물체가 대칭적으로 배열된 것을 본 후에 이를 기억하여 재구성하는 과제를 성공적으로 수행할 수 있었다. 유아들은 재구성 과제에서 물체들 간의 거리는 정확하지 않지만 상대적 위치는 정확하게 파악할 수 있는 것으로 나타났다. 그러나 물체가 비대칭적으로 배열된 경우에는 공간적 배치를 기억하는 것이 어려운 것으로 나타났다. 또한 공간의 크기가 달라질 경우에도 전체적인 공간 배치에 대한 정신적 표상이 어려운 것으로 나타났다.

이들 연구들을 종합하면 공간에서의 위치 및 공간관계를 지각하는 능력들은 출생 이후 지속적으로 발달하며, 유아의 연령에 따른 성숙 및 인지 능력, 경험에 의한 친숙함, 정서적 스트레스, 그리고 학습의 전이 등이 복합적으로 공간관계 이해에 영향을 주는 것으로 볼 수 있다. 또한 지금까지의 연구들이 공간 방향화를 중심으로 실시되어 왔으므로, 앞으로는 유아의 공간 시각화 능력에 대한 연구들도 실시될 필요가 있음을 시사한다.

5.1.2 기하도형의 이해

유아는 학교기관에 들어오기 훨씬 이전부터 형태에 대한 개념을 발달시키기 시작한다. Piaget(Piaget & Inhelder, 1967)는 유아에게 있어 도형의 개념이란 낯익은 사물을 통해 위상기하적 개념을 먼저 이해하고 이어서 유클리드 기하 개념으로 발달한다고 주장하였다. Piaget가 실시한 유클리드의 기본모양을 나타내는 21개의 모양을 그리는 과제에서 4세 이하의 유아는 원, 사각형, 삼각형을 모두 똑같이 하나의 불규칙적인 폐곡선으로 나타냈다. 즉, 유클리드 기하에서는 서로 다른 도형이지만 위상학적으로는 같은 닫힌 도형을 그린 것이다. 5~6세의 유아는 낮은 수준에서 유클리드의 기본 도형을 점진적으로 구성해 간다. 예를 들어, 곡선과 직선을 구별하므로 원과 삼각형은 구별하지만 다각형들 간에는 구별이 되지 않아 삼각형, 사각형, 오각형은 구별하기 어렵다. 그러나 6~7세가 되면 유아들은 21개의 모든 모양을 재구성하거나 그대로 그릴 수 있는 것으로 나타났다.

van Hiele(1999)는 Piaget의 기하학 발달 단계의 입장을 수용하면서 기하학적 사고는 기초에서부터 기하의 완성 수준까지 5수준에 거쳐 순차적으로 발달한다고 제시하였다. 그러나 Piaget와는 달리 기하학적 사고 수준은 연령에 따른 발달에 의해서가 아니라 경험에 의해서 결정된다고 주장한다(van Hiele, 1999; Clements & Sarama, 2000a). 이는 유아에게 기하 형태를 학습할 수 있는 좋은 기회들을 제공하면 유아의 기하학적 사고 수준이 진전

될 수 있음을 의미한다.

van Hiele(1999)의 기하학적 사고 수준에 따르면, 유아들의 기하도형에 대한 이해는 대부분이 시각적 수준에 속하며, 부분적으로 기술적 수준을 보이기도 한다. 1수준인 시각적 수준은 구성요소의 속성에 대한 고려 없이 도형을 전체적인 시각적 외양을 토대로 인식하는 사고 수준이다. 유아는 기본 도형을 보여지는 전체적 모양새로 인식, 판별하며, 도형의 성질을 의식하거나 주목하지 않는다. 따라서 "정사각형이다. 왜냐하면 그렇게 생긴 것을 보면 알기 때문이다"라거나 "상자같이 생겼으니까 직사각형이다"와 같이 시각적 원형(visual prototype)을 사용하여 도형을 설명한다(van Hiele, 1999). 이 수준의 유아들은 비슷한 도형끼리 짝을 짓거나 그릴 수 있다.

시각적 사고 수준에 이어서 유아들은 2수준인 기술적 수준(descriptive level)으로 진전하게 된다. 이 수준의 유아들은 시각적으로 지각되는 모양을 분석함으로써 도형의 구성 요소와 성질에 대해 알게 된다. 예를 들어, 시각적 수준에서 삼각형은 "삼각형이라 부르도록 배웠던 것과 같은 모양"을 의미하지만, 기술적 수준에서 삼각형은 "세 변을 가진 도형"이 된다. 이 수준의 유아는 관찰이나 조작, 실험 등을 통하여 도형의 성질을 표현하고 특정 성질에 따라 도형을 모으거나 분류할 수 있다. 그러나 도형 사이의 관계는 인식하지 못한다.

van Hiele가 주장하는 시각적 사고 수준에서 기술적 사고 수준으로의 발달은 Satlow와 Newcombe(1998)의 연구를 통해서도 지지되고 있다. Satlow와 Newcombe은 유아들에게 여러 도형 카드들을 제시하고 원, 직사각형, 삼각형, 오각형의 각 도형에 해당되는 것과 해당되지 않는 것으로 분류하게 하였다. 도형 카드에는 각 도형마다 전형적인 예, 비전형적인 예, 그리고 틀린 예가 제시되었다. 이들의 연구에서 3세 경의 유아 대부분이 기본 도형에 대한 초보적인 개념을 지니고 있어 전형적인 외양 중심으로 도형을 인식할 수 있었다. 유아들의 범주화 기준이 도형의 외양적 특성에서 도형의 성질로 변화하는 시점은 5세에서 초등 2학년 사이로 나타났다. 이러한 범주화 기준의 변화는 원이 가장 빨랐으며, 다음으로 직사각형, 삼각형, 그리고 오각형으로 순서로 나타났다. 또한 각 도형의 틀린 예들에서 닫힘과 변의 수를 인식하는 것은 비교적 빨리 이루어졌으나 비전형적인 도형의 예들을 파악하는 능력은 점진적으로 나타났다. 유아가 5세 경이 되어야 비전형적인 도형들을 인식하기 시작하였다.

Clements와 Sarama(2000a)는 van Hiele(1999)가 주장하는 기하학적 사고의 시작인 시각적 수준 이전에 전인식적 수준이 나타난다고 주장한다. 전인식적 수준(prerecognition level)은 기하도형에 대한 유아의 가장 초보적인 이해로써 형태를 지각은 할 수 있지만 여러 도형들 중에서 특정 형태를 인식하거나 구별해 내지는 못하는 수준이다. 따라서 이 수준의 유아들은 흔히 원, 정사각형, 삼각형을 보고 따라서 그릴 때, 이들 도형을 모두 동일하게 불규칙적인 곡선으로 그리게 된다. 이는 도형을 본 후에 도형을 재구성할 수 있는 적절한 시각적 이미지를 형성하는 지각적 능력이 부족하기 때문이다. 또한 Clements와 Battista(1992)는 어린 유아들이 도형을 변별할 때 비록 명료하지는 않지만 기하학적 속성에 대한 초보적인 이해를 시각적 원형과 함께 사용한다고 주장하면서 van Hiele의 시각적 수준을 '통합적 수준(syncretic level)'으로 재정의 할 것을 제안하였다. Clements, Swaminathan, Hannibal과 Sarama(1999), 이정욱 · 임수진(2002)의 연구는 이러한 주장을 지지하는 것으로 나타났다.

유아의 기하도형 이해에 관한 연구들(이정욱, 2003; Clements & Sarama, 2000a; Hannibal, 1999)은 대부분의 유아들이 원은 정확하게 인식하고 있다고 보고한다. 정사각형도 많은 유아들이 정확하게 인식하는 편이지만 정사각형이 아닌 마름모도 정사각형으로 인식하는 경향이 있으며, 밑변이 수평으로 놓여 있지 않고 기울어진 정사각형은 정사각형이 아니라고 생각하는 경향이 있다. 유아의 삼각형과 직사각형에 대한 인식은 정확도가 떨어지는 것으로 보고된다. 유아는 그림 1의 ①, ②, ③과 같이 세 꼭지점이 직선이 아닌 곡선으로 연결된 경우도 삼각형이라고 간주하는 반면, 그림 1의 ④와 같이 매우 길고 뾰족한 삼각형은 너무 가늘어서 삼각형이 아니라고 반응하는 경향이 있다. 또한 긴 평행사변형이나 직각 사다리꼴을 직사각형으로 간주하는 경향이 나타났다(그림 2의 ①②③). 이는 유아들이 직사각형에 대해 '네 변을 가진 도형으로써 한 쌍의 마주보는 두 변이 평행하며 길이가 길다'는 이미지를 지니고 있으며, 직각에 대한 개념은 없음을 보여준다.

[그림 5-1]　　　　[그림 5-2]

출처: Clements, D.H., Swaminathan, S., Hannibal, M.A.Z., & Sarama, J.(1999). Young children's concepts of shape(pp.211-212). *Journal for Research in Mathematics Education,* 30(2).

이들 연구들은 대부분의 유아가 변이나 각과 같은 도형의 속성을 생각하지 않고 전체적인 외양에 따라 도형을 인식하는 시각적 수준에 있으며, 생활 속의 경험을 통해 비형식적으로 구성한 한정된 시각적 원형들을 지니고 있음을 보여준다. 시각화 수준 유아들의 기하학적 추론은 닮음(resemblance)에 기초한다. 유아들은 자신이 지닌 시각적 원형들을 기준으로 주어진 도형이 이와 닮았는가, 같게 생겼는가에 주목하여 도형을 인식하는 특징을 보인다. 그러므로 유아가 도형에 대한 제한된 경험에 의해 한정된 시각적 원형만을 지니지 않도록 이끄는 교수 방법이 필요한 것으로 보인다.

최근에 실시되는 연구들은 유아가 삼차원 공간에서 기하형태를 표상하는 능력이 어떠한지, 그 발달적 특성을 밝히고자 한다. 홍혜경의 연구(2001a)에 의하면, 적목 구성물의 사진이나 입체적 그림을 보고 적목을 사용하여 그대로 구성하는 것이 적목 구성물을 보고 이를 나타내는 사진이나 입체적 그림을 찾아내는 것보다 유아에게 어려운 것으로 나타났다. 적목으로 만든 구성물을 보고 이를 나타내는 사진이나 그림을 찾는 영상적 표상 능력은 유아가 4~5세 경이면 가능하였다. 그러나 적목 구성물의 사진이나 그림을 보고 적목을 사용하여 그대로 구성하는 구체적 표상 능력은 3~6세에 거쳐 계속적으로 발달하는 것으로 나타났다. 또한 공간적 이해의 표상은 제시관점에 따라 유의한 차이가 나타나 정면관점이 평면관점과 측면관점보다 쉬운 반면에 측면관점이 가장 어려운 것으로 나타났다.

홍혜경(2001b)은 또 다른 연구에서 유아들에게 적목으로 만든 기하학적 구조물을 보고 자신의 공간적 이해를 직접 그려보게 한 결과, 그리기 표상에 6가지 수준이 나타났다고 하였다. 대부분의 3, 4세 유아들은 긁적거리기나 동그라미 형태로 표상하는 1수준과 입체 구성물임에도 불구하고 평면의 기하학적 형태로만 표상하는 2수준에 속했다. 4~6세 유아는 평면의 기하학적 표상과 위치적 관계를 표상하는 3수준과 평면의 기하학적 표상과 근접관계 표상이 가능한 4수준에 속하는 것으로 보고하였다. 이 연구는 유아들이 5수준의 측면적 관계, 6수준의 입체적 형태를 표상하기는 어려우나 평면적 형태로는 기하학적 구조물의 표상이 가능함을 보여주었다.

유아의 입체도형 표상 능력을 살펴본 연구(이정욱 · 임수진, 2002)에서는 입체도형을 한 면에서 본 것처럼 표상하는 평면도식기, 가려진 면들을 도형에 나타내는 공간도식기, 기저선을 중심으로 깊이를 표현하는 전사실기, 그리고 평행적인 면을 평면에 나타내고 깊이를 나타내는 사실기로 구분하여 분석하였다. 연구 결과, 4~5세 유아는 주로 평면도식기와 공간도식기에 속하는 것으로 나타났다. 즉, 입체도형을 그릴 때 주로 도형을 정면이나 평면에서 본 것처럼 한 면만을 표현하였다. 또는 숨겨진 면들을 포함하여 도형의 여러 면을 나타내지만 여러 면들 간의 관계를 하나의 시각에서 통합하지 못하고 수직적 관계를 중심으로 표현하였다. 언어 표상에서는 주변 사물의 형태를 참조하여 설명하는 시각적 반응이 주로 나타났으나, 도형의 속성에 기초한 속성적 반응도 부분적으로 나타났다

5.1.3 도형의 변환

이동과 대칭은 도형의 모양이나 크기는 변하지 않고 위치만 변환시키면서 공간을 구조화하는 경우로 밀기, 뒤집기, 돌리기를 말하며 이동기하 또는 변환기하에서 다루는 능력이다. 이동 또는 변환기하는 움직임에 따른 위치의 변화에 의해 공간에서 모양이 어떻게 나타나는지에 초점을 둔다. 밀기는 도형이나 물체를 어떤 방향으로 일정한 거리만큼 밀어서 이동하는 조작이며, 뒤집기는 대칭축을 중심으로 접어서 이동하는 조작이고, 돌리기는 일정한 각도만큼 회전하는 조작이다.

이동과 대칭에 대한 경험은 일상생활에서 자연스럽게 이루어진다. 유아들은 필요에 따라 물건을 옮기고, 자신의 위치에서 손쉽게 사용하기 위해 물건의 손잡이를 돌린다거나 책장을 넘기는 행동, 또한 패턴블록이나 탱그램, 퍼즐 맞추기를 할 때 그림을 완성하거나 새로운 배치를 구성하기 위해 조각을 돌리거나 뒤집고 옮기면서 직관적으로 위치 변화에 따른 결과를 이해한다. 이는 유아가 문제를 해결하기 위해 물체를 움직여 다른 형태의 모양을 인식하고 추론하는 변환과 관련된 탐구이며, 공간 학습의 중요한 부분이다. 이를 통해 유아는 이동에 대해 이해하고, 변형된 모양의 위치 혹은 지점이 어떻게 나타나는지 예측할 수 있게 된다.

이러한 이동의 이해는 공간능력의 요소인 공간시각화 및 공간추리능력 발달을 도모하는데 필수적 개념이 된다. 왜냐하면 공간시각화와 공간추리능력은 문제를 해결하기 위해서 정신적으로 심상(image)을 조작하고 변형하여 사고하고 추론하는 능력이기 때문이다(Casey, Kersh, & Young, 2004).

공간적 시각화(spatial visualization)는 2차원과 3차원 공간에서 물체의 움직임에 대해 정신적으로 심상을 만들어 조작하고 변형하며, 추상적 관계를 시각적 표상으로 바꾸는 것이다. 즉, 물체나 어떤 대상을 마음속이나 정신으로 조작하여 나타나는 형, 관계, 변환을 인지하는 능력을 말한다. Tartre(1990)는 공간시각화를 기하학적 도형의 특정 변환을 예견하는 능력으로 정의하며, 시각화를 추론하기, 분류하기, 관계 짓기 등의 종합적 능력으로 기술하였다. 여기서 변환이란 밀기, 뒤집기, 돌리기와 같은 것을 의미하고, 공간시각화란 이와 같은 변환으로 나타난 위치나 공간의 변화를 추론, 분류, 관계 짓기 등의 사고를 통해 정확하게 예측하는 능력(김수미, 2003)이라 할 수 있다.

여러 연구들(최연 · 이정욱, 2006; Perham, 1978; Piaget & Inhelder, 1971; Rosser, Ensing, Glider, & Lane, 1984; Rosser, Lane, & Mazzeo, 1988; Willford, 1972)에 따르면 이동기하 능력은 연령과 성숙에 의해 자발적이고 독립적으로 이루어지며 유아들의 이동기하 능력은 매우 제한적이란 견해와 어린 연령의 유아들도 이동기하에 대한 직관적인 능력을 지니고 있으며 경험과 학습에 의해 기하능력이 향상 될 수 있다는 서로 상반되는 견해가 제시되고 있다.

Piaget & Inhelder(1971)는 정신적 상(mental imagery)에 관한 연구에서 뒤집기는 8세 경, 그리고 돌리기는 9세 경 이후가 되어야 이해가 가능하다고 하였다. 즉, 초등학교 저학년에 해당하는 대부분의 유아들은 변환적인 심상의 움직임을 수행할 수 없다고 주장한다. Williford(1972)는 2학년과 3학년 학생들을 대상으로 도형을 직접 조작하여 밀기, 돌리기, 뒤집기의 결과를 알아보는 학습활동을 통해 점차 마음속으로 도형을 이동하는 학습을 실시하였다. 그러나 실험집단 아동들은 정신적 조작에 의한 변환능력에 있어 통제집단과 유의미한 차이가 나타나지 않았다. 따라서 Williford는 학습을 통해 도형의 정신적 변환 능력을 향상시킬 수 없다고 주장한다. 그러나 한기완(2002)은 Williford 연구에서 학습의 효과가 나타나지 않은 이유는 학습에 사용한 Illinois의 교재가 이 연령의 아동을 위해 개발된 것이 아니라 7, 8학년을 위해 개발된 것이었기 때문이라는 문제를 지적하고 있다.

이들 연구들과는 달리 Shah(1969) 연구에서는 6세 유아들도 밀기에 대해 배울 수 있다고 제시하고 있다. Clements(2004)도 유아들이 초보적인 변환 또는 이동능력을 나타낸다고 주장하면서 유아들의 공간적 추론과 시각화 능력의 발달에 도움을 줄 수 있는 활동들을 통해 변환 또는 이동기하 능력을 향상시킬 수 있다고 밝히고 있다.

Perham(1978)은 삼각형의 밀기, 뒤집기, 돌리기 실험결과에서 이동기하 학습 이전에는 Piaget의 제안처럼 발달 수준에 따르지만, 학습 이후에는 뒤집기와 돌리기와 같은 과제를 효과적으로 처리하였고 학습경험을 통해 발달을 도울 수 있다고 보았다. 즉, 학습경험을 하기 전에는 밀기와 같은 쉬운 과제만을 해결하였고 뒤집기나 돌리기는 어려워하였으나, 학습을 경험한 이후에는 뒤집기와 돌리기와 같은 과제를 이해하였다. 또한 밀기를 가장 쉽게 하였으며, 돌리기를 가장 어려워하였다.

Rosser, Ensing, Glider, & Lane(1984)에 따르면, 기하학적 이동에 대한 유아의 이해는 밀기가 가장 쉽고, 뒤집기, 돌리기 순으로 나타났고, 뒤집기와 돌리기에서는 이동의 방향이 어려움을 주지만 4~5세 유아들이라도 방향적 단서와 단순한 과제에서는 돌리기의 변환도 해결할 수 있으며 2학년 학생은 정신적 회전도 가능하였다. 도형의 변환 능력은 연령 및 제시된 과제와 관계가 있는 것으로 보고된다. 연령이 높아질수록 과제 성공률도 높으며, 주어진 과제의 난이도에 따라 수행능력에 차이가 나타났다(Rosser, Lane, & Mazzeo, 1988, 재인용).

우리나라 만 3, 4, 5세 유아를 대상으로 도형의 밀기, 뒤집기, 돌리기 능력을 연구한 최연과 이정욱(2006)은 조작할 수 있는 구체물이 주어진다면 만 3세 유아도 밀기 과제를 잘 할 수 있으며, 비록 제한적이지만 뒤집기와 돌리기도 이해하는 것으로 보고하였다. 그러나 구체물이 주어지지 않고 정신적인 조작만을 요구하는 것은 유아들에게 어려운 과제라고 밝히고 있다. 만 5세는 밀기 과제에서 구체물이 제시되지 않아도 과제 수행 점수가 높게 나타나 정신적 조작만으로도 밀기에 따른 결과를 예측할 수 있는 것으로 나타났다.

이들 연구들을 종합하면, 연령이 증가할수록 이동기하 능력이 발달되었고 활동 과제에 따라 차이가 나타났다. 즉, 학생들은 밀기를 가장 쉬운 과제로 여기며, 돌리기 과제를 가장 어렵게 여기고 있었다. 또한 단순한 과제의 경우는 유아기에도 이동기하능력이 나타나며, 학습에 의해 발달을 촉진할 수 있다는 결과를 보여준다.

5.2 기하 교수-학습 연구

5.2.1 공간능력의 향상을 위한 교수-학습 연구

공간적 이해는 우리가 살고 있는 이 세계를 해석하고 이해하기 위해 반드시 필요하며, 실생활 및 직업에 관련된 문제를 해결하는 데도 매우 유용하게 활용된다. 뿐만 아니라 연구결과들(Casey & Bobb, 2003)은 공간 능력과 수학적 성취가 매우 밀접하게 관련되는 것으로 보고하고 있다. 이에 따라 많은 연구자들이 유아의 공간 능력을 발달시키기 위해 효과적인 교수방법이 무엇인가를 밝히기 위해 노력해왔다.

유아가 최초로 하게 되는 공간적 경험은 자신의 신체적 움직임을 통해 이뤄진다. 누워 있는 영아는 고개를 돌리거나 손과 발을 뻗쳐서 주변 공간을 탐색하고, 기거나 걸을 수 있게 되면 계속적으로 움직이면서 위치와 방향의 변화를 꾀한다. 신체를 움직일 때 유아는 움직이는 방향, 움직일 수 있는 공간의 크기, 움직임의 범위와 공간과의 관계 등을 이해하게 된다. 따라서 연구자들은 신체동작 활동을 통해 유아의 공간 능력을 향상시킬 수 있다고 제시하고 있다(김희선, 2005; Andrews, 1996; Gallahue, 1995). 예를 들어, Andrews(1996)는 움직임이 유아의 공간 인식을 확장시킬 수 있는 주된 요소라고 주장하며, 실내·외에서 신체의 움직임을 통해 공간감각을 발달시킬 수 있는 게임 및 활동들을 제시하고 있다. 김희선(2005)은 만 4세 유아를 대상으로 10주간에 걸쳐 20가지의 신체활동을 실시한 결과, 실험집단 유아들이 비교집단 유아들보다 방향 및 공간인지 능력이 향상되었다고 보고하고 있다.

전통적으로 유아교육기관에서 중요하게 간주해 온 쌓기 놀이도 유아의 공간능력 발달에 효과적인 것으로 밝혀지고 있다(김경례, 2003; 박현주, 1999; 윤영심, 1998; 홍혜경, 2001, 2004; Wolfgang, Stannard, & Jones, 2001). Wolfgang, Stannard, & Jones(2001)는 쌓기 놀이의 장기적 효과를 추적한 연구에서 복잡한 구성물을 만들었던 유아들은 공간능력을 많이 요구하는 중·고등학교 수학에서 높은 점수를 받는 것으로 보고하고 있다. 이러한 결과는 학생들의 IQ, 사회계층, 성별을 고려하였을 때에도 유효한 것으로 나타났다. 김경례(2003)와 홍혜경(2001)은 쌓기 놀이에서 만든 구성물을 유아가 다시 그려봄으로써 입체를 평면으로, 평면을 입체로 전환하는 경험을 할 때 공간 능력의 증진에 효과적임을 보고하고 있다. 따라서 이들 연구 결과들은 개방적 놀이의 특성을 지닌 쌓기 놀이라도 교사가 좀 더 체계적으로 지도한다면 유아의 수학적 이해에 보다 긍정적인 효과를 가져 올 수 있음을 시사한다.

일부 연구자들(Hong, 2003; 김상룡·남형채, 1998; 이은화, 1989; 임유경, 2003)은 유아의 공간개념 발달에 전통놀이를 활용하는 것이 효과적임을 제시하였다. 예를 들어, 비석치기나 자치기 같은 목표물 맞추기, 고누나 윷놀이 같은 판 게임, 꼬리잡기나 술래잡기 같은 쫓기 놀이, 풀 묻기나 숨바꼭질 같은 숨기놀이가 유아의 공간개념 발달에 효과적인 것으로 제시되고 있다.

지도 작성 활동도 유아의 공간능력 발달을 도모하는 것으로 지적되고 있다. 유아는 지도를 통해 공간에서의 크기와 방향, 관계를 탐색하는 기회를 갖기 때문이다. 현민숙(2001)은 지도그리기를 통해 유아의 방향, 위치, 거리, 개폐 등의 위상적 이해가 향상되었다고 보고하고 있다. 그러나 Jovignot (1995)의 연구가 제시하듯이 유아기에 지도를 읽고 공간관계를 파악하는 것은 학습의 효과가 한정되며 전이가 어렵다는 결과도 고려해야 한다. 익숙하고 친근한 지역의 지도를 읽고 경로를 따라가는 활동의 효과는 학습

대상이 되었던 특정 지역에서만 효과가 있었으며, 다른 지역의 지도 읽기 능력으로 학습의 전이가 나타나지 않았다. 또한 실험실 과제의 수행 능력과 실생활 공간에서 공간관계를 이해하는 것과의 상관이 없다는 결과는 유아의 공간능력 교수-학습이 생활 속에서의 문제해결 중심으로 실시되어야 함을 시사한다.

컴퓨터 교육이 활성화 된 이후로는 컴퓨터를 활용하여 유아의 공간 능력 발달을 증진시킬 수 있음을 밝히는 연구들(Clements & Battista, 1990; Carlson & White, 1998; 김영미, 2003; 유인수, 2000; 이규남, 2003)도 실시되었다. Carlson과 White(1998)는 5~6세 유아를 대상으로 방위와 상대적인 방향 인식을 강화시키는 컴퓨터 활동을 2주간 실시한 결과, 실험집단 유아들의 오른쪽, 왼쪽 방향의 이해가 통제집단 유아보다 향상되었다고 보고하였다. Clements와 Battista(1990), 유인수(2000)의 연구는 Logo 프로그램을 활용한 수학활동이 유아의 공간지각능력과 방향개념, 좌우구별 능력에 효과적이라고 제시하였다. 이규남(2003)는 컴퓨터 활동과 블록 활동이 유아의 공간능력에 미치는 영향을 비교한 결과, 전체 공간능력에서는 차이가 나타나지 않았다. 그러나 하위요인인 눈-운동 협응에서 블록 활동이 컴퓨터 활동보다 더 효과적이라고 보고하고 있다.

수학과 음악 학습의 관계에 대한 뇌과학 이론 연구는 유아의 음악능력(음악감상, 악기 훈련, 노래부르기 등)과 공간능력과의 연관성을 지적하고 있다. 예를 들어, 유아들이 악기의 소리를 듣게 되면 두뇌에서 음악을 인지하려는 스타일이 나타나는데, 대뇌피질의 음악 정보처리영역과 공간적 정보처리영역이 관련되어 작용한다는 것이다(Flohr & Hodges, 2002). 논란이 많은 "Mozart effect"연구(Rauscher, Shaw, & Ky, 1993; Rauscher, Shaw, Ky, & Wright, 1994; Walters, 2003)는 이러한 이론에 기초하여 실시되었다. 건반악기 훈련을 받은 3, 4세 유아들의 공간능력이 더 높은 것으로 나타난 연구들(Rauscher, Shaw, & Ky, 1993; Rauscher, et al., 1997)은 매우 짧은 기간동안의 훈련 효과를 살펴본 것이지만 수학과 음악을 통합한 교수방법이 유아의 공간 능력 발달을 증진시킬 수 있는 가능성을 시사한다.

유아의 공간능력 향상을 위한 교수-학습 연구들은 비교적 최근 들어 실시되어 왔고, 앞으로 보다 많은 연구들이 필요한 분야이다. 특히 어린 유아는 자신의 움직임을 통해 공간에 대한 직관적인 감각을 발달하게 됨에도 불구하고 신체활동을 통해 공간감각의 발달을 도모하는 프로그램을 개발하고 그 효과를 밝히는 실증적 연구들은 많이 실시되지 않고 있으므로 이러한 연구들이 실시될 필요가 있다. 또한 유아의 공간 능력을 증진시키기 위해 어떻게 가르칠 것인가에 중점을 둔 연구들 뿐만 아니라 무엇을 가르칠 것인가를 연구하는 것도 필요하다. 이와 함께 실제 이들 내용들을 교육한 후, 유아의 공간능력에 미치는 효과를 밝히는 실증적 검증 연구들도 요구된다.

5.2.2 도형 능력의 향상을 위한 교수-학습 연구

최근 유아수학교육자들(Clements & Sarama, 2000b; Hannibal, 1999)은 기하도형 교육의 이상적 시기는 3~6세 사이이며, 유아의 기하학적 사고 수준은 연령에 따른 발달에 의해서가 아니라 교육에 의해서 결정되므로 유아에게 기하 도형을 학습할 수 있는 양질의 기회를 제공하는 것이 중요함을 지적하고 있다.

유아의 도형 학습을 돕기 위해서는 내면적이고 언어적인 매개체를 활용하는 성인들과 달리 유아는 구체적이고 조작할 수 있는 외적 매개체가 필요하므로(Bodrova & Leong, 1996) 구체적 조작물을 사용하는 것이 효과적임을 여러 연구결과들이 제시하고 있다(이정욱, 2004; Clements, 1999a). 연구를 통하여 도형 학습에 효과가 있는 것으로 밝혀진 구체적 조작물에는 탱그램(김광옥, 2004; 안주형, 2002; 안진경, 2003), 기하판(최창우, 2002), 종이접기(김혜숙·홍혜경, 1999; 장혜연, 2001) 등이 있다.

구체적 조작물외에 컴퓨터도 역시 유아의 기하학습에 효과적이라는 주장이 제시되고 있다. 컴퓨터의 상호작용성, 즉각적인 피드백, 표현의 다양성 등은 유아에게 논리적이고 조직적인 사고력 및 기하학적 사고력을 발달시켜줄 수 있다는 것이다. 특히 활동과정이 고정되어 있지 않고 유아의 선택과 결정, 창의적 입력의 가능성이 높은 개방형 소프트웨어인 Logo를 통한 학습이 도형이해에 도움을 준다는 결과는 여러 연구자들이 보도하고 있다. Logo 프로그램에서는 유아가 거북이에게 움직일 것을 명령하여 다양한 기하 도형을 구성함으로써 도형 개념의 발달에 효과적이라 지적한다(Noss, 1987; Kelly & Etal, 1987; Clements, 1999b; 박숙영, 1993; 이혜경, 1998).

김미영(2006)은 만 5세 유아를 대상으로 목적과 내용이 동일한 도형 활동을 컴퓨터(Logowrite)와 구체적 조작물을 활용하여 실시하였을 때, 교수방법에 따른 차이가 유아의 도형이해에 어떠한 영향을 미치는가를 연구하였다. 연구 결과, 컴퓨터와 구체적 조작물을 활용한 집단의 유아들이 통제집단의 유아들보다 도형인식능력과 도형의 속성에 대한 이해가 높은 것으로 나타났다. 그러나 컴퓨터를 활용한 집단과 구체적 조작물을 활용한 집단 간에는 도형인식능력에 있어서는 차이가 나타나지 않았으며, 도형의 속성에 대한 이해에서만 차이가 있었다. 컴퓨터를 활용한 활동은 유아가 거북이를 이용해서 직접 도형을 그리는데 변의 길이나 각의 크기가 틀리면 정확히 그려지지 않기 때문에 도형의 속성을 이해하는 데 도움이 된 것으로 보인다.

유아기 수학 교육과정을 개발하는 '토대 구축하기(Building Blocks)' 프로젝트에서 Sarama와 Clements(2003)는 구체물과 컴퓨터 뿐만 아니라 유아의 신체, 책 또는 그림과 같은 인쇄물을 포함하는 포괄적인 활동을 통해 유아가 수학을 탐색하고 표상할 것을 주장한다. 이들은 도형 종이로 그림 만들기, 패턴 블록 퍼즐 완성하기, 주변에서 도형 찾고 그리기, 도형 분류하기, 도형 구성하기, 동화책에서 도형 인지하기, 여러 가지 컴퓨터 활동(도형 짝짓기, 패턴블록 퍼즐, 도형의 이동, 도형 인식 활동)하기가 유아의 기하 개념 발달을 향상시킨다고 제안하고 있다.

추상적인 수학적 개념들이 미술의 창의적이고 시각적인 표현을 통해 보다 쉽게 이해될 수 있으며, 미술의 다감각적 특성이 유아의 발달특성에 부합하고 유아에게 흥미를 불러일으킬 수 있다는 점에 기초하여 이정욱(2003)은 수학과 미술의 통합 활동을 통해 유아의 도형이해를 증진시키고자 하였다. 수학에서 형에 대한 이해는 기하의 주된 내용영역이며, 미술에서 형은 미적요소 중의 하나이므로 미술과 수학의 공통된 내용인 '형태'를 중심으로 만 5세 유아들에게 통합 활동을 실시한 결과, 유아들의 기하도형에 대한 이해가 증진되었으며, 특히 도형의 속성에 대한 고려가 나타났다고 하였다.

위의 연구들이 주로 유아의 도형 이해를 돕는 여러 교수매체나 활동들의 효과를 밝힌 반면에 교사들이 사용하는 구체적인 교수전략에 중점을 둔 연구들은 몇 몇 연구들에 불과하다. 예를 들어, 초등학교 1학년을 대상으로 실시한 Kay(1987)의 연구에서 교사는 해당되는 도형의 예를 보여주면서 각 도형을 설명하는 전형적인 방법과는 다르게 먼저 사각형은 네 변을 가진 도형임을 소개하고, 이어서 직사각형은 특별한 종류의 사각형이며, 정사각형은 특별한 형태의 직사각형임을 소개하였다. 그리고 각 도형의 속성 및 도형간의 관계에 대해 논의한 결과 수업의 종결 단계에서 대부분의 학생들이 사각형, 직사각형, 정사각형의 속성을 인식할 수 있었고, 반 정도의 학생들은 이들 도형들 간의 포함 관계도 인식할 수 있었다(Clements & Sarama, 2000a, 재인용).

선행 연구들을 검토 분석한 결과, 유아의 도형 학습을 지도하는 교수방법으로 이정욱(2005)은 첫째, 유아의 실제 발달수준과 잠재적 발달수준 파악하기; 둘째, 잠재적 발달수준으로 이끌기; 셋째, 양질의 대화 및 토의하기; 그리고 마지막으로, 구체적 조작물 사용하기를 제시하였다. 각 방법들 내에서 보다 구체적으로 각 도형들마다 크기, 방향, 모양이 다른 여러 가지 예들을 제시하여 유아가 지닌 한정된 시각적 원형에서 벗어나게 하기, 각 도형의 예와 예가 아닌 것을 함께 제공하면서 왜 특정 도형의 범주에 속하는지 또는 속하지 않는지를 이야기하기, 같은 점(동등)과 변화된 점(변형)을 생각하도록 격려하기, 도형의 결합과 분해를 경험하게 하기 등의 교수전략을 제시하고 있다.

이들 연구들을 종합해 볼 때, 최근 들어 기하도형이 유아기 수학학습의 중요한 내용이라고 강조되고 있지만 실제 유아교육기관에서 도형이 다루어지는 비중은 그리 크지 않으며(김숙자 외, 1999; 이영자 · 이정욱, 1997), 유아의 도형 교수-학습과 관련한 연구들도 아직까지는 많이 실시되지 않고 있다. 따라서 앞으로 이 분야의 연구들이 보다 활성화 되어야 하며, 특히 도형 지도를 위해 교사들이 사용하는 구체적인 교수전략에 중점을 둔 연구들이 보다 많이 실시될 필요가 있다.

참고문헌

권우정(2004). 좌표관련 활동이 유아의 공간좌표 인식능력에 미치는 영향. 덕성여자대학교 대학원 석사학위논문.

김경례(2003). 쌓기놀이에서 그리기 표상활동이 유아의 공간능력에 미치는 영향. 전남대학교 교육대학원 석사학위논문.

김경애(1998). 취학전 아동의 공간표상 이해에 관한 연구. 국민대학교 교육대학원 석사학위논문.

김광옥(2004). 탱그램 자료 활용 학습이 학습부진아의 공간감각능력에 미치는 효과. 단국대학교 교육대학원 석사학위논문.

김미영(2006). 컴퓨터와 구체적 조작물을 활용한 수학활동이 유아의 도형이해에 미치는 영향. 덕성여자대학교 교육대학원 석사학위논문.

김미혜(1985). 아동의 공간능력과 성역할 지향과의 관계. 아동학회지, 6(1), 61-74.

김상룡 · 남형채(1998). 전통놀이에 깃든 수학적 사고와 그 활용방안. 과학 · 수학교육연구, 21, 25-41.

김수미(2003). 공간능력 연구를 위한 몇 가지 제안. 인천교육대학교 과학논총, 15, 101-118.

김숙자 · 권영례 · 신인선 · 김상미(1999). 유치원과 초등 1학년 아동의 수학교육연계를 위한 현황 분석. 열린유아교육학회지, 4(1), 191-211.

김영미(2003). 컴퓨터 영상조작교구가 유아의 공간지각능력에 미치는 영향. 한국교원대학교 교육대학원 석사학위논문.

김지현 · 이정욱(2004). 유아의 좌표지각능력과 위치표상능력과의 관계 연구. 아동학회지, 25(6), 1-13.

김혜숙 · 홍혜경(1999). 유아의 종이접기 활동이 기하도형의 이해에 미치는 영향. 아동학회지, 20(3), 325-337.

김희선(2005). 신체활동이 유아의 공간개념 형성에 미치는 영향. 중앙대학교 교육대학원 석사학위 청구논문.

박숙영(1993). Logo 컴퓨터 프로그래밍과 아동의 공간지식. 교육학 연구, 36(1), 213-226.

박현주(1999). 아동의 쌓기놀이 활동이 그림 그리기 영역의 공간 표현력에 미치는 영향: 교사의 역할을 중심으로. 한양대학교 교육대학원 석사학위논문.

안주형(2002). 탱그램과 모자이크 퍼즐을 활용한 수학과 수업 분석에 관한 연구. 인천교육대학교 교육대학원 석사학위논문.

안진경(2003). 통합적 탱그램 활동이 유아의 기하 및 공간감각에 미치는 영향. 원광대학교 대학원 석사학위논문.

원용분(1987). Piaget 이론에 기초한 한국 아동의 공간개념에 관한 실험 연구. 건국대학교 대학원 석사학위논문.

유인수(2000). Logo 프로그래밍 활동이 유아의 공간개념에 미치는 영향. 한국교원대학교 교육대학원 석사학위논문.

윤영심(1998). 쌓기놀이 활동이 유아의 공간조망능력에 미치는 영향. 건국대학교 교육대학원 석사학위논문.

이규남(2003). 유아들의 컴퓨터 활동과 블록활동이 공간인식 및 사회적 능력에 미치는 영향. 전남대학교 대학원 석사학위논문.

이영자 · 이기숙 · 이정욱(1999). 유아 교수-학습 방법, 서울: 창지사.

이영자 · 이정욱(1997). 유치원 교실에서 관찰된 만 3, 4, 5세 유아를 위한 언어 및 수학활동의 분석. 교육학연구, 35(4), 195-227.

이은화(1989). 전통놀이와 유아교육현장 적용을 위한 연구. 연세대학교 대학원 박사학위논문.

이정욱(2003). 미술교육과 수학교육의 통합적 접근이 유아의 기하도형 이해에 미치는 영향. 덕성여대 논문집, 32, 101-119.

이정욱(2004). Vygotsky의 근접발달지대에 기초한 유아 기하도형 지도를 위한 이론적 고찰. 열린유아교육연구, 9(3), 371-391.

이정욱(2005). 유아의 좌표이해 능력에 관한 연구. 유아교육학논집, 9(2), 5-18.

이정욱 · 임수진(2002). 유아의 입체도형 표상에 관한 연구. 유아교육연구, 22(1), 125-141.

이혜경(1998). LOGO 프로그램밍 언어의 도형학습에 관한 연구. 이화여자대학교 교육대학원 석사학위논문.

임유경(2003). 전통놀이가 유아의 공간인식능력에 미치는 효과. 전남대학교 대학원 석사학위논문.

장혜연(2001). 종이접기를 통한 5세 아동의 도형인식과 그림변화에 관한 연구. 이화여자대학교 교육대학원 석사학위논문.

최연 · 이정욱(2006). 유아의 이동기하 능력에 관한 연구. 열린유아교육연구, 11(1), 197-215.

최창우(2002). 초등학교 수학 수업에서 기하판의 활용. 초등수학교육, 6(1), 1-10.

한기완(2002). 초등학교수학에서 공간감각지도에 관한 연구. 단국대학교 특수교육대학원 박사학위논문.

현민숙(2001). 지도 그리기 활동이 유아의 위상학적 이해에 미치는 영향. 중앙대학교 교육대학원 석사학위논문.

홍혜경(2001). 유아의 쌓기 놀이 활동을 통한 기하학습에 관한 연구. 수학교육논문집, 12, 21-32.

홍혜경(2001a). 유아의 기하학적 구성물 그리기 작업에 대한 연구. 아동학회지, 22(2), 315-327.

홍혜경(2001b). 유아의 기하학적 공간 이해에 관한 표상능력. 교육학연구, 39(2), 81-98.

홍혜경(2004). 유아 수학능력의 발달과 교육. 서울: 양서원.

홍혜경(2004). Intervention of block play and spatial abilities of young children. The Korean Society for Early Childhood Education. The 3rd KSECE International Conference, 10월 23일 Gwangju: Chonnam National Univ.

홍혜경 · 이정욱 · 정정희(2004). 유아수학능력 및 수학교육의 연구동향. 유아교육연구, 24(7), 227-261.

Andrews, A. G. (1996). Developing spatial sense: A moving experience! *Teaching Children Mathematics*, 2(5), 290-293.

Blades, M., & Spencer, C. (1987). Young children's recognition of environmental features from Aerial Photographs and Maps. *Environmental Education and Information*, 6(3), 189-198.

Blades, M., & Spencer, C. (1989). Young children's ability to use coordinate reference. *Journal of Genetic Psychology*, 150, 5-18.

Bodrova, E., & Leong, D. J. (1996). 정신의 도구: 비고츠키의 유아교육(김억환, 박은혜 역). 서울: 이화여자대학교 출판부(원본발간일 1998).

Carlson, S. L. & White, S. H. (1998). The effectiveness of a computer program in helping kindergarten students learn the concepts of left and right. *Journal of computing in childhood education*, 9(2), 133-147.

Casey, B. & Bobb, B. (2003). The power of block building. *Teaching Children mathematics*, 10(2), 98-102.

Casey, B., Kersh, J. E., & Young, J. M. (2004). Storytelling stages and effective medium for teaching early childhood mathematics. *Early Childhood Research Quarterly*, 19(1), 167-172.

Clements, D. H. (1999a). Concrete manipulatives, concrete ideas. *Contemporary Issues in Early childhood.* 1(1), 45-60.

Clements, D. H. (1999b). Geometric and spatial thinking in young children (pp.66-79). In J. V. Copley(Ed.), *Mathematics in the early years.* Reston, VA: NCTM.

Clements, D. H. (2004). Geometric and spatial thinking in early childhood education. In D. H. Clements & J. Sarama(Eds.), *Engaging young children in mathematics education*(pp. 267-297). Mhawah, NJ: Lawrence Erlbaum Associates, Pub.

Clements, D. H., & Battista, M. T. (1990). The effects of Logo on conceptual actions of angle and polygons, *Journal for Research in Mathematics Education*, 21(6), 356-371.

Clements, D. H. & Battista, M. T. (1992). Geometry and spatial reasoning. In D. A. Grouws(Ed.), *Handbook of research on mathematics teaching and learning.* Reston, VA : NCTM.

Clements, D. H. & Sarama, J. (2000a). Young children's ideas about geometric shapes. *Teaching Children Mathematics*, 6(8), 482-488.

Clements, D. H. & Sarama, J. (2000b). The earliest geometry. *Teaching Children Mathematics*, 7(2), 82-86.

Clements, D. H., Swaminathan, S., Hannibal, M. A. Z., & Sarama, J. (1999). Young children's concepts of shape. *Journal for Research in Mathematics Education*, 30(2), 192-212.

Flohr, J. W., & Hodges, D. A. (2002). Music and neuroscience. In R. Colwell, & C. Richardson(Eds.), *The new handbook research on music teaching and learning*(pp.162-170). New York: Oxford University press.

Gallahue, D. L (1995). Transforming physical education curriculum. In S. Bredekamp & T. Rosegrant(Eds.), *Reaching potentials: Transforming early childhood curriculum and assessment*(Vol. 2). Washington DC: NAEYC.

Hannibal, M. A. (1999). Young children's developing understanding of geometric shapes. *Teaching Children Mathematics*, 5(6), 353-357.

Hong, H. (2003). Effects of types of board games on spatial abilities and social skills of young children. *International Journal of Early Childhood Education*, 9(2), 5-19.

Huttenlocher, J., & Newcombe, N. (1984). The child's representation of information about location. In C. Sophian(Ed.), *Origins of cognitive skills.* Hillsdale. Nj: Erlbaum.

Jovignot, F. (1995). Can 5-6 year old children orientate themselves in a cave? *Scientific Journal of Orienteering*, 11, 64-75.

Kelly, G. N. & Etal, (1987). Working with LOGO: Do 5th and 6th graders develop a basic understanding of angle distance? *Journal of Computer in Mathematics and Science Teaching*, 6(2), 23-27.

McGee, M. G. (1979). Human spatial abilities: Psychometric studies and environmental, genetic, hormonal, and neurological influences. *Psychological Bulletin*, 86, 889-918.

NAEYC & NCTM (2002). Early Childhood Mathematics: *Promoting Good Beginning*. Position statement. http://www.naeyc.org/resources/positionstatements/psmath.htm

Noss, R. (1987). Children's learning of geometrical concepts through LOGO. *Journal for Research in Mathematics Education*, 18, 343-362.

Perham, F. (1978). An investigation into the effect of instruction on the acqisition of transformation geometry concepts in first grade chilren and subsequent transfer to general spatial ability. In R. Lesh & D. Mierkieqicz (Eds.), *Concerning the development of spatial and geometric concepts* (pp.229-241). Columbus, OH: ERIC Clearinghouse for Science, Mathematics, and Environmental Education.

Piaget, J., & Inhelder, B. (1967). *The child's conception of space* (F. J. Langdon & J. L. Lunzer, Trans.). New York: Norton.

Piaget, J., & Inhelder, B. (1971). Mental imagery in the child. New York: Basic Books.

Piaget, J., Inhelder, B., & Szeminska, A. (1960). *The child's conception of geometry*. New York: Norton.

Rauscher, F. H., Shaw, G. L., & Ky, K. N. (1993). Music and spatial task performance. *Nature*, 365- 611.

Rauscher, F. H., shaw, G. L., Ky, K. N., & Wright, E. L. (1994). *Music and spatial task performance: A causal relationship.* Paper presented at the American Psychological Association 102nd annual convention, Los Angeles.

Rauscher, F. H., Shaw, G. L., Levine, L. J., Wright, E. L., Dennis, W. R., & Newcomb, R. L. (1997). Music training causes long-term enhancement of preschool children's spatial-temporal reasoning. *Neurological Research*, 19, 1-8.

Rieser, J. J., Garing, A. E., & Young, M. F. (1994). Imagery, action, and young children's spatial orientation: It's not being there that counts, It's what one has in mind. *Child Development*, 65, 1262-1278.

Rieser, J. J., Guth, D. A., & Hill, E. W. (1986). Sensitivity to perspective structure while walking without vision. *Perception*, 15, 173-188.

Rosser, R. A., Ensing, S. S., Glider, P. J., & Lane, S. (1984). An information-processing analysis of children's accuracy in predicting the appearance of rotated stimuli. *Child Development,* 55, 2204-2211.

Rosser, R. A., Lane, S., & Mazzeo, J. (1988). Order of acquisition of related geometric competencies in young children. *Child Study Journal*, 18, 75-90.

Sarama, J., & Clements, D. (2003). Building blocks of early childhood mathematics. *Teaching Children Mathematics*, 9(8), 480-484.

Satlow, E. & Newcombe, N. (1998). When is a triangle not a triangle? Young children's developing concepts of geometric shape. *Cognitive Development*, 13, 547-559.

Shah, S. A. (1969). Selected geometric concepts taught to children ages seven to eleven. *The Arithmetic Teacher*, 16(5), 119-128.

Siegler, R. S. (1998). *Children's thinking.*(3rd Ed). Upper Saddle River, NJ: Prentice Hall.

Somerville, S. C., & Bryant, P. E. (1985). Young children's use of spatial coordinates. *Child Development*, 56, 604-613.

Tartre, L. A. (1990). Spatial orientation skill and mathematical problem solving. *Journal for Research in mathematics Education*, 21(3), 216-229.

Uttal, D. H. (1996). Angles and distances: Children's and adults' reconstruction and scaling of spatial configurations. *Child Development*, 67, 2763-2779.

van Hiele(1999). Developing geometric thinking through activities that begin with play. *Teaching Children Mathematics*, 5(6), 310-316.

Walters, B. P. (2003). *The Mozart effect: A listening experience with developmental mathematics students at a community college*. Doctoral Dissertation. University of Kentucky, Kentucky, USA.

Williford, H. J. (1972). A study of transformational geometry instruction in the primary grades. *Journal for Research in Mathematics Education*, 3, 260-271.

Wolfgang, C. H., Stannard, L. L., & Jones, I. (2001). Block play performance among-preschoolers as a predictor of later school achievement in mathematics. *Journal of Research in Childhood Education*. 15(20), 173-180.

6장. 측 정

측정은 사물이 지닌 속성의 크기를 양적으로 파악하는 것이다. 길이, 무게, 면적, 시간 등과 같은 속성은 계속적으로 분할이 가능한 연속량이며, 연속량의 크기는 기준량(단위)을 정하여 기준량(단위)이 얼마만큼(how much)이나 들어갈 수 있는지를 수치화하여 나타낸다. 유아가 측정을 하는 과정 속에는 비교하기, 순서 짓기, 보존성, 이행성, 단위와 같은 중요한 개념과 기능이 포함되므로 연구자들은 유아가 이들 개념과 기능들을 어느 정도 이해하고 있는지를 밝히는 데 중점을 두어왔다. 이와 함께 교육적 경험이 유아의 측정관련 개념 및 기능들을 향상시킬 수 있는지를 연구하여 왔다. 본 장에서는 이들 연구들을 요약하여 제시하고, 관련연구들이 시사하는 바를 살펴보고자 한다.

6.1 측정 능력의 발달

6.1.1 비교하기

비교하기는 길이, 크기, 무게, 들이 등과 같은 물체의 특정한 속성에 기초하여 물체들 간의 관계를 파악하는 것이기 때문에 특정 속성에 있어서 차이점에 주목하게 되며 순서 짓기 및 측정의 토대가 된다. 유아는 일상생활 속에서 두 물체를 비교함으로써 자발적으로 비형식적인 측정을 시도하며, 이는 단위를 사용하여 물체의 양을 정하는 측정 개념 발달의 토대가 된다.

유아는 놀이나 일상생활 속에서 자연스럽게 '크다, 길다, 무겁다' 등과 같이 특정 속성의 정도나 양을 나타내는 용어들을 배우게 된다. 이어서 두 물체를 직접적으로 비교하여 같은지 다른지를 인식하게 된다(Boulton-Lewis, Willis, & Mutch, 1996). 수를 사용하지 않는 단순 비교는 유아가 측정해야 할 물체의 속성에 주목하게 한다(Foxman & Ruddock, 1984). 다음으로 유아는 물체의 속성에 수를 연결하는 측정하기를 배워야만 한다(Clements, 2004).

'~보다 크다, ~보다 작다, ~과 같다'의 비교는 유아들이 일찍부터 흔히 접하게 되는 경험이다. Piaget, Inhelder와 Szeminska(1960)는 유아들이 4세 정도가 되면 측정 도구 없이 시각적 판단에 의해 물체를 비교하여 측정하는 것이 가능하다고 주장하였다. 전희영(2000)은 3세 경의 유아에게도 이미 길이, 무게, 들이, 면적과 같은 측정 가능한 속성에 의해 물체를 직접적으로 비교하는 기술 및 능력이 나타난다고 보고하고 있다.

비교하기는 세 가지 형태-시각적 비교, 직접적 비교, 간접적 비교-로 실시될 수 있다(Reys, Suydam, & Lindquist, 1994). 예를 들어, 물체의 크기를 비교할 때, 두 물체의 크기 차이가 두드러진다면 시각적인 비교가 가능하다. 반면, 직접적인 비교는 두 물체의 크기 차이를 알아보기 위해 두 물체를 나란히 놓거나 한 물체를 다른 물체 위에 겹쳐 놓고 그 차이를 비교하게 된다. 간접적인 비교는 물체를 움직일 수 없어서 직접적인 비교가 가능하지 않을 경우 제 3의 물체를 사용하여 간접적으로 비교하는 것으로써 이행성의 개념이 포함된다. 예를 들어, 책상과 칠판의 크기를 비교하고자 할 때 책상의 크기만큼 종이를 자른 후에 이를 칠판 위에 대어보고 크기를 비교하는 것이다. 그러므로 책상과 종이의 크기, 종이와 칠판의 크기 관계를 통해 책상과 칠판의 크기 관계를 추론하는 이행성이 요구된다.

유아들은 흔히 직접적인 비교를 많이 하게 되는데 두 물체의 길이를 비교할 때는 두 물체들의 한쪽 끝이 같은 지점에 있도록 하여 동일한 기준점에서부터 어느 쪽이 더 길거나 짧은지를 비교해야 한다. Piaget와 동료들(Piaget & Inhelder, 1967; Piaget, Inhelder, & Szeminska, 1960)은 유치원에 오기 이전의 많은 유아들이 동일한 기준점에서 시작해서 길이를 비교해야 한다는 것을 이해하는 능력이 부족하다고 하였다.

두 물체의 크기 또는 면적을 직접적으로 비교할 경우에는 유아가 가로와 세로의 두 차원을 동시에 고려해야 한다. Wilson과 Rowland(1993)는 도형의 크기를 비교할 때 5, 6세 유아들은 길이의 한 차원에만 초점을 맞추는 경향이 있는데, 이것은 비교해야 할 면적의 속성에 대한 이해가 부족하기 때문이라고 지적하였다. 우리나라 3, 4, 5세 유아를 대상으로 측정 능력 및 기술을 조사한 전희영(2000)의 연구에서도 사각형의 넓이 비교에서 유아들은 비교 대상의 면적을 고려하지 않고 가로 변 혹은 세로 변을 맞대어 놓은 후 변의 길이가 더 긴 것이 더 넓다고 반응하는 경우가 많다고 보고하였다.

두 물체의 면적 또는 크기를 직접적으로 비교할 때 유아는 놓기 전략(placement strategies)과 조절 전략(adjustment strategies)을 사용한다(Yuzawa, Bart, Kinne, Sukemune, & Kataoka, 1999). 놓기 전략은 두 도형의 크기를 비교하기 위해 도형을 어떻게 놓는가에 대한 전략으로써, 하나의 도형 위에 다른 도형을 겹쳐 올려놓는 방법, 두 도형의 한 변을 서로 맞붙여 놓는 방법, 하나의 도형을 다른 도형 옆에 간격을 두고 나란히 놓는 방법이 있다. 조절 전략은 두 도형의 크기를 비교하기 위해 도형의 모양이 유사하도록 방향을 조절하여 배치하는 전략을 의미한다. 조절 전략에는 두 도형의 모양이 비슷하도록 조절하여 배치하는 방법, 도형의 모양은 고려하지 않고 한 변만 맞붙도록 조절하여 배치하는 방법, 전혀 조절이 되지 않아 두 도형이 서로 떨어져 있거나 뒤틀어진 채 비교하는 방법이 있다. 크기 비교는 두 가지 차원을 고려해야 하는 면적의 비교로써 시각적인 비교만으로는 정확한 판단을 할 수 없기 때문에 두 도형의 모양이 비슷하도록 방향을 조절하여 하나의 도형 위에 다른 도형을 겹쳐 올려놓는 방법이 가장 효과적으로 크기를 비교할 수 있는 전략이 된다.

Yuzawa, Bart와 Yuzawa(2000)는 4, 5, 6세 유아들을 대상으로 실시한 사각형 면적의 크기 비교 연구에서 눈으로 보고 크기를 판단하는 시각적 판단 집단의 유아들보다 겹쳐놓기 전략을 사용한 유아들이 동일한 면적을 지닌 사각형을 선택하는 과제에서 성공하는 빈도가 높았음을 보고하였다.

3, 4, 5세 유아를 대상으로 삼각형의 크기 비교 연구를 실시한 이정욱과 오애순(2002)은 유아들이 가장 많이 사용한 전략은 두 삼각형의 '한 변만 맞대어 놓기'였으며 이는 유아가 평면도형의 크기 비교에서 요구되는 이차원적 속성에 대한 이해가 부족하기 때문이라고 설명하였다. 그러나 유아의 연령이 증가함에 따라 크기 비교 능력도 증가하였는데 3세 유아는 가장 비효율적인 크기 비교 전략인 두 삼각형을 '무작위로 나란히 놓기' 전략을 4세와 5세 유아보다 많이 사용하였다. 반면에 5세는 가장 효율적인 전략인 '유사한 모양으로 조절하여 겹쳐서 놓기' 전략을 3세와 4세 보다 월등히 많이 사용하였다.

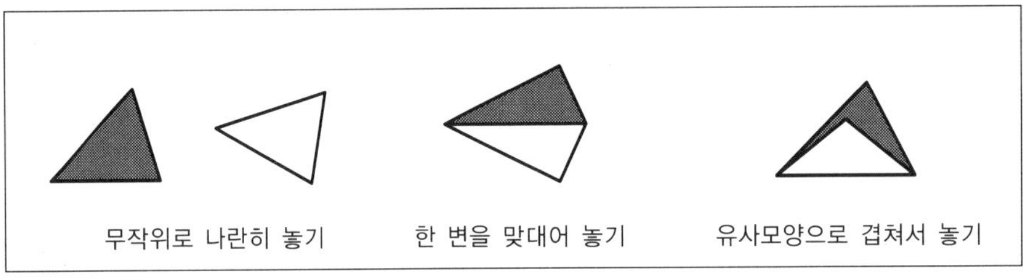

[그림 6-1] 삼각형의 크기 비교 전략

유아 시기에는 비교하려는 물체의 한 측면 또는 눈에 띄는 측면만을 고려하는 경향이 있다는 이들 연구결과들은 유아가 비교 문제 해결을 위해 보다 효과적인 전략을 발견할 수 있도록 지도하는 것이 필요하며, 이러한 지도방법과 관련된 연구들이 필요함을 시사한다.

6.1.2 순서 짓기와 이행성

순서 짓기 또는 서열화는 물체의 어떤 특징적인 속성의 차이 순서대로 배열하는 것을 의미한다(이경우 · 홍혜경 · 신은수 · 진명희, 1997). 따라서 순서

짓기를 위해서는 물체들 간의 반복적이며 연속적인 비교가 이루어져야 함으로 비교하기 능력이 필수적으로 요구된다. 3개 이상의 물체들을 비교하여 순서 짓는 서열관계에서 공통적인 원칙은 이행성이다. 이행성은 같은 종류의 양 a, b, c를 비교할 때 a와 b의 관계, 그리고 b와 c의 관계로부터 a와 c의 관계를 논리적으로 추론해 내는 것이다. 예를 들면 a = b이고 b = c이면, a = c가 된다는 관계를 논리적으로 추론할 수 있다. 측정을 위해서는 이러한 이행성에 대한 이해가 필수적이다. 교실에 놓여 있는 책상 두 개의 길이를 비교할 때 막대를 기준량인 단위(b)로 사용하여 책상 1(a)의 길이와 책상 2(c)의 길이를 측정한 후 두 책상(a와 c)의 길이를 비교할 수 있기 때문이다.

측정과정에서 이행성에 대한 이해가 필수적이므로 유아들은 물체의 길이, 무게, 크기 등과 같은 속성에 따라 순서지어 보는 경험을 많이 하는 것이 필요하다. 순서 짓기 능력은 감각운동 시기부터 발달하기 시작한다. 2세 이전 영아들은 모양이 같고 크기가 다른 놀잇감을 가지고 놀면서 큰 것 안에 작은 것을 차례대로 넣을 수 있다(Charlesworth & Lind, 2003). 걸음마기 영아들은 블록을 크고, 작은 순으로 한 줄로 길게 늘어뜨려 놓으나 중간에 빼놓고 배열하기도 한다.

물체가 지닌 속성의 차이에 따른 순서 짓기 능력은 전조작기를 통해 점차 획득되어간다. 국내의 연구들(박영인, 1987; 이효정, 1986)은 유아의 연령에 따라 순서 짓기 능력이 증가하며, 성별의 차이가 나타나지 않음을 보고하고 있다. 또한 시각적 변별이 가능한 수, 길이, 크기 차원보다 시각적 변별이 불가능한 무게 순서 짓기 과제를 수행하는데 더욱 어려움을 보였다. 김지영(1994)은 물체의 수를 Piaget가 사용한 10개보다 적은 5개로 줄여서 순서 짓기 능력을 살펴보았다. 그 결과, 7세 이후가 되어야 성공한다는 Piaget의 주장과는 달리 4세 79%, 5세 91%, 6세 96%의 수행수준을 보여 정보처리 부하량이 유아의 순서 짓기 수행수준에 영향을 미친다고 보고하였다. 또한 어린 연령에서는 도형을 사용한 순서 짓기가 물리적 및 사회적 현상의 순서 짓기보다 수행수준이 높게 나타났으나, 나이든 유아 집단은 서열조작이 요구하는 일반화된 법칙을 터득하기 때문에 과제 유형에 영향을 받지 않고 안정된 수행수준을 보였다.

5~6세경의 유아들은 시행착오를 통해 여러 개의 물체를 순서대로 배열할 수 있게 된다. 그러나 추가적으로 제시된 물체를 이미 순서대로 배열된

물체들 사이에서 적합한 위치를 찾아 끼워 넣는 것은 하기 어렵다. 이는 유아가 '~보다는 더 크면서 동시에 ~보다는 더 작은 관계'를 고려하기 어렵기 때문이다. 유아가 전체의 관계에서 체계적 배열을 시도할 수 있는 것은 이행성 관계를 이해할 수 있는 구체적 조작기에 가서 가능하다(홍혜경, 2004).

이행성의 이해는 8세 이후의 구체적 조작기에서 가능하다는 Piaget의 주장 이후로 여러 연구자들은 이행성에 대한 이해가 언제부터 가능한지를 밝히고자 시도해왔다. Piaget와 동료들(1960)의 연구에서는 책상 위에 80㎝ 높이의 탑을 제시한 후, 유아에게 높이가 낮은 책상 위에 크기가 더 작은 블록을 사용해서 제시된 탑과 똑같은 높이의 탑을 쌓도록 요구하였다. 유아에게는 긴 띠종이, 자와 막대 3개(탑 높이보다 짧은 막대, 탑 높이와 같은 막대, 탑 높이보다 긴 막대)가 함께 제공되었다. Piaget의 연구에서 3세 유아들은 모델 탑을 쳐다보는 것에 그쳤으며, 4~5세 유아들은 모델 탑과 자신이 만든 탑을 번갈아 쳐다보며 시각적 비교를 하였으며, 이후에 보다 정확한 비교를 위해 자신의 신체 부위를 사용하였다. 7세 경의 유아는 모델 탑과 같은 길이의 막대를 사용하여 두 개의 탑의 높이를 비교하기 시작했다. 막대를 사용하는 것은 이행성의 논리적 추론이 가능해야만 함으로 Piaget는 이행성의 이해가 구체적 조작기에 가능하다고 주장하였다. 다른 과제를 사용해서 실시한 Kamii와 Clark(1997)의 연구에서도 Piaget의 이론을 지지하는 것으로 나타났다. Kamii와 Clark는 각각의 길이가 20㎝인 선을 ⊥ 모양으로 제시한 후 유아들에게 두 선의 길이가 같은지 아니면 다른지 대답하게 하였다. 이때 유아들에게 2×40㎝ 종이조각을 함께 주고 이를 사용해서 길이를 비교할 수 있는지를 물어보았다. 연구 결과, 이행성을 이해하지 못한 유아들은 40㎝ 종이조각을 사용하지 못했으나 이행성을 이해한 유아들은 종이조각을 사용하여 한 쪽 선의 길이만큼 종이조각에 눈금으로 표시를 한 후 다른 선의 길이와 비교할 수 있었다. 또한 Piaget가 제시한 것과 같이 대부분의 유아(72%)가 이행성을 이해하는 연령은 7~8세 경으로 나타났다.

그러나 Trabasso와 Bryant의 일련의 연구들(Bryant & Trabasso, 1971; Riley & Trabasso, 1974; Trabasso, 1975)은 어린 유아들도 이행성의 논리적 추론이 가능함을 보여준다. 이들 연구들에서의 쟁점은 이행성의 획득이 유아의 논리적 추론 능력의 결여에서 기인하는 것이 아니라는 점이다. 그 보다는 이행성 과제에서 제시된 정보들을 모두 기억하고 동시에 이를 처리하는 능력의 부족에서 기인한다는 점이다. Bryant와 Trabasso(1971)는 논리적 추론이 유도되는 기본 전제들을 유아들이 제대로 기억한다면 이행성 과제를 성공할 수 있다고 생각하였다. 이에 따라 유아들에게 a<b, b<c라는 기본 전제를 충분히 기억할 수 있도록 훈련을 시킨 후에 a와 c의 관계를 추론하도록 했을 때 유아들도 이행성 과제를 성공적으로 수행할 수 있는 것으로 나타났다.

Riley과 Trabasso(1974)는 유아가 논리적 추론을 위한 기본 전제들을 학습하는 데 있어 제시되는 질문 형식이 영향을 준다고 지적하고 있다. a<b와 같은 기본 전제를 기억하는 훈련에서 어떤 것이 더 긴지 또는 더 짧은지와 같이 한쪽 만을 물어보는 경우에는 4세 유아의 33%만이 기본 전제를 학습할 수 있었다. 반면에 어떤 것이 더 긴지 그리고 어떤 것이 더 짧은지의 두 가지를 모두 물어보는 경우에는 71%의 유아들이 기본 전제를 학습할 수 있었다. 이는 매우 명확하게 암시를 주지 않는다면 유아들은 동일한 막대가 어떤 막대와 비교할 때는 길지만 동시에 또 다른 막대와 비교할 때는 짧을 수 있다는 것을 생각하는 데 어려움이 있다는 것이다. 이러한 연구 결과들은 Piaget가 제시한 것과는 달리 유아도 이행성의 논리적 추론이 가능하지만 그러나 유아의 추론 능력이 여전히 제한적임을 알려주는 것이다.

6.1.3 보존성

측정하려는 양이 같은 크기의 단위로 나누어질 수 있음을 이해하는 것은 양의 보존성 이해와 관련된다. 보존성이란 동일한 양을 이동하거나 분할하거나 변형하여도 양의 크기가 변하지 않는다는 것이다. 예를 들어 한 컵 분량의 물을 유리병에 옮겨 붓거나 또는 작은 컵 여러 개에 나누어 부어도 물의 양은 변화가 없게 된다. 마찬가지로 밀가루 점토 한 덩이를 여러 조각으로 나누거나, 길게 밀어 소시지 모양으로 바꾸어도 점토의 양은 변화가 없게 된다. 단위를 사용하여 양의 크기를 재는 것은 단위로 분할된 양이 원래의 양과 다르지 않음을 이해하는 것이므로 보존성은 측정의 완전한 이해를 위해 필수적으로 요구된다.

구체적 조작기 이전의 유아들은 보존개념이 없으며, 보존개념이 형성되지 않으면 측정이 불가능하다는 주장(Copeland, 1984; Piaget, Inhelder, & Szeminska, 1960)에 따라 측정에 관한 대부분의 연구들은 초등학교 이상의 아동을 대상으로 실시되어 왔다. 반면에 측정과 관련하여 유아를 대상으로 실시한 연구들(Bryant, 1982; Miller, 1989)은 주로 보존성의 발달에 중점을 두어 왔다.

Piaget, Inhelder와 Szeminska(1960)의 길이 보존 연구에서 동일한 길이의 막대 두 개를 유아에게 제시하고 같은 길이임을 확인시킨 후 막대 한 개를 움직여 다른 막대보다 앞으로 밀어내면 유아들은 위치가 변함에 따라 막대의 길이가 달라진 것으로 판단하였다. 또한 면적 보존 과제에서 유아에게 똑같은 직사각형 2개를 제시한 후 직사각형 1개는 대각선으로 잘라서 삼각형 1개로 만들어 제시하면 유아는 남은 직사각형과 크기가 다르다고 판단한다. 이는 전조작기 유아들이 지각에 기초하여 사고하고 가역적인 전환 사고가 부족해서 양의 보존을 하기 어려우므로 외향적 변형으로 처음의 양이 변화되었다고 생각하는 것이다.

Piaget에 따르면, 길이와 면적 보존은 병행적으로 발달하며 7~9세 경이면 획득된다고 하였다. 부피 보존은 두 단계로 획득되는 데 8세 경의 아동들은 양이 변화되지 않았다는 점에서 부피 보존이 가능하다. 그러나 공간의 점유라는 점에서 부피 보존이 가능한 것은 11세 경이 되어야 한다고 보았다. 즉, 전조작기 유아들은 같은 양의 찰흙 덩어리를 물이 담긴 그릇에 넣었을 때 소시지 모양의 찰흙이 공 모양의 찰흙보다 더 많은 양의 물을 넘치게 할 것이라고 판단하는 것이다.

Hart(1984)은 길이 보존 개념이 없는 아동 중 70%가 면적 보존 과제를 해결할 수 있었으며, 면적 보존 과제를 해결하지 못한 아동의 70%가 길이 보존 과제를 해결할 수 있었다고 보고하였다. 또한 부피 보존 과제를 해결한 아동이 길이와 면적 보존 과제는 해결하지 못하였다고 보고하였다. 따라서 보존개념이 항상 일정한 순서로 형성되는 것은 아니며, 하나의 보존개념이 다른 보존개념 형성의 필수 전제조건이 아니라고 주장하였다. 보존개념의 이해가 유사한 인지적 구조에 의해 이루어짐에도 불구하고 여러 차원(수, 길이, 넓이, 부피 등)에서 보존개념의 획득 시기가 다른 현상(horizontal decalage)은 유아들이 관련 문제를 다룬 경험의 양 및 제시되는 문제의 복잡성과 관련이 있다고 보고 있다(Siegler, 1998).

우리나라 유아들의 보존개념 발달에 관한 연구는 주로 수 보존에 관한 연구들과 보존개념 획득을 위한 훈련의 효과를 밝히고자 하는 연구들이 중점적으로 실시되었다. 유아를 대상으로 보존개념의 훈련을 실시한 결과, 보존개념 획득에 효과가 있었고 훈련 효과는 성별에 의한 차이가 나타나지 않았으며 획득된 개념이 지속된다고 보고하고 있다(김성란, 1986; 이준영, 1990; 차영미, 1991; 추상호, 1987).

최근의 여러 연구들은 이전 연구결과들과는 달리 유아들도 보존개념과 측정개념을 획득할 수 있음을 보여주고 있다(전희영, 2001; 이정욱 · 이혜원, 2004; 황정숙, 1994; Copley, 2000; Miller, 1989; Wilson & Rowland, 1993). 측정활동을 위해 선행되어야 할 인지능력인 보존성(양적 불변성)은 색, 위치, 동일한 양의 분할과 같이 유아가 쉽게 파악할 수 있는 외형적 변형을 가했을 경우에는 5세 유아도 양적 불변성을 이해하는 것으로 나타났다(황정숙, 1994). 황정숙은 양적 불변성을 Piaget 보존과제와는 달리 Miller(1989)가 제시한 상대적 측정과정에서 연구하였다. 두 마리 토끼가 점토로 만든 사탕(수), 국수(길이), 치즈(넓이)를 똑같은 양만큼 먹어야 하는 조건에서 한쪽 토끼가 먹는 음식은 색, 위치, 수량, 굴리기, 포개기의 변형을 가해서 제시하고 동일한 양을 먹는 것인지를 판단하게 하였다. 연구 결과, 3세 유아는 대부분 단순 지각에 의해 판단하였으며, 5세 유아는 변형 조건에 따라 차이가 있었는데 수, 길이, 넓이 차원에서 외형적 변형을 가한 경우는 양적으로 불변함을 이해하였다. 7세 유아는 논리적 판단을 하는 것으로 나타나 연령의 증가에 따라 양적 불변성의 이해 능력이 증가했다. 또한 양적 불변성을 이해하는 데 수, 길이, 넓이 차원 간에 차이가 나타나지 않았으며, 유아가 쉽게 판단하는 변형(수량, 색, 위치)과 어려움을 가지는 변형 요인(굴리기, 포개기)에 따라 양적 불변성을 이해하는 데 차이가 있었다. 따라서 5세 유아도 변형 조건에 따라서는 논리적 사고가 가능함을 시사한다.

연구자들은 또한 유아가 보존성과 이행성을 획득하지 못해도 측정에 대해 배울 수 있다고 제안한다. Hiebert(1984)는 보존성의 결여가 유아의 측정능력을 제한하는지를 알아보기 위해 초등 1학년생을 대상으로 길이 보존과 이행성이 모두 발달된 집단과 두 가지 모두 발달하지 않은 집단을 선정하여 길이 측정을 지도하였다. 연구 결과, 보존성과 이행성 모두를 획득하지 못한 집단의 유아들도 길이 측정 지도 후에는 기초적인 길이 측정 개념을 이해할 수 있었으며 적절한 측정전략을 사용하였다. 이는 측정개념과 기술이 반드시 보존성과 이행성이 형성된 후에만 가능한 것이 아니라 구체적인 측정활동을 통해 학습할 수 있다는 것을 보여준다.

6.1.4 단위

수학적으로 볼 때, 측정을 하는 데 있어 가장 결정적인 요소는 단위에 대한 이해이다. 두 개 이상의 물체를 길이나 무게 같은 속성에 의해 단순히 비교하고 순서 짓는 것에 그치지 않고 얼마나 길며, 얼마나 무거운지를 알려고 하면 단위를 사용하여 측정을 해야 한다. 즉, 같은 크기의 단위가 몇 번이나 들어가는가를 파악하여 수치로 제시하게 된다. 따라서 측정하려는 속성에 적합한 단위를 선정하고, 같은 크기의 단위가 반복적으로 적용되어야 함을 이해해야 한다.

Clements와 Stephan(2004)에 따르면, 측정은 특정 물체를 동일한 크기의 단위들로 분할하는 지적 작업을 수반한다. 이는 실제 측정을 하기 이전에도 유아가 마음속으로 이미 특정 물체를 분할될 수 있는 것으로 간주한다는 것이다. 또한 동일한 크기의 단위가 반복되어야 함을 이해하는 것은 부분과 전체의 관계로서 이해하는 것이다. 즉, 측정하려는 속성의 전체 크기를 동일한 크기의 부분으로 나누었을 때 그 한 부분으로서 단위를 인식하는 것이다. 따라서 단위를 반복할 때는 단위와 단위 사이에 간격이 벌어지거나 겹쳐지지 않아야 한다. 그러나 유아는 서로 다른 크기의 단위를 혼용해서 사용하거나 또는 동일한 크기의 단위를 반복할 때 끝부분이 서로 겹치거나 끝을 맞추지 않아 중간에 틈이 생기는 것과 같이 측정기술의 부족을 나타낸다.

Piaget는 단위의 반복에 대한 이해가 이행성의 원리를 이해해야만 가능하다고 하였다. Piaget와 동료들(1960)은 앞서 설명한 '탑 쌓기' 과제에서 유아에게 작은 크기의 블록을 주고 모델 탑과 자신이 만든 탑의 높이를 비교하기 위해 이를 사용할 수 있는지를 물어보았다. 이행성의 원리를 사용할 수 있는 집단 아동들의 반응은 양분되어졌는데 덜 발달한 아동들은 블록이 너무 작아서 사용할 수 없다고 하며 블록을 단위로 사용하지 못하였다. 반면에 보다 발달한 아동들은 작은 블록을 단위로 인식하고 반복적으로 사용할 수 있었다. 이를 통해 Piaget는 단위 반복의 개념은 이행적 추론으로부터 구성된다고 주장하였다. Kamii와 Clark(1997)도 자신들의 연구에서 이행성을 이해하기 전에 단위 반복이 가능한 아동들은 한 명도 없었음을 지적하면서 Piaget의 주장을 지지하였다.

그러나 Kribs-Zaleta와 Bradshaw(2003)는 유아가 단위를 반복적으로 사용하는 것은 과제의 특성과 관련됨을 지적하고 있다. 이들은 사례연구를 통해서 놀이터 바닥에 각자가 그린 뱀의 길이를 비교할 때 3~4세 유아들도 자신의 발걸음을 단위로 사용하여 단위 반복에 의해 길이를 측정하는 것에 주목하였다. Kribs-Zaleta와 Bradshaw는 Piaget의 '탑 쌓기' 과제는 유아가 움직여서 직접 비교를 할 수 있는 반면에 그림으로 그린 뱀의 길이는 제 3의 기준치를 사용한 간접비교에 의해서만 문제가 해결될 수 있으므로 어린 유아들도 단위 반복에 의한 문제해결 방법을 찾아낸다고 주장한다. 이러한 결과는 보존성과 이행성 획득에 관계없이 측정 학습이 가능하다는 연구들과 그 맥을 같이 하며, 과제의 특성에 따라 유아의 측정 문제해결 전략이 달라짐을 보여준다.

단위를 사용한 측정에서 단위의 크기가 커질수록 포함되는 단위의 수는 적어지는 반비례 관계에 있게 된다. 여러 연구들은 유아들이 양을 비교하거나 측정할 때 단위의 크기는 고려하지 않거나(Frydman & Bryant, 1988; Miller, 1984) 또는 나누어야할 부분의 수가 증가함에 따라 각 부분의 크기는 감소하는 것이 아니라 증가할 것으로 기대한다고 지적하고 있다(Correa, Nunes, & Bryant, 1998; Sophian, Garyantes, & Chang, 1997). 그러나 Sophian과 동료들(1997)은 나누어지는 부분의 수에 따른 각 부분의 크기를 비교할 수 있는 기회가 5세 유아들에게 주어질 경우 부분의 수와 크기 사이의 반비례 관계를 유아들이 매우 빨리 배운다고 제시하고 있다. Sophian (2002)은 또한 3세와 4세 유아들에게 주어진 용기나 공간을 채우기 위해 크기가 큰 물체와 작은 물체 중 어느 것이 더 많이 필요한가를 선택하는 과제를 제시한 결과, 유아들이 단위의 크기와 수 사이의 관계를 잘 이해하지 못하는 것을 발견하였다. 그러나 과제를 몇 번 반복함에 따라 3세와 4세 유아 모두 물체의 크기와 수 사이의 반비례 관계에 대한 이해가 통계적으로 유의하게 증가하였다. 즉, 짧은 기간의 훈련을 통해서도 유아는 물체의 크기에 따른 효과를 이해할 수 있게 되었다.

일반적으로 유아들은 손뼘, 발걸음과 같이 자신의 신체를 단위로 사용하거나 또는 연필, 블록 등과 같이 친숙한 구체물을 단위로 활용하는 비표준단위(임의단위)에 의한 측정이 가능한 것으로 제시되고 있다. 만 3, 4, 5세 유아들이 측정하려는 속성에 적합한 비표준단위를 선택하여 측정할 수 있는지를 살펴본 결과, 모든 연령에서 길이 영역의 비표준단위 선택능력이 가장 높았으며, 무게, 부피, 넓이 영역의 순으로 높게 나타났다. 또한 3세 경에 비표준단위를 이용한 측정기술이 나타나기 시작하여, 4세에 비표준단위를 이용한 측정기술이 급속히 발달되면서 4세와 5세에는 비표준단위를 이용한 측정을 모두 정확하게 할 수 있었다(전희영, 2001). 유아가 임의단위를 사용하여 구체적으로 측정을 하는 과정에서 나타나는 전략을 살펴본 연구(이정욱 · 이혜원, 2004)에서는 만 5세 유아도 제시된 작은 정사각형을 임의단위로 사용하여 반복적으로 덮어가면서 사각형 면적을 측정하는 직관적인 전략을 사용할 수 있었다.

최근 연구자들(Boulton-Lewis, Wilss, & Mutch, 1996; Clements, 1999; Clements & Stephan, 2004)은 유아들이 실제 생활 속에서 접하는 친숙한 측정 단위는 사실상 표준단위이며, 유아들도 표준단위에 대한 이해가 가능함을 지적하고 있다. Boulton-Lewis와 동료들(1996)은 교사가 비표준단위(임의단위) 사용을 격려함에도 불구하고 연구에 참여한 5~6세 유아의 36.1%가 표준단위인 자를 사용하였으며 비표준단위 사용 이전에도 자를 이용하여 측정할 수 있음을 제시하였다. Clements(1999), Clements와 Stephan(2004)은 유아기에 비표준단위 측정만이 적합하다는 이전의 주장을 반박하면서 비표준단위와 표준단위를 함께 제시할 것을 제안하고 있다.

6.2 측정 교수-학습 연구

6.2.1 측정 활동의 효과

유아기의 측정 능력 및 기능은 매우 제한적이라는 Piaget의 주장 이후로 유아를 대상으로 한 대부분의 연구들은 유아의 측정 능력의 발달 정도를 밝히는 데 주력해왔다. 반면에 유아를 대상으로 한 측정 관련 교수-학습 연구들은 극히 일부의 연구자들에 의해서 실시되어 왔다. 이들 연구들은 측정활동의 경험이 유아의 측정 능력에 미치는 영향에 중점을 둔 연구들과 유아의 측정 능력 및 기능을 향상시키기 위한 측정 교수방법을 밝히는 연구들로 구분할 수 있다.

연구자들은 유아가 실제 측정을 하는 경험을 통해 측정 능력을 증진시킬 수 있다고 지적한다. 예를 들어, 염연희(2005)는 만 5세 유아들을 대상으로 실험집단에는 매주 2회씩 8주 동안 16개의 길이 측정활동들을 실시한 후, 실험집단 유아들과 측정활동을 하지 않은 통제집단 유아들의 측정 능력에서 차이가 나타나는지를 연구하였다. 연구 결과, 실험집단 유아들의 길이 측정 능력은 통제집단 유아들보다 높은 것으로 나타났으며, 수학적 태도도 향상된 것으로 나타났다. 그러나 길이 비교 능력에서는 두 집단 간의 차이가 나타나지 않았다. 이는 만 5세 유아들의 경우, 측정 활동을 실시하기 이전에도 이미 길이 비교 능력은 매우 높았기 때문인 것으로 해석된다.

측정에 대한 교수는 일상생활 속에서 실제 측정을 하는 경험을 통해 이뤄져야 함이 강조된다. 이는 유아가 스스로 측정의 필요성을 인식하고 측정방법을 생각해 내는 과정에서 측정에 대한 이해와 양에 대한 감각을 형성하기 때문이다. Murphy(2004)의 연구는 1학년 유아도 길이 측정에서 임의단위 뿐만 아니라 표준단위에 대한 개념을 탐색할 수 있음을 제시하고 있다. 교실의 낡은 가구와 운동장의 낡은 장비를 버리고 새로운 가구와 장비로 대체한다는 가상적 상황에서 유아들은 새로운 가구와 장비가 자신들의 교실과 운동장에 적합한 크기인가를 결정해야 하는 문제에 부딪쳤고, 이를 해결하기 위해 1주일간 측정 활동을 실시하였다. 측정 활동들을 통하여 유아들은 물체의 측정 가능한 속성으로 길이를 인식하고, 비표준단위를 사용하여 물체의 길이를 비교할 수 있었다. 또한 유아들은 비표준단위에 의한 측정결과가 다양하게 나옴에 따라 표준단위에 대한 필요성을 발견하고, 표준단위를 사용하여 물체의 길이를 나타낼 수 있게 되었다.

Copley, Glass, Nix와 Faseler(2004)는 유아교육현장에서 측정은 종종 간과되는 경향이 있음을 지적하고, 유아의 보존 능력이나 측정 관련 준비도를 둘러싼 논쟁들이 유아교사로 하여금 측정 활동의 실시를 망설이게 만든다고 하였다. 그러나 이들은 1년 동안 4~5세 유아에게 다양한 측정과정을 학습할 기회를 주고, 실제적인 측정 문제해결의 기회를 제공하였을 때 유아들이 또래나 교사와의 상호작용을 통해 측정에 대한 이해를 발달시킬 수 있었다고 제시한다. 한 해를 거치면서 실시되었던 다양한 측정활동들을 통해 많은 유아들이 물체의 끝 지점을 맞추어 길이를 측정하기 시작했으며, 단위 반복의 과정을 사용하기 시작하였다. 이들 유아들은 서로 간에 측정한 거리를 비교하기 위해서는 모두가 동일 단위를 사용해야 함을 이해하게 되었으며 측정 관련 용어들을 사용하기 시작하였다. 이러한 결과들에 기초하면, 중요한 점은 측정이 유아에게 적합한지의 여부에 관한 논쟁이 아니라 유아에게 의미가 있는 형태로 다양한 측정 문제해결 경험을 제공하는 것이라고 할 수 있다.

실제 측정 활동을 실시하는 것은 어림측정 능력에도 영향을 주는 것으로 보고되고 있다. 정재숙(1999)은 3, 4, 5세 유아를 대상으로 실시한 연구에서 임의 단위를 사용하여 총 10회에 걸쳐 길이 측정 활동을 한 실험집단 유아들이 길이를 예측하는 어림측정 능력에서 비교집단 유아들보다 높은 것으로 나타났다. 길이 측정활동의 효과는 유아의 연령 및 성별에 관계없이 유의미하게 영향을 주는 것으로 보고되었다.

Sophian(2003)은 측정 '단위'에 초점을 둔 수학교육과정이 유아들의 수 능력도 함께 향상시킨다고 보고하고 있다. Sophian은 Head Start 센터의 유아들을 대상으로 단위 이해의 두 가지 중요 개념들을 중심으로 교육과정을 구성하였다. 첫 번째 주요 개념은 양을 측정하기 위해 여러 가지의 단위를 사용할 수 있으며, 사용된 단위에 따라 결과가 달라진다는 것이다. 두 번째 개념은 단위는 더 작은 단위로 분할되거나 합쳐서 더 큰 단위가 될 수 있다는 것이다. 이들 개념들을 적용한 수세기, 측정, 기하 활동들을 고안하여 3~6명의 소집단 활동으로 가을 학기에 12주, 봄 학기에 12주를 실시한 결과, 실험집단 유아들이 비교집단의 Head Start 센터 유아들 보다 수 능력 중심의 수학 능력 검사에서 높은 성취도를 나타내었다.

이러한 연구 결과들은 유아에게 적합하고 의미 있는 실제 측정의 경험을 통해 유아가 양(quantity)에 대한 감각을 형성하고, 측정 개념 및 기술을 발달시킬 수 있다는 점을 시사한다.

6.2.2 측정 교수-학습 방법

측정 관련 연구결과들에 기초하여 일반적으로 제시되는 측정의 교수단계는 첫째, 측정할 속성 파악하기; 둘째, 비교하기; 셋째, 임의단위에 의한 측정하기; 넷째, 표준단위에 의한 측정하기; 마지막으로 측정을 위한 공식 구성하기이다(Wilson & Rowland, 1993).

측정을 위해 가장 우선적으로 요구되는 것은 무엇을 측정하는가를 이해하는 것이다. 즉, 유아는 물체의 여러 속성 중에서 길이, 들이, 무게, 면적, 시간과 같이 측정 가능한 속성을 파악하는 것이 필요하다. 예를 들어, 고무줄의 경우에는 측정 가능한 속성이 길이가 되며, 반면에 물은 측정 가능한 속성이 들이나 무게가 됨을 인식하는 것이다. 유아가 측정 가능한 속성을 인식하면 이들 속성의 크기를 수를 사용하지 않고 비교하도록 지도하고, 이어서 물체의 속성에 수를 연결하는 측정하기를 시작한다. 측정은 우선 임의단위를 사용하여 시작하고, 점차 임의단위가 갖는 한계점을 인식하고 표준단위의 필요성을 느끼도록 지도한다. 마지막으로 단위의 수를 부여하는 가장 효율적인 전략으로 공식을 사용할 수 있게 지도한다.

Wilson과 Rowland(1993)는 이러한 교수단계에서 유아 및 초등학교 저학년은 처음의 두 단계에 중점을 두도록 제안하였다. 또한 측정에 대한 학습은 유아가 능동적으로 측정 과정에 참여함으로써 이루어지며, 두 번째 단계부터 네 번째 단계까지는 어림하기가 측정과정과 함께 실시되어야 한다고 제시하였다.

그러나 최근의 연구결과들에 기초했을 때, NAEYC와 NCTM(2002)은 3세경부터 측정 가능한 속성들을 인식하고 이들 속성에 기초한 비교하기를 시작하여 6세경까지는 다양한 임의단위에 의한 측정과정 및 측정 결과를 탐색하도록 제안하고 있다.

길이 측정에서 Kamii와 Clark(1997)는 비교가 보존성, 이행성 및 단위 반복의 개념을 발달시키는데 핵심이 되므로 임의단위나 표준단위를 사용한 길이 비교를 할 것을 강조한다. 특히, 이행성에 대한 논리적 추론을 요구하는 간접비교는 단순한 기계적인 측정에서 벗어나게 한다고 주장한다.

Young과 O'Leary(2002)는 표준단위를 이해하기 전에 유아는 측정을 하려면 동일 크기의 단위를 반복해서 사용해야 하며, 단위 크기가 달라지면 측정값이 달라짐을 이해해야 한다고 지적한다. 또한 1㎝ 막대와 같은 개별

단위를 사용하는 것은 1㎝ 단위가 연결된 자를 사용하는 것에 비해 비효율적임을 깨닫는 것이 필요하다고 주장한다. 따라서 Young과 O'Leary는 1학년 유아들에게 길이, 들이 및 온도 측정에서 임의단위를 사용하여 동일 크기 단위의 반복, 단위 크기와 측정값의 관계, 개별 단위 사용의 비효율성을 탐색하게 한 결과, 표준단위 사용의 필요성을 이해하고 표준단위 사용 능력이 향상되었다고 제시하고 있다.

그러나 최근 일부 연구자들(Boulton-Lewis et al., 1996; Nunes, Light, & Mason, 1993; Clements, 1999)은 일반적으로 제시되는 임의단위 우선의 측정 교수 방법에 대해 이의를 제기하고 있다. 이들은 길이 측정에서 어린 유아들이 임의단위를 사용한 측정은 실패하였지만 표준단위에 의한 자를 사용할 때는 성공적으로 측정을 하였다는 연구결과들을 보고하였다. 이들 연구들에 기초하여 Clements(1999)는 물체의 크기 비교 경험을 충분히 한 후에는 길이와 수를 연결하는 경험을 제공해야 한다고 제안하였다. 이를 위해 1㎝ 단위 블록과 같이 표준단위를 사용하는 조작적인 단위와 일반적으로 사용하는 자를 모두 제공하라고 제안한다. 이러한 측정도구를 탐색하면서 단위의 반복, 끝 지점 똑바로 맞추기, 0의 개념들을 발달시켜 갈 수 있기 때문이다. Clements는 유아가 자 위에 적힌 수의 의미를 이해하는데 중점을 두고 지도해야 한다고 지적하고 있다.

측정의 교수단계에 관한 연구 외에 유아의 측정 능력을 향상시키기 위한 구체적인 교수방법에 관한 연구들도 일부 실시되었다. 예를 들어, 박경란(2002)은 만 5세 유아들을 대상으로 협동학습에 의한 측정활동의 효과를 보고하였다. 8주 동안 매주 1회씩 소집단에서 협동하여 측정 활동을 한 만 5세 유아들이 개별적으로 동일한 측정 활동을 한 유아들보다 길이, 넓이, 무게 및 들이 측정 능력에서 향상되었다고 보고하고 있다. 또한 측정활동을 경험한 두 집단의 유아들 모두 사전검사에서 낮은 능력을 보였던 넓이와 들이 측정 능력에서 많은 향상을 나타냈다.

이혜경(1996)은 5세 유아를 대상으로 또래와의 상호작용이 무게와 거리를 동시에 고려해야 하는 저울 측정능력에 미치는 효과를 연구하였다. 연구결과, 또래와의 상호작용이 없는 통제집단보다 또래와의 상호작용을 경험한 실험집단의 측정능력이 크게 향상되었음을 보고하였다.

또한 Yuzawa와 동료들(1999)의 연구는 측정 능력의 토대가 되는 비교하기에서 유아가 보다 효율적인 전략을 사용할 수 있도록 이끄는 지도방법을 제시하고 있다. 이들은 유아들이 종이접기를 하면서 형태가 겹쳐지는 것을 직접적으로 경험할 수 있으므로 종이접기 활동은 크기 비교에서 가장 효율적인 겹쳐놓기 전략을 사용하는 데 효과가 있을 것이라고 제안하였다. 이에 따라 종이접기를 규칙적으로 실시한 실험집단과 그렇지 않은 통제집단 유아들이 삼각형 크기 비교 전략을 사용할 때 어떠한 차이를 보이는지를 연구하였다. 연구 결과, 실험집단 유아들이 하나의 도형 위에 다른 도형을 겹쳐놓고 비교하는 전략 사용이 크게 증가하였다고 보고하였다. 종이접기는 특히 남아보다는 여아에게서 효과적이었는데 이는 여아들이 종이접기 활동에 보다 집중을 하며, 종이를 접을 때 양쪽 모서리를 정확히 맞추어 포개려고 노력하기 때문이라고 제시하였다.

측정을 위한 교수-학습 방법으로 컴퓨터의 활용을 제안하는 연구들도 실시되었다. Yelland와 Masters(1997)는 Geo-Logo를 활용한 탐구중심 수학 활동을 실시하였을 때 7~8세 유아들이 경로의 길이와 각을 측정하는 능력이 증진되며, 무엇보다도 적극적으로 활동에 참여하는 정도가 높아진다고 밝히고 있다. 박혜영(2003)도 초등학교 2학년의 길이재기 단원을 중심으로 ICT 활용 수업을 적용하였을 때 아동들의 학습에 대한 흥미도와 학업 성취도가 향상되었다고 보도하였다.

요약하자면, 구체적 조작기에 가야 측정에 대한 이해가 가능하다는 Piaget의 주장에 기초하여 측정관련 연구들은 초등학교 아동 이상을 대상으로 주로 실시되어왔다. 이에 따라 다른 수학 내용영역에 비교했을 때, 유아기의 측정 관련 연구들은 상대적으로 많이 이루어지지 않고 있다. 유아를 대상으로 한 연구들은 주로 측정의 이해에 핵심이 되는 비교하기, 보존성과 이행성, 단위 개념의 발달 정도를 밝히고자 하였다. 반면에 유아의 측정 능력을 증진시킬 수 있는 구체적인 교수-학습 방법을 밝히는 연구들은 많이 실시되지 않았다. 따라서 앞으로의 연구들은 측정 개념의 발달을 밝히는 연구들뿐만 아니라 측정과정에서 유아가 사용하는 전략을 분석하고 이와 관련하여 적합한 지도 방법을 구체적으로 제시할 수 있는 연구들이 보다 많이 실시될 필요가 있다. 또한 유아에게 적합한 측정 교육내용 체계에 관한 연구와 유아의 측정 능력 및 기능을 평가할 수 있는 평가도구 개발 연구들도 이루어져야 할 것이다.

참고문헌

김성란(1986). 만 4세 유아의 보존개념 훈련효과에 관한 일 연구. 연세대학교 교육대학원 석사학위논문.

김지영(1994). 유아의 도형 및 현상과제의 서열 조작 발달 양상. 동아대학교 대학원 석사학위논문.

박경란(2002). 협동에 의한 측정활동이 유아의 측정능력에 미치는 영향. 중앙대학교 대학원 석사학위 논문.

박영인(1987). 5, 6세 유아의 서열 개념 발달에 관한 연구. 중앙대학교 대학원 석사학위 논문.

박혜영(2003). ICT활용 수업이 학업 성취도와 흥미도에 미치는 영향: 초등학교 수학 교과 측정영역 중심으로. 대구교육대학교 교육대학원 석사학위논문.

염연희(2005). 비표준 단위를 이용한 길이측정활동이 유아의 길이측정 능력과 수학접근 태도에 미치는 영향. 한국교원대학교 교육대학원 석사학위논문.

이경우 · 홍혜경 · 신은수 · 진명희(1997). 유아 수학교육의 이론과 실제. 서울: 창지사.

이정욱 · 오애순(2002). 3, 4, 5세 유아의 크기 비교 능력 및 전략. 아동학회지, 23(4), 21-33

이정욱 · 이혜원(2004). 아동의 사각형 면적 측정 전략에 관한 연구. 아동학회지, 25(1), 13-29.

이준영(1990). 훈련에 의한 보존 개념 형성 후 보존 방해 실험에서의 반응 연구. 국민대학교 교육대학원 석사학위논문.

이효정(1986). 유아의 서열화 개념 발달에 관한 연구. 이화여자대학교 대학원 석사학위논문.

이혜경(1996). 또래상호작용에 따른 무게 · 거리 측정 및 언어유형의 변화에 관한 연구. 중앙대학교 대학원 석사학위논문.

전희영(2001). 유아의 측정 능력에 관한 연구. 덕성여자대학교 대학원 석사학위논문.

정재숙(1999). 임의 표준물에 의한 길이측정활동이 유아의 길이예측능력에 미치는 영향. 중앙대학교 교육대학원 석사학위논문.

차영미(1991). 수와 액체 보존개념의 훈련 및 전이효과에 관한 연구. 이화여자대학교 교육대학원 석사학위논문.

추상호(1987). 수보존 개념과 무게 보존 개념의 훈련 및 전이효과에 관한 연구. 국민대학교 교육대학원 석사학위논문.

홍혜경(2004). 유아 수학능력의 발달과 교육. 서울: 양서원.

홍혜경(2004). Intervention of block play and spatial abilities of young children. The Korean Society for Early Childhood Education. The 3rd KSECE International Conference, 10월 23일, Gwangju: Chonnam National Univ.

황정숙(1994). 측정과정에서의 유아의 양적 불변성 이해. 유아교육연구, 14(2), 117-134.

Boulton-Lewis, G. M., Wilss, L. A., & Mutch, S. L. (1996). An analysis of young children's strategies and use of devices of length measurement. *Journal of Mathematical Behavior*, 15, 329-347.

Bryant, P. (1982). The role of conflict and of agreement between intellectual strategies in children's ideas about measurement. *British Journal of Psychology*, 73, 242-251.

Bryant, P., & Trabasso, T. (1971). Transitive inferences and memory in young children. *Nature*, 232, 456-458.

Charlesworth, R. & Lind, K. K. (2003). *Math and Science for young chidlren*(4th Eds.). Albany, NY: Delma Learning.

Clements, D. H. (1999). Teaching length measurement: Research challenges. *School Science and Mathematics*, 99(1), 5-11.

Clements, D. H. (2004). Major themes and recommendations. In D. H. Clements & J. Sarama(Eds.), *Engaging young children in mathematics: Standards for early childhood mathematics education*. Mhawah, NJ: Lawrence Eelbaum Associates.

Clements, D. H., & Stephan, M. (2004). Measurement in Pre-K to Grade 2 mathematics. In D. H. Clements & J. Sarama (Eds.), *Engaging young children in mathematics: Standards for early childhood mathematics education* (pp.299-317). Mhawah, NJ: Lawrence Erlbaum Associates.

Copeland, R. W. (1984). *How children learn mathematics: Implication for Piaget's research*(4th ed.). New York: Macmillan.

Copley, J. V. (2000). *The young child and mathematics*. Washington, D.C.:

NAEYC.

Copley, J. V., Glass, K., Nix, L., & Faseler, A. (2004). Measuring experience for young children. *Teaching Children Mathematics*, 10(6), 314-319.

Correa, J., Nunes, T., & Bryant, P. (1998). Young children's understanding of division: The relationship between division terms in a noncomputational task. *Journal of Educational Psychology*, 90, 321-329.

Foxman, D., & Ruddock, G. (1984). Concepts and skills: Line symmetry and angle. *Mathematics in School*, 13, 9-13.

Frydman, O., & Bryant, P. (1988). Sharing and the understanding of number equivalence by young children. *Cognitive Development*, 3, 323-339.

Hart, K. (1984). Which comes first: Length, area, or volume? *Arithmetic Teacher*, 31(9), 16-27.

Hiebert, J. (1984). Why do some children have trouble learning measurement concept? *Arithmetic Teacher*, 31(7), 19-24.

Kamii, C., & Clark, F. B. (1997). Measurement of length: The need for a better approach to teaching. *School Science and Mathematics*, 97(3), 116-121.

Kribs-Zaleta, C. M., & Bradshaw, D. (2003). A case of unit. *Teaching Children Mathematics*, 9(7), 397-399.

Miller, K. F. (1984). The child as the measurer of all things: Measurement procedures and the development of quantitative concepts. In C. Sophian (Ed.), *Origins of cognitive skills* (pp. 193-228). Hillsdale, NJ: Lawrence Erlbaum Associates.

Miller, K. F. (1989). Measurement as a tool for thought: The role of measurement procedures in children's understanding of quantitative invariance. *Developmental Psychology*, 25(4), 589-600.

Murphy, E. (2004). A mathematical measurement mystery. *Teaching Children Mathematics*, 11(2), 54-64.

NAEYC & NCTM (2002). Early childhood mathematics : Promoting good beginning. Position statement. http://www.naeyc.org/resources/positionstatements/psmath.htm

Nunes, T., Light, P., & Mason, J. (1993). Tools for thought: The measurement of length and area. *Learning and Instruction*, 3, 39-54.

Piaget, J., Inhelder, B., & Szeminska, A. (1960). *The child's conception of geometry*. NY: Norton.

Piaget, J., & Inhelder, B. (1967). *The child's conception of space*. NY: W. W. Norton & Co.

Reys, R. E., Suydam, M. N., & Lindquist, M. M. (1994). *Helping children learn mathematics*. Mass.: A Simon & Schuster Company.

Riley, C. A., & Trabasso, T. (1974). Comparatives, logical structures, and encoding in a transitive inference task. *Journal of Experimental Child Psychology*, 17, 187-203.

Siegler, R. S. (1998). *Children's thinking*.(3rd Ed.). Upper Saddle River, NJ: Prentice Hall.

Sophian, C. (2002). Learning about what fits: Preschool children's reasoning about effects of object size. *Journal for Research in Mathematics Education*, 33(4), 290-302.

Sophian, C. (2003). Learning about "one": Units as a cornerstone for Head Start mathematics. *Teaching Children Mathematics*, 10(4), 210-215.

Sophian, C., Garyantes, D., & Chang, C. (1997). When three is less than two: Early developments in children's understanding of fractional quantities. *Developmental Psychology*, 33, 731-744.

Trabasso, T. (1975). Representation, memory, and reasoning: How do we make transitive inferences? In A. Pick(Ed.), Minnesota symposia on child psychology, vol. 9 (pp. 135-172). Minneapolis: University of Minnesota Press.

Wilson, P. S., & Rowland, R. (1993). Teaching measurement. In R. J. Jensen(Ed.), *Research ideas for the classroom: Early childhood mathematics* (pp.171-194). NY: Macmillan.

Yelland, N., & Masters, J. E. (1997). Learning mathematics with technology: Young children's understanding of paths and measurement. *Mathematics Education Research Journal*, 9(1), 83-99.

Young, S. L., & O'Leary, R. (2002). Creating numerical scales for measuring tools. *Teaching Children Mathematics*, 9(7), 400-405.

Yuzawa, M., Bart, W. M., Kinne, L. J., Sukemune, S., & Kataoka, M. (1999). The effect of Origami practice on size comparison strategy among young

Japanese and American children. *Journal for Research in Childhood Education*, 13(2), 133-143.

Yuzawa, M., Bart, W. M., & Yuzawa, M. (2000). Development of the ability to judge relative areas: Role of the procedure of placing one object on another. *Cognitive Development*, 15, 135-152.

7장. 규칙성과 통계

전통적으로 규칙성과 통계는 유아 수학내용영역에 포함되지 않았었다. 그러나 최근 NCTM(2000)이 학교수학을 위한 기준에 대수를 Pre-K에도 포함시키게 됨에 따라 이와 관련된 연구와 교수방법을 모색하는 시도가 활발해지고 있다. 유아수학교육에서 대수 및 통계 관련연구들은 아직 초보적인 수준이며, 많은 연구가 행하여져야 할 부분이기도 하다. 본 장에서는 규칙성에서 패턴과 대수 그리고 통계에 대한 사회적 요구, 대수 및 확률적 사고능력의 발달, 대수 및 통계관련 연구의 동향에 대하여 살펴보고자 한다.

7.1 규칙성(패턴과 대수) 학습에 대한 사회적 요구

수학의 발전과정을 보면, 인류가 자연 속에 있는 규칙을 발견하고, 그것을 설명하고, 그 속에 숨어있는 질서와 규칙을 밝히려는 노력에 의해 발전되어 왔다. 인류는 이런 숱한 패턴을 인식하고, 분류하고, 정형화된 사고체계를 만들었으며, 이 과정에서 수학을 이용하여 실험하지 않고서도 많은 자연의 신비를 밝혀왔다(강지형 외, 1999). 이와 같이 대수는 수학의 토대가 되어왔고, 수학의 기초로 대수적 사고를 중요시 다루어 왔음을 발견할 수 있다(김성준, 2002; Greenes & House, 2001). 수학적 사고의 기초라 할 수 있는 대수(algebra)는 의미 자체로는 대수가 실제 수 대신에 문자를 사용해 방정식을 푸는 방법을 연구한다는 뜻을 나타내며 수치적 영역의 확장, 기호체계, 표상체계, 계산법을 포함하고 있다. 대수는 문제를 풀기 위해 알지 못하는 가치나 변인을 가진 연상의 일반화를 의미한다(Taylor-Cox, 2003).

대수는 분석이 있으며 관계를 다루는 수적인 문자사용과 새로운 표기법, 규칙, 표현의 간결성이 있는 영역으로, 대수적 사고는 이러한 것들을 추상화하여 조작하는 능력으로 정의된다(강미애, 2000; 김성준, 2002). 상징적 체계로서 대수의 역사적 발전을 보면 처음에는 모르는 것을 나타내기 위해 일상적 언어를 사용하였으나, Diophantus 이후로 활자(letter)를 사용하게 되었으며, 이어서 수리적 관계가 적용되는 규칙을 증명하는 도구로 상징적 대수를 사용하게 되었다(Kieran, 1992). 따라서 대수는 일반적인 수리적 관계와 수학적 구조를 상징화하고 그들 구조에 작용하는 것을 다루는 수학의 일부라고 인식하고 있다.

따라서 산수는 주변세계의 정적인 상태를 설명하는데 효과적이라 할 수 있다면 대수는 변화하는 세계를 기술하는데 있어 역동적이고 필수불가결한 수단이라 할 수 있다(Greens & House, 2001). 일반적으로 대수는 학년이 올라갈수록 수학내용 영역에서 차지하는 비중이 커질 뿐 아니라 중, 고등수학부터는 수학에서 가장 큰 비중을 차지하게 된다(NCTM, 2000). 더욱이 대수는 더 나은 학문이나 전문 직업의 추구를 위해 필요한 관문으로서의 역할을 하고 있다. 지금까지 대수는 학교 교육과정에서 좀 더 고등수학을 배우고자 하는 고학년에만 가르칠 수 있는 추상적이고 난해한 개념으로 이해되어 왔다. 그러나 최근 대수적 사고는 모든 학생들에게 그리고 가능한 빠른 시기에 제공되어야 하는 기본적인 수학교육이어야 한다는 입장으로 바뀌고 있다(Greenes & House, 2001; NCTM, 2000).

한편 최근 유아수학교육의 동향에서도 패턴과 대수에 대한 관심이 증가되고 있는 추세이다. 패턴이나 대수가 수학교육과정에 정식으로 다루게 된 것은 1989년 NCTM의 「학교 수학을 위한 교육과정과 평가기준」에서 패턴과 관계를 포함시키면서 시작되었으며, 2000년에는 「학교수학을 위한 원리와 기준」에서 대수를 유아수준까지 확대시켜 Pre-K-2학년에서 기대되는 대수 내용을 제시함으로서 유아수학의 주요 내용영역에 포함되었다. 더욱이 이 단체에 의하며 패턴에 국한되어 다루었던 종전의 입장에서 패턴, 관계, 함수 등의 이해와 적용을 위한 수준까지 확대하고 있음을 볼 수 있다. 또한 유아를 위한 대수 학습의 내용으로 패턴, 관계, 함수의 이해, 대수적 기호를 이용한 수학적 상황 및 구조, 다양한 상황에서의 변화분석을 제시하고 있다. 최근 NCTM은 2006년에 Teaching Children Mathematic, 12권 5호에 주요 주제로 대수를 다루었으며, 2월에는 Pre-K-2학년을 위한 대수기준의 적용에 관한 E-workshop을 실시하는 등 유아 및 저학년을 위한 대수 학습에 관심이 증가되고 있다. 아마도 추후 유치원 교육과정 개정에는 패턴과 대수의 포함여부가 검토되어져야 할 것이다. 이러한 맥락에서 미국 수학교사협의회(National Council of Teachers of Mathematics: NCTM)는 유아의 직관적이고 비형식적인 수학지식을 기초하여 유아수학교육이 이루어지고 확장되어야 함을 주장하면서, 유아기에서부터 초등학교 2학년(Pre K-2)까지를 위한 대수교육 내용이 수, 기하, 측정보다는 적은 비중이지만 대수를 주요내용영역의 하나로 포함시키고 있다(NCTM, 2000).

지금까지 유치원 교육과정의 수학교육내용을 살펴보면, 그동안 패턴이나 대수가 포함된 적이 없다. 그러나 유아수학교육 관련 문헌들에서는 대부분 패턴내용을 포함하고 있으며, 유치원에서의 자유놀이 상황을 분석한 연구에서도 약 25% 정도가 패턴과 도형에 관련된 놀이에 참여하고 있음을(Ginsburg, Pappas, & Seo, 2001) 보고하고 있을 정도로 유치원 현장에서는 패턴활동은 일상적인 활동인 것이다. 비록 패턴의 활동이 형식적 교육과정에 포함되어 있지는 않으나 일상적 수학활동의 일환으로 이미 다루어져 왔다고 할 수 있다. 그러나 수학교육에서의 중요성과 의미에 대한 인식은 미흡하다고 볼 수 있다.

유아에게 대수를 가르치는 것이 단순히 방정식 문제를 풀도록 하기 위한 것이 아니라 대수적 사고의 기초를 견고히 하기 위한 노력이 필요하다는 것이다(NCTM, 2000). 왜냐하면, 유아일지라도 관계의 중요성을 인식할 수 있고 관계를 기술할 수 있을 뿐 아니라, 유아기가 규칙적 관계의 이해와 활용 능력이 발달하는 중요한 시기이기 때문이라는 것이다(Taylor-Cox, 2003).

유아에게 대수적 사고란 수학적인 사고의 가장 기초적인 능력으로서 자신들의 문제에서 규칙을 찾고, 규칙을 적용하며, 어떠한 현상과의 관계들을 찾아보는 일상적 활동이나 경험을 통해 발달되어지는 능력이라 볼 수 있다. 이러한 대수적 사고를 통해서 유아들이 일상생활을 통한 규칙 등을 명확하게 인식함으로써 논리·수학적 사고는 물론 창의적인 문제해결력을 길러줄 수 있으므로(권영례, 2003), 수학의 기초능력으로서의 대수적 사고는 유아에게 있어 필수적인 영역이라 할 수 있다.

일찍이 Baratta-Lorton(1976)과 Ussiskin(1979)도 유아 수학의 모든 측면에서 대수적 사고습득은 중요하며 수학능력발달에 커다란 영향을 주기 때문에 유아교육과정에서 그 중요성이 더욱 강조되어야 한다고 주장한 바 있으며, Richardson & Salkeld(1995)도 수학교육의 핵심은 의미를 찾고 패턴과 관계, 질서와 예측성을 추구하는 것이라 하며 대수의 중요성을 언급한 바 있다. 역시 수학은 모든 종류의 규칙성 즉 자연에 내재된 규칙성, 인간의 정신 속에서 발명되는 규칙성, 그리고 심지어는 다른 규칙성에 의해 창조되는 규칙성을 이해하고자 하는 탐구과학이라 하였다. 따라서 수학적 사고능력을 신장하려면 유아 자신의 생활에 적합한 풍부하고 다양한 규칙성에 노출되어야 하며, 그것을 통해서 규칙성 및 상호관련성을 알 수 있게 될 것이라는 입장은 이미 유아교육자들에게 수용되고 있다.

유아는 주변세계와의 경험을 통해 자연이나 사회에서 일어나는 많은 현상들이 서로 관련되고 상호작용하면서 변화하는 것을 점차 알게 된다. 일상적 경험을 통해 유아들이 사물들 간의 관계를 파악하고 관련성을 찾아 일반화시키는 능력을 가지고 있다는 것을 보여주는 예는 주로 언어습득에서 많이 볼 수 있다. 유아들의 언어적 획득과정에서 나타나는 과잉일반화, 어순의 규칙적 적용 등은 규칙적 관계를 다루는 능력이 일찍 발달하고 있음을 보이는 증거라고 할 수 있을 것이다.

유아들의 이러한 사물들 간의 관계성을 유추하고, 일반화시키고, 예측하는 능력을 포함하는 대수적 사고에 대한 관심은 그 중요성에 비해 비교적 소홀히 다루어져왔다. 홍혜경(2004)도 유아수학교육과정을 위한 기초연구에서 최근동향을 반영하여 유아 및 초등 저학년 수학에 대수의 비중을 강화해야 한다고 밝히고 있다. 이렇듯 대수적으로 사고하기 위해서 패턴, 관계성, 함수 등 대수의 교육적 관심은 증가하고 있다. 그러나 이처럼 대수적으로 사고하는 것이 수학능력의 중요한 핵심을 이루고 있으며 나아가 정보화 속에서 살아가는 필수 능력중 하나임이 틀림없음에도 불구하고 아직까지 유아 대수능력의 발달 및 교육을 다룬 연구는 매우 미흡한 실정이다.

7.2 규칙성(패턴과 대수) 능력의 발달

수학은 패턴의 과학이라고 불리울 정도로 패턴은 수학의 모든 영역과 관련된다. 수학에서 패턴의 관계를 강조하는 관점은 문제해결이나 구조를 강조하는 관점을 포괄하는 넓은 관점으로 볼 수 있다. Whitehead(1947)에 의하면 대수의 역사는 패턴을 표현하기 위한 기술의 성장과정으로서 특수한 존재와 구별되는 패턴이 증가하면서 성장하는 학문으로 생각하였다(Lee, 1996, 재인용). Charbonneau(1996)은 대수를 수치적 영역의 단순한 확장이나 기초체계만으로 보는 것을 잘못 파악하고 있는 것으로서 대수의 핵심은 '관계와 분석'이라고 하였다. 관계를 다룬다는 것은 먼저 대상을 볼 수 있고 대상간의 연결을 통해 규칙을 파악할 수 있다는 것을 의미한다.

패턴능력 관련 연구들은 주로 영아들의 지각능력을 중심으로 다루어져 왔으며, 이들 연구들은 아주 어린 신생아들도 평범한 자극보다는 패턴화된 자극을 선호한다고 보고하고 있다. 예를 들면, 3주 된 영아들도 커다란 몇 개의 사각형태 보다는 체커판 형태에 더 오래 주의집중하고, 크고 뚜렷한 대비가 되는 패턴에 민감한 것으로 나타났다(Banks & Ginsburg, 1985; Dodwell, Humphery, & Muir, 1987). 또한 영아들은 다른 형태보다는 얼굴

같은 패턴을 선호하며, 3개월 후에는 엄마와 다른 사람의 얼굴의 사진을 구별할 수 있게 된다고 보고하였다(Jonson, 1999). 이와 같이 영아들의 패턴지각에서 살펴보면, 대비민감성에 의해 좌우됨을 알 수 있다. 또한 2-4개월의 영아들은 모든 자극에 대해 시각적 탐색을 통해 각 요소를 보고 이를 조직화하여 인식할 수 있게 되며, 5~12개월의 영아들은 지각을 통한 보다 복잡한 패턴의 관계를 인식할 수 있음을 보고하고 있으며, 패턴지각의 발달적 특성을 살펴보면 다음 표와 같다(Berk, 2002).

[표 7-1] 영아의 패턴 지각능력의 발달적 특성

	출생 1개월	2-4개월	5-12개월
패턴지각	큰 요소를 가진 패턴을 선호, 자극과 한 형태의 경계에 제한된 시각적 탐색	내부적 형태를 포함하는 모든 자극의 시각적 탐색, 패턴의 요소를 조직화된 하나로 통합	복잡하고 의미 있는 패턴의 탐지

이러한 시각적 지각능력에 기초한 패턴 인식 외에 청각적 지각능력에 의한 규칙인식의 연구들도 영아가 대수적 사고의 능력을 가지고 있음을 제시하고 있다. 영유아의 대수적 사고 출현에 대한 연구들은 주로 언어 획득과정에서 언어의 규칙성을 추출하고 적용하는 근거를 제시하는 연구를 중심으로 보고되고 있다. 유아 대수적 사고의 발달은 대수적 언어체계의 습득으로 특징지워진다(김성준, 2004). 주로 언어 획득과정에서 대수적 규칙의 학습과 통계적 정보의 학습을 위한 두 개의 학습기제가 관련되어 있다는 것이다. Marcus와 동료들은(1999) 7개월 된 영아들에게 ABA 조건 집단에게 ga ti ga 같은 16개의 단어 군을, ABB 조건 집단에게는 ga ti ti 같은 단어 군을 각 3번씩 들려준 후, 새로운 단어로 구성된 12개의 문장 wo fe wo, wo fe fe 같은 새로운 단어로 구성된 12개의 문장을 들려주었더니 전에 제시한 조건이 아닌 비 친숙한 패턴의 단어에 더욱 오래 주의 집중하는 것으로 보고하였다. 이 결과를 기초로 청각적 자극에 의해서도 영아가 추상적 대수적 규칙을 추측하고 생성할 수 있는 대수적 사고 출현을 입증하는 것으로 볼 수 있다. 더욱이 영아들은 적은 양의 투입으로도 규칙을 빨리 추출하는 능력을 가지고 있으며, 낯선 상황에 이들 규칙을 일반화하는 능력을 가지고

있다는 증거를 제시하였다. 대수적 사고는 유아기에 시작되어 시간이 지날수록 성숙해지고 확장되며 정교화 과정을 거쳐 성인기까지 지속적으로 발달되고 활용된다. 대수적으로 사고하기 위해서는 패턴, 관계성, 함수에 대해 이해할 수 있어야 하고 수학적 상황을 표상하고 분석할 수 있어야 하며 수량적 관계성을 파악하고 표상하기 위해 수학적 모델을 이용하고 다양한 상황에서 변화를 분석할 수 있어야 한다. 이러한 기본적 구성요소는 각각 유아들이 성숙되어 가면서 더욱 정교화되어진다(Greenes & House, 2001). 그러나 이러한 발달과정의 특성을 밝히는 연구들은 아직 미흡한 수준이다.

유아들은 주변세계에서 색, 크기, 모양, 디자인, 언어, 음악적 톤, 리듬, 움직임, 그리고 물리적 사물과의 경험을 통해 패턴을 탐색하기 시작한다. 유아들은 패턴을 관찰하고, 설명하고, 반복하고, 확장하고, 비교하고 생성해나가며 다양한 특성에 따라 사물을 분류하고 순서화한다(NCTM, 2000). 패턴은 여러 가지 수학적 주제를 종합하는 유일한 분야이다. 패턴을 학습하는 것은 관계를 인식하고, 연결고리를 찾아내고, 일반화 하고 예측하는 법을 배울 수 있도록 도와준다. 패턴을 이해하게 되면 관계적 사고가 가능하여 유아들은 합리적으로 문제를 해결하게 되고 추상적으로 사고할 수 있게 된다. 즉 패턴은 문제해결의 도구인 것이다(강완·김진호, 2003).

3~6세 유아들의 대수적 사고의 특성을 분석한 연구에 의하면(차현화·홍혜경, 2005), 패턴, 변수와 동등이해, 관계와 함수의 3 하위영역에서 각기 대수적 관계의 인식전 단계, 대수적 관계에 대한 인식의 출현 단계, 대수적 관계의 이해단계, 대수적 관계의 언어적 표상 및 적용단계로 발달하여가며, 3세의 유아는 대수적 사고가 미출현 수준이며, 4세 유아는 대수적 관계를 인식하며 출현하는 수준이며, 5세 유아는 대수적 관계의 이해는 하나 이를 설명하지는 못하는 과도기적 수준이라 할 수 있으며, 6세 유아는 대수적 관계를 이해하고 부분적으로 설명이 가능한 수준이라고 보고 하였으며, 이 시기에 대수적 사고의 발달적 차이가 큼을 보고하고 있다. 이 연구는 유아의 발달적 수준에 적합한 대수를 위한 학습의 내용 수준을 결정하는 근거를 제시하고 있다. 이를테면, 3~4세 유아들에게는 패턴인식, 규칙이어가기, 동등성 관계, 관계적 어휘와 상황에 초점을 두고, 5~6세 유아들에게는 패턴 구성 및 전이, 동등성 관계와 변수상황, 대응적 관계의 이해 등에 초점을 두어야 함을 시사한다고 하겠다.

7.3 규칙성(패턴과 대수) 교수-학습 연구

일반적으로 패턴 활동에서 유아들은 대수적 상징을 사용하여 수학적 상황과 구조를 표상하고 분석을 할 수 있다. 즉 사물이나 구체적인 숫자를 이용하여 수학적 특성을 설명할 수 있으며, 수학적 사고와 관계를 표현해내기 위해 또 문제를 해결하기 위해 사물, 그림, 글자 혹은 상징을 이용하는 기회를 제공하여야 한다고 보고 있다. 유아들에게 다양한 방법으로 질문을 하여 표상하고 설명하도록 격려하였을 때 유아들은 표상을 인식하고 자신의 사고를 의사소통하기 위해 상징을 이용하며 자신의 능력을 확장해나간다. 또한 유아기에 유아들은 자신의 주변 환경에서 변화를 인식하고 "보다 큰, 보다 추운, 보다 어두운 혹은 무거운가"와 같은 양적인 용어로 변화를 설명한다. 날씨의 변화를 기록하거나 식물의 성장의 양을 측정하고 비교해 봄으로써 유아들은 양적으로 이러한 변화를 표현하는 기회를 갖게 될 때 변화의 규칙성을 찾고 이를 표현하고 의사소통하는 기회를 갖게 된다. 이러한 경험을 통해 유아들은 일부 자료를 기초로 예측을 할 수 있지만 일부 변화에는 그렇지 않고 숫자로도 표현할 수 없음을 인식하게 된다. 추후 초등연령이 되면 아동들은 숫자로 혹은 그래프로 변화를 표현해내게 되고, 양적인 것 이상으로 변화를 감지하게 된다(Greenes & House, 2001). 대수적 사고는 일상활동 속에서 같은 것 또는 다른 것을 찾아내고, 그 결과를 강조하거나 반복하는 활동, 앞으로 등장할 어떤 상황을 예상하고 인식하는 활동에서 대수적 사고는 적용된다고 할 수 있다(김성준, 2004). 따라서 다양한 일상 상황이나 환경에서의 규칙성을 탐색하고 표상하는 학습의 기회가 필요함이 강조되고 있다.

유아의 대수적 사고 능력을 다룬 연구들은 주로 패턴에 초점을 두어 연속과 패턴, 관계 짓기, 패턴 포함관계, 패턴과 관계의 학습에 관한 연구들이 수학교육관련 연구지에 발표되고 있다(Payne, 1990; Richardson & Salkeld, 1995). 대수에 대한 연구들은 국내외를 막론하고 유아의 패턴학습의 효과를 밝히는 연구들이 주로(유지연, 2002; Copley, 2004; Taylor-Cox, 2003) 보고되고 있다. 이를 테면, 패턴활동이 수학개념과 패턴인식에 효과를 다룬 연구에서, 패턴활동이 측정의 개념에 효과적이며, 시각적, 청각적, 운동적, 상징적 패턴인식능력 모두에 효과적이라고 보고하였다(박미영, 2003). 또한 수학과 음악의 통합적 활동이 유아의 패턴 이해능력에 효과적이며, 특히 청각적 패턴 이해능력과 수학활동 흥미도에 효과적이라는 보고가 있다(유지연, 2002).

한편 최근에는 유아 대수학습을 위한 교수-학습을 다루는 관련 문헌이 조금씩 대두되고 있다(Coley, 2004; Greenes & House, 2001; Taylor-Cox, 2003; Ziemba & Hoffman, 2005). 이들 문헌들은 기존의 패턴외에 변인과 동등성, 관계 및 함수의 내용까지 확장되어 다루는 특징을 보이며, 자연, 놀이, 음악, 일상의 주변 상황 등에서 대수적 사고의 기회를 포함할 수 있는 다양한 경험을 제공하고 지원해야함을 지적하고 있다. 그러나 이보다 우선하여야 할 작업은 유아들의 대수적 사고의 발달 특성을 밝히는 기초 연구가 먼저 이루어져야 하며, 발달적 특성에 기초한 대수학습을 위한 효과적인 교수-학습방법을 밝히는 작업이 이어져야 할 것이다.

7.4 통계와 확률 학습에 대한 사회적 요구

21세기 정보화 사회로의 변화로 새롭게 강조되는 수학교육의 내용 중 하나는 통계와 확률이다. 특히 통계와 확률은 수학에서 일반적으로 강조되고 있는 연역적 추론보다는 귀납적 추론의 훈련을 강화할 수 있을 뿐 아니라(이영하·심효정, 2003), 정보사회 각 분야에서 일어나는 각종 불확실한 현상에 대한 합리적 판단도구로서 필요하므로 사회과학, 자연과학, 의학, 공학 등의 학문연구에도 널리 이용되고 있기 때문에 이에 대한 사회적 관심도 증가되고 있다(우정호, 2000).

이러한 사회적 변화에 따라 요구되는 수학내용에도 달라지고 있다. 특히 자료를 수집, 분석하고 이를 기초로 판단을 내리는 능력은 유아수학교육에서도 강조되고 있는 추세이다. 대표적인 예로 수학교육단체인 미국 NCTM의 「학교수학을 위한 원리와 기준」에 의하면, Pre-K-2학년 수학교육에 자료 분석과 확률이란 영역을 포함시키고 있을 뿐 아니라, 측정영역과 비슷한 비중으로 다루어져야 함을 제시하고 있다(NCTM, 2000). 이러한 수학교육

단체의 동향은 자료에 기초하여 예측하고 추론하는 비판적 사고는 정보화 사회에서 일상의 생활을 영위하는데 필수적인 능력으로 보기 때문일 것이다.

우리나라의 경우 유아수학교육에서 자료를 수집하고, 분류하여 그래프로 만들어보는 통계의 수학내용은 제 5차 교육과정부터 포함되었으며, 이미 현장에서 많이 다루어지고 있으나 확률에 대한 내용은 거의 다루지 않고 있는 실정이다. 그러나 Pre-K-2 학년에서도 자료를 기초로 예측하고 평가하는 것과 유아의 경험과 관련하여 가능성이 있고 없음을 예측하고 평가하는 것 그리고 유아의 경험과 관련하여 가능성이 있고 없음을 예측하여 추론하는 것 등이 유아수학의 통계 내용에 포함되어야 한다고 보고 있다(NCTM, 2000).

유아 수학에서 통계가 주요 내용영역으로 다루어지는 또 다른 이유는 추후 확률의 기본적 개념형성에도 기초가 되기 때문인 것이다. 최근 펜실바니아 주 교육부에서 제시한 유아학습 연속지표(2000)에서는 일상의 사건의 가능성을 예측하기, 사건의 발생하는 조건이 공평한지 불공평한지 인식하기, 실험으로부터 가능한 결과를 말하기 등의 구체적 내용을 제시하고 있다. 이와 같이 사회적 요구로 인하여 통계와 확률적 이해의 학습이 대두되고 있는 시점에서 무엇보다 이에 대한 유아의 발달적 특성을 밝히는 기초연구가 우선되어야 할 것이다.

7.5 통계 능력의 발달

통계는 전통적인 수학내용의 영역이라 볼 수 없으며, 사회적 요구에 의한 활용적 필요에 의해 대두된 응용수학이라 하겠다. 통계는 수학영역에서도 관련된 기초개념의 발달을 포함하는 분류하기, 수 세기, 비교하기, 표상하기, 예측하기 등의 수학적 사고를 복합적으로 적용하는 것으로 통계 자체에 대한 발달적 특성을 밝히는 연구는 거의 다루어지지 않고 있다.

유아의 통계와 관련된 사고능력인 분류와 확률에 관한 사고능력을 중심으로 살펴보기로 한다. 분류는 수학의 세트나 집합의 개념 이해에도 기초가 되며, 분류할 수 있는 능력은 통계를 위한 활동의 전제 조건이라 하겠다.

또한 분류와 순서짓기는 독립된 내용영역으로 수와 함께 교육현장에서 가장 많이 다루어져 오고 있다.

먼저 분류능력의 발달을 살펴보면, 분류능력은 Piaget 이래로 많은 연구자들이 다루어온 주제라고 할 수 있다. Piaget에 의하면, 2세 경부터 공통된 속성에 대한 인식이 가능하나 지속적으로 분류하는데는 어려움이 있으며, 5세 경까지는 한 가지 준거에 의해 분류가 가능하며, 2 이상의 준거에 의한 분류는 구체적 조작기에 가능하다고 보았다. 그러나 최근의 많은 연구보고들로 인하여 어린 유아들의 인지능력에 대해 새롭게 인식하게 되었다.

Eimas & Quinn(1994)는 3~4개월 영아에게 자연 동물의 사진을 보여주고, 말이나 고양이 범주로 구분하도록 실시한 결과 고양이, 기린, 얼룩말은 말의 범주에 넣지 않았으며, 말, 호랑이, 사자는 고양이 범주에 넣지 않았다고 보고하고 있다. 이는 이미 어린 영아들도 자신이 색, 모양 같은 범주에 따라 인식할 수 있음을 밝히고 있다. 걸음마기가 되면 비슷한 특징을 집단으로 묶을 수 있는 연결이 가능하여 범주화를 이해할 수 있게 되지만 때로는 과잉확장의 경향을 보이기도 한다는 것이다(Charlesworth, 2004). 예를 들면, 3세 이전 유아는 외양을 인식하고 외양에 의존함을 보이지만 외양과 실제를 동시에 평가하지는 못하며, 5세가 되어야 고양이에 강아지 가면을 쓰더라도 여전히 고양이임을 안다(박성연·도현심, 2001). 또한 4~5세 유아들은 한 물체가 한 범주 이상의 속성을 가질 수 있음과 2 이상의 범주에 따른 분류도 때론 가능함을 보고하고 있다(신희영, 1991).

분류에 대한 발달과정을 단계는 아니지만 4과정으로 구분하여 제시한 것을 살펴보면 다음과 같다(Bjorklund, 2000). 2~3세 어린 유아들이 해당되는 것으로 쌍으로 분류하지만 분류의 이유를 설명하지 못하는 무선 분류(random classification, idiosyncratic classification)로 사과와 개를 함께 묶고 나는 사과를 좋아하고 개를 좋아한다고 설명하는 엄밀히 말하면 분류를 하지 못하는 수준인 것이다. 3~4세 유아들에 해당되며, 색, 모양, 형태, 등 지각적 특성에 의해 분류(perceptual classification)할 수 있다. 좀 큰 유아들은 보충적 관계에 의해 분류하여 개구리와 나무는 초록색이므로, 책상과 의자는 다리가 4이므로 등의 설명이 가능하다. 이를 기능적, 쉐마적, 주제적 분류(functional, schematic, thematic classification)이라고 부른다. 이어서 6~9세 아동들은 지각적 특성이 아닌 개념적 관계를 기초로 분류할 수 있으며, 동물이나 가구에 속하는 것으로 분류하거나 새와 비행기를 나는 기능에 의해 분류가 가능하다. 학령 전 유아에게도 나타나지만 6~10세에 빈도가 더 증가되며, 이를 유사적, 분류적, 범주적 분류로(similarity, taxonomic, categorial classification) 부르기도 한다.

유아들이 적용하는 분류준거는 색, 모양, 크기, 방향 순으로 발달하는 것으로 보고되고 있으며(김영선, 2000), 4~6세 남아는 주로 모양에 의한 준거로 분류한 반면, 여아는 색깔의 준거에 의해 분류하는 성별의 차이를 보고하고 있다(한미라, 1983). 또한 인지양식에 따라 분류 준거의 사용에 차이를 보여 반성적 유아는 모양에 의한 분류를 하였으며, 충동적 유아는 색에 의한 분류를 하고, 효율적 유아는 크기에 의한 분류를 우선하는 것으로 보고하였다(임인숙, 1994).

한편 확률적 사고의 발달을 다룬 최초의 연구도 Piaget와 Inhelder(1975)라 볼 수 있을 것이다. 이들에 의하면, 확률적 개념은 3단계로 발달되어가며, 1단계는 7세 이하의 아동들로 필요한 사건(necessary event)과 가능한 사건(possible event)간의 구별을 할 수 없으며, 불확실성에 대한 개념이 전혀 없는 것으로 보았다. 2단계는 7~14세 아동들로 필요한 사건과 가능한 사건을 구별할 수 있으나 가능성을 목록화 하는 체계적인 접근이 어려운 것으로 보았다. 3단계에서는 14세 이상이 아동들로 조합적 분석과 비교적 빈도의 한계로서의 확률을 이해하고 비율개념의 이해가 확률에 결정적이라고 보았다. 이들로 인하여 오랫동안 확률이라는 주제는 유아의 개념발달의 연구주제에는 제외되어온 이유이기도 하다.

그러나 최근 유아들도 아주 초보적인 수준에서 확률의 직관적 인식을 하게 되며, 점차 나이가 들면서 확률에 대해 추상적으로 이해하게 된다는 주장이 대두되었다. 이를테면 Fichbein(1987)은 1차적 직관과 2차적 직관으로 구분하여 설명하며, 1차적 직관(primary intuition)은 교수적 개입 이전의 생각이나 신념을 의미하고, 2차적 직관(Secondary intuition)은 특정사회에서 경험이나 교수의 결과로 갖게 되는 생각이나 신념을 의미한다고 구분하였으며, 유아는 1차적 직관에 의해 확률을 이해하기 시작한다는 것이다. 또한 Kennedy와 Tipps(2000)도 유아의 일상 경험에 기초한 이해를 역사적 확률(historical probability)라 하였고, 수리적 가능성을 기초로 한 것을 수학적 확률이라고 구분하였다. 이를테면, 유아들도 일상의 다양한 맥락에서 경험을 통해 더 많이 일어날 가능성과 그렇지 않을 가능성을 인식하기 시작하며, 가능성과 우연의 개념을 비형식적으로 구성하여 간다는 것이다(Sheffield, Cavanagh, Dacey, Findell, Greens, & Small, 2002). 이미 일상의 경험으로부터 확률에 대한 기초적 이해가 시작되고 있는 증거로, 유아의 일상적 언어에서 "비가 올 것 같아", "아빠가 아마도 오늘 일찍 올 수도 있을 거야", "지연이는 항상 양보하지 않아 이번에도 양보하지 않을 거야" 등 비형식적으로 획득된 확률에 대한 이해를 나타내는 항상, 가끔, 거의 등의 어휘를 사용함을 보고하고 있다(Frykholm, 2001; Tarr, 2002). 이와 같이 일상의 활동에서 유아들이 직관적으로 획득된 나름대로의 확률은 역사적 확률의 수준에서 이해하고 있음을 볼 수 있기 때문에 유아기의 확률적 이해의 출현에 대한 발달적 특성을 밝히는 연구도 시도되어야 할 것이다.

한편 영유아의 언어획득에 있어 언어규칙을 습득하는 과정에서 문법의 획득을 대수적 사고에 의한 것이라고 볼 것인지 아니면 통계적 학습에 의한 것으로 볼 것인지는 여전히 논쟁 중에 있으나 영아들도 약간의 자료를 기초로 추론할 수 있음은 분명한 사실인 것이다(Marcus & Berent, 2003; Seidenberg & Elman, 1999).

초등학교에서 확률의 개념을 배우기 이전에 유아들은 불확실성, 공정 등의 확률에 대한 기초 개념을 획득하게 되며, 주사위나 돌림판을 사용하는 경험을 통해 유아들은 직관적인 확률적 사고를 갖게 된다는 것이다(Kamii & Devries, 1980; Frykholm, 2001). 나아가 유아의 확률 학습의 효과를 밝힌 연구에 의하면 심지어는 4~5세의 유아도 전통적 교실활동과 인터넷 게임을 사용하여 확률 학습을 한 경우 높은 수준으로 향상되었다고 보고하고 있다(Pange, 2003). 또한 NCTM에서도 Pre-K-2학년의 확률학습을 위한 교수-학습자료인 Navigating through Data Analysis and Probability(2002)와 Mission Mathematics II(2005)라는 책자의 발간을 통하여 구체적 교수방안을 제시하고 있다.

그러나 유아의 확률의 이해를 지원하기 위한 교수-학습에 대한 구체적 방안의 제시보다는 유아의 확률적 개념이 언제부터 어떻게 출현하는지에 관한 기초연구가 우선되어야 할 것이다. 기존의 관련 문헌을 조사한 바에 초등 1~3학년의 경우는 있으나 유아를 대상으로 확률의 개념의 출현이나 발달과정을 밝힌 연구는 거의 없고 오히려 통계의 교수-학습 측면에서 다루는 연구가 이루어지고 있는 실정이다.

일반적으로 발달심리학자들은 공통적으로 유아의 개념획득은 어느 시기가 도달하면 갑자기 획득되는 것이 아니라 일상의 구체적 상황에서 유아가 나름대로 관계성을 구성해가는 경험을 통해 획득되어진 비형식적 개념이 우선 획득되어진다고 보고 있다(Ginsburg, Klein, & Starkey, 1998). 특히 유아기동안 획득되어지는 비형식적 개념 획득은 추후 형식적 개념획득에 중요한 기여를 하기 때문에 유아기동안 확률에 관한 비형식적 개념의 발달적 과정을 밝히는 연구가 필요하다.

7.6 통계 교수-학습 연구

통계학습 관련 연구의 일환으로 분류학습의 효과를 다룬 연구를 살펴보면, 몬테소리 감각교육이 분류능력에 효과적이며, 특히 색, 크기, 굵기에서 형태나 길이, 방향의 준거보다 우수한 것으로 보고하였다(조승희, 2003). 또한 유아의 분류능력 발달은 교실의 물리적 환경구성에 의해 영향을 받으므로 이에 대한 배려가 중요함을 지적하기도 하였다(김영선, 2000).

한편, 우리나라 수학교육 관련학회지에 실린 확률, 통계연구에 대한 분석연구에 의하면(이영하·심효정, 2003), 1963~2002년까지 총 816편 중 74편으로 9.07%를 차지하고 있으며, 그 중 통계에 대한 측정과 평가는 14편으로 1.72%의 미미한 수준이였으며, 그나마 초, 중등은 8편인 것으로 나타났다. 이 연구보고에 의하면, 확률이나 통계의 연구가 다른 영역에 비해 매우 미흡한 수준이며, 초, 중등학생을 대상으로 한 연구마저도 극히 적은 것임을 볼 수 있다.

더욱이 1985년대 후 최근까지 주요 유아교육학술지를 대상으로 유아수학능력 및 유아수학교육의 연구동향을 분석한 연구(홍혜경·이정욱·정정희, 2004)에서도 통계와 확률의 연구는 보고되지 않았다. 따라서 유아를 대상으로 확률의 개념획득에 대한 발달적 특징을 밝히는 연구 뿐 아니라 교수-학습방방법의 효과를 밝히는 연구도 거의 전무하다고 하겠다.

한편, 유아들이 일상경험을 통해 나름대로 획득하는 개념이나 생각을 Ginsburg(1989; 2001)는 비형식적 지식이라 하였으며, 유아기의 직관적 이해나 비형식적 지식의 중요성을 강조하고 있다. 최근 발달 심리학자들은 전조작기의 인지적 능력에 대해 새로운 증거를 제시함에 따라 유아의 확률적 학습에 대한 연구가 일부 시도되고 있으나(박태학, 2003; 박태학·김화자, 2004), 유아의 일상의 경험에 기초해 획득되어지는 확률적 이해나 출현과정을 밝히려는 시도는 거의 이루어지지 않았다.

확률에 대한 연구는 확률이해의 발달적 특성을 밝히는 연구와 확률을 위한 학습의 효과를 밝히는 연구로 나누어 볼 수 있을 것이다. 비록 유아를 대상으로 하지는 않았지만 초등학교 1학년~3학년을 대상으로 확률에 대한 이들의 사고를 측정하기 위한 틀을 제시한 연구가 있으며(Jones, Angrall, & Thornton, 1995), 이는 유아를 대상연구에 적용할 수 있는 이론적 토대를 제공하였다고 볼 수 있다. 이들 연구에 의하면, 확률적 사고를 표본공간, 사건의 확률, 확률의 비교, 조건적 확률의 4구성 요인으로 구분하였다. 각 구성요인의 정의를 살펴보면, 하나 또는 두 단계의 확률실험에서 발생 가능한 완전한 경우를 인식하는 것을 **표본 공간**이라 하였으며, 2 또는 3사건 중 어느 사건의 발생가능성이 많은지를 인식하거나 판단하는 것을 **사건의 확률**이라 하였고, 어떤 상황이 발생 가능성이 많은지 또는 두 확률적 상황이 목표한 사건에 동일한 기회를 제공하는 지를 판단하는 것을 **확률의 비교**라 하였고, 사건의 확률이 다른 사건의 발생에 의해 변화될 수 있음을 인식하는 것을 **조건적 확률**이라 하였다. 이들 유아들은 각 구성요인에 따라 수준 1(직관적), 수준 2(전환적), 수준 3(비형식적 양적), 수준 4(수리적)의 연속적인 발달과정을 보이고 있다고 보고하였다. 또한 7세의 아동은 이미 표본공간의 과제인 2단계 실험에서 가능한 경우를 목록화하기 위한 전략을 사용하는 것으로 보고하고 있다(English, 1993).

앞의 제시에서 보듯이 유아를 대상으로 확률적 이해의 발달적 특성을 밝히려는 시도는 거의 다루어지지 않은 반면 확률의 학습을 위한 교육적 접근은 미미한 수준이지만 보고되고 있다. 이를테면, Sheffield와 그의 동료들이(2002) Pre-K-2학년을 대상으로 자료 분석과 확률의 교수-학습의 내용적 지침과 구체적 활동을 제시하고 있을 뿐이다. 또한 유아를 대상으로 확률과 통계의 학습에 대한 효과를 검증한 연구에 의하면(Pange, 2003), 4~5세 유아를 대상으로 하여 세 개의 문이 있으며 그 중 두 개의 문을 열면 염소가 나타나고 나머지 하나에서만 차가 나타나는 인터넷 게임을 사용하여 확률에 대한 학습을 실시한 결과 확률에 높은 수준의 성취를 보고하였다. 또한 유아들은 이러한 게임에 호기심과 흥미를 보였을 뿐 아니라 확률에 대한 직관적 이해에 대한 반성할 수 있는 기회를 갖게 되었다는 것이다. 그리고 Jones와 그의 동료들도(1996) 가능성의 결정을 위해 자료수집 결과를 사용할 수 있는 실제사례를 보고하기도 하였다. 이들 연구들은 유아들의 게임이나 그래프 활동을 통해 확률에 대한 유아가 능동적으로 지식을 구성할 수 있음을 시사하는 것으로 볼 수 있다. 국내에서는 박태학(2003)이 유아의 확률적 직관능력을 활용하여 유아의 통계적 사고 발달을 위한 교수-학습 모델을 제시하고, 관찰하기, 질문하기, 예측 및 이유제시, 실험 및 자료수집, 자료표상, 결과토의, 예측 수정 및 이유제시 등의 교수-학습과정을 활용할 것을 제안하고 있다. 그러나 유아수학에서 통계활동이 기능적 측면의 적용이 아닌 확률적 사고발달과 연계되어 연구되고, 교수-학습방법을 모색해보는 노력이 필요함을 시사하고 있다.

참고문헌

강미애(2000). 초등학생의 대수적 사고분석에 관한 연구. 인천교육대학교 교육대학원 석사학위 청구 논문.

강완·김진호 역(2003). 문제해결, 수학적 추론, 의사소통, 연결성을 강조한 수학 수업활동의 실제. 서울: 경문사.

강지형·김수환·라병소·박성택·이의원·정은실(1999). 7차 교육과정에 의한 초등수학교육. 서울: 동명사.

권영례(2003). 유아수학교육. 서울: 양서원.

김성준(2002). 대수적 사고의 기원에 관한 고찰, Historia Mathematics, 15(2), 49-68.

김성준(2004). 대수의 사고요소 분석 및 학습-지도 방향 탐색. 서울대학교 대학원 박사학위논문.

김영선(2000). 어린이집 교사의 직무스트레스와 대처방법. 숙명여자대학교 교육대학원 석사학위 논문.

박미영(2003). 패턴활동이 유아의 수학적 개념 및 패턴 인식에 미치는 영향. 원광대학교 대학원 석사학위 청구논문.

박성연·도현심(2001). 아동발달. 서울: 동문사.

박태학(2003). 유아 통계활동 구성에 대한 소고. 미래유아교육학회지, 10(2), 187-228.

박태학·김화자(2004). 유아의 통계적 사고능력 신장을 위한 교수. 학습방법에 관한 연구. 미래유아교육학회지, 11(3), 277-304.

신희영(1991). 유아의 분류개념형성과 인지 양식과의 관계 연구. 건국대학교 교육대학원 석사학위 논문.

우정호(2000). 통계교육 개선방향 탐색. 학교수학, 2(1), 1-27. 대한수학교육학회.

유지연(2002). 수학·음악 통합 활동이 유아의 패턴 이해능력에 미치는 영향. 덕성여자대학교 교육대학원 석사학위 청구논문.

이영하·심효정(2003). 확률, 통계 연구에 대한 수학교육학적 고찰: <수학교육>에 제재된 논문을 중심으로. 한국수학교육학회지 시리즈 A, 42(2), 203-218.

임인숙(1994). 유아의 인지양식과 분류개념과의 관계. 대구대학교 교육대학원 석사학위 논문.

조승희(2003). Montessori 감각교육이 유아의 분류능력에 미치는 영향. 대구가톨릭대학교 대학원 석사학위 논문.

차현화·홍혜경(2005). 유아의 대수적 사고능력의 발달에 대한 분석. 유아교육연구, 25(5), 31-53.

한미라(1983). 유아의 분류개념 발달에 관한 연구. 이화여자대학교 대학원 석사학위 논문.

홍혜경(2004). 유아-초등 저학년의 연계적 수학 교육과정을 위한 기초연구. 유아교육연구, 24(2), 289-310.

홍혜경·이정욱·정정희(2004). 유아 수학능력 및 수학교육의 연구동향. 유아교육연구, 24(7), 227-261.

Banks, M. S., & Ginsburg, A. P. (1985). Early visual preferences: A review and new theoetical treatment. In H. W. Reese (Ed.), *Advances in child development and behavior*(vol. 19, pp. 207-246). New York: Academic Press.

Baratta-Lorton, M. (1976). *Mathematics experience for the early childhood years*. Columbus, OH: Merrill Publishing Co.

Berk, L. E. (2002). *Infants and children: Prenatal through middle childhood*. 4th ed. Boston, MA: Allyn and Bacon.

Bjorklund, D. F. (2000). *Children's thinking: Developmental function and individual differences*. 3rd ed. Scarborough, Canada: Wadsworth.

Charbonneau, L. (1996). From Euclid to Descartes: Algebra and its relation to geometry. In N. Bednarz, C. Kieran, & L. Lee (Eds.), *Approachers to algebra*. Dorrecht: Kluwer Academic Publishers.

Charlesworth, R. (2004). *Understanding child development*. 6th ed, Clifton Park, NY: Thomson & Delmar Learning.

Copley, J. V. (2004). *Showcasing mathematics for the young child*. Reston, VA: NCTM.

Dodwell, P. C., Humprey, G. K., & Muir, D. W. (1987). Shape and patter perception. In P. Salapatek & L. Cohen (Eds.), *Handbook of infant perception* (vol. 2, pp.1-77). Orlando, FL: Academic Press.

Eimas, P. D., & Quinn, P. C. (1994). Studies on the formation of perceptually basic-level categories in young infants. *Child Development*, 65, 903-917.

English, L. D. (1993). Children's strategies for solving two- and three- stage combinatorial problems. *Journal for Research in Mathematics Education*, 24, 255-273.

Fischbein, E. (1987). *Intuition in science and mathematics*. Dordrecht, The Netherlands: Reidel.

Frykholm, J. A. (2001). Building on intuitive notions of chance. *Teaching Children Mathematics*, 8(2), 112-118.

Ginsburg, H. P. (1989). *Children's arithmetics: How they learn it and how you teach it*. (2nd ed.) Austin, TX: Pro-Ed.

Ginsburg, H. P., Klein, A., & Starkey, P. (1998). The development of childfen's mathematical thinking: Connecting research with practice. In I. E. Siegel & K. A. Renninger (Eds.), *Handbook of child psychology*(5th ed.) Vol. 4: Child psychology in practice. NY: John Wiley & Sons, Inc.

Ginsburg, H. P., Pappas, S., & Seo, K. (2001). Everyday mathematical knowledge: Asking young children what to developmentally appropriate. In S. L. Golbeck(Ed.), *Psychological perspectives on early childhood education*. Mahwah, NJ: Lawrence Erlbaum.

Greenes, D., & House, P. A. (2001). *Navigating through algebra in prekindergarten-grade 2*. Reston, VA: NCTM.

Johnson, M. H. (1999). Ontogenetic constraints on neural and behavioral plasticity: Evidence from imprinting and face processing. *Canadian Journal of Experimental Psychology*, 55, 77-90.

Jones, G. A., Langrall, C. W., & Thornton, C. A. (1995). A framework for assessing young children's thinking in probability. Paper presented at the Annual Meeting of the North American Chapter of the International Group for the Psychology of Mathematics Education (17th, Columbus, OH, October 21-24) ERIC ED 389 550.

Jones, G. A., Langrall, C. W., & Thornton, C. A. (1996). Using data to make decisions about chance. *Teaching Children Mathematics*, 2(6), 346-350.

Kamii, C., & DeVries, R. (1980). *Group games in early education*. Washington, D. C.: NAEYC.

Kennedy, L. M., & Tipps, S. (2000). *Guiding children's learning of mathematics* (9th ed.). Belmont, CA: Wadsworth/Thomson Learning.

Kieran, C. (1992). The learning and teaching of school algebra. In D. A. Grouws(Ed.). *Handbook of Research on Mathematics Teaching and Learning*. NY: Macmillan Publishing Co. 390-419.

Lee, L. (1996). An initiation into algebraic culture generalization activities. In N. Bednarz, C. Kieran, & L. Lee (Eds.), *Approachers to algebra*(pp.87-106). Dorrecht: Kluwer Academic Publishers.

Marcus, G. (2001). *The algebraic mind*. Cambridge, MA: The MIT Press.

Marcus, G., & Berent, I. (2003). Are there limits to statistical learning?. *Science*, 300.

Marcus, G. F., Vijayan, S., Rao, S. B., & Vishton, P. M. (1999). *Science*, 283, 77-79.

National Council of Teachers of Mathematics (2000). *Principles and standards for school mathematics*. Reston, VA: Author.

Pange, J. (2003). *Teaching probabilities and statistics to preschool children. Information Technology in Childhood Education Annual*, 163-172.

Payne, J. (1990). *Mathematics for the young child*. Reston, VA: NCTM.

Pennsylvania State Department of Education (2000). Early childhood learning continuum indicators. Harriurg, PA: Author.

Piaget, J., & Inhelder, B. (1975). *The origin of the idea of chance in children*. London: Routledge & Kegan Paul.

Richardson, K., & Salkeld, L. (1995). Transforming mathematics curriculum. In S. Bredekamp, & T. Rosegrant(Eds.), *Reaching potentials: Transforming early childhood curriculum and assessment*. Washington, D.C.: NAEYC.

Seidenberg, M. S. & Elman, J. L. (1999). Do infants learn grammar with algebra or statistics? *Science*, 284.

Shaughnessy, J. M. (1992). Research in probability and statistics: Reflections and directions. In D. A. Grouws(Ed.), *Handbook of research on mathematics teaching and learning*. NY: Macmillan.

Sheffield, L. J., Cavanah, M., Dacey, L., Findell, C. R., Greenes, C. E., & Small, M. (2002). *Navigating through data analysis and probability in prekindergarten-grade 2*. Reston, VA: NCTM.

Tarr, J. E. (2002). Providing opportunities to learn probability concepts.

Teaching Children Mathematics, 8(8), 482-488.

Taylor-Cox (2003). Algebra in the early years? yes!. In D. Koralek (Ed.) *Spotlight on young children and math*. Washington, D.C.: NAEYC.

National Council of Teachers of Mathematics (2000). *Principles and standards for school mathematics*. Reston, VA: Author.

Usiskin, Z. (1979). Applications in elementary algebra and geometry. In S. Sharron, & R. E. Reys (Eds.) *Applications in school mathematics*. Reston, VA: NCTM.

Ziemba, E. J., & Hoffman, J. (2005). Sorting and patterning in kindergarten: From activities to assessment. *Teaching Children Mathematics*, 12(5), 236-241.

8장. 교수 - 학습방법

유아수학교육에서의 교수 - 학습방법은 놀이나 활동에 기초한 통합적 적용을 추구하기 때문에 수학학습을 위한 교수 - 학습방법 및 활동자료가 다양하다는 데 그 특징이 있다. 본 장에서는 발달 및 교수 - 학습이론에 기초한 수학 교수 - 학습 유형별 특징을 요약하여 제시하였고, 유아교육현장에서 수학교육을 위해 활용되고 있는 놀이 활동과 교수매체에 따른 교육적 효과를 정리하였으며, 통합적 교수 - 학습방법의 적용유형 및 관련된 연구들이 시사하는 바를 살펴보고자 한다.

8.1 교수 - 학습방법에 대한 접근 유형

유아의 수학적 지식의 획득과 사고의 발달에 관한 발달이론과 연구는 유아의 수학교육을 위한 교수-학습방법을 결정하는 기초가 되고, 무엇을, 언제, 어떻게 가르칠 것인가를 고려할 때 중요한 역할을 하게 된다. 따라서 유아의 수학교육을 위한 교수-학습에 대한 관점은 새로운 이론의 등장과 함께 많은 논쟁과 검증의 과정을 거치면서 변화되어 왔다. 교수 학습의 유형에 대한 분류는 학자마다 다르게 제시하고 있으나 총체적으로 다루고 있는 Baroody(2004)에 의하면 수학교육을 위한 교수-학습방법에 대한 관점을 크게 넷으로 구분하였으며, 이들 접근들의 특성을 다음 표와 같이 요약하여 제시하고 있다.

○ **첫째,** 기술 접근(skill approach)을 들 수 있으며, 연습이론(drill theory)에 기초하고 있다. 전통적으로 수학교육에서 적용하였던 행동주의 접근으로 유아는 수동적으로 지식을 흡수한다고 인식하였으며, 간단한 기술에서 복잡한 기술의 연속적이고 위계적인 교수를 제공하고, 특히 반복에 의한 연습을 강조하였다. 유아수학교육에서는 학습지 활용에 반영되어지는 형태라 볼 수 있다.

○ **둘째,** 개념적 접근(conceptual approach)으로 초창기 Brownell의 의미이론(meaning theory)을 반영하여 절차적 지식 뿐 아니라 개념적 지식의 이해가 병행되어야 함을 강조하고 있다. 따라서 조작적 모델을 사용하여 의미 있는 이해를 전제로 하지만 교사 중심의 교수라 볼 수 있다. 특히 전통적으로 유아수학교육에서 많이 적용하고 있는 접근의 형태라 하겠다.

○ **셋째,** 문제해결 접근(problem-solving approach)으로 우연-학습 이론이라고도 한다. 이 접근은 Dewey의 초기 진보주의 운동과 후기에 자유와 개방학교의 접근을 수용하였으며, Piaget의 영향도 받았다고 할 수 있다. 이 접근은 유아 자신에 의한 독자적 문제 해결자로 활동하며, 필요할 때 우

연적인 교수가 이루어지는 형태로 수학적 탐구의 과정에 초점을 두고 있는 접근이다.

○ **넷째**, 조사적 접근(investigative approach)으로 개념적 접근과 문제해결 접근의 혼합한 접근 형태라 하겠다. 이 접근은 개념적 이해, 절차적 지식, 수학의 탐구과정(문제해결, 추론, 표상, 의사소통)에 초점을 두고 있으며, 목적이 있고, 의미가 있으며, 탐구적인 수학활동을 강조하고 있다. 또한 이 접근은 가치 있는 과제를 통해 기본 개념과 기술의 탐색, 학습, 연습을 하여 수학적 사고능력 및 문제해결능력 뿐 아니라 수학적 성향을 추구하는 것으로 최근 NCTM과 NAEYC의 기준에 반영되고 있는 접근이라 하겠다. 최근 유아교육에서 많은 호응을 받고 있는 프로젝트 접근과 레지오 에밀리아의 접근도 이 조사적 접근의 적용을 부분적으로 반영하고 있다고 볼 수 있을 것이다.

이들 교수-학습방법의 접근 유형에서 살펴보았듯이 교수-학습방법들은 각기 다른 관점, 이론적 근거, 방법 등을 적용하고 있다. 이와 같이 다른 특징적 요인을 포함하는 교수-학습방법의 접근이 수용되는 것은 학습 주체자가 동일한 발달수준과 특성을 가지고 있지 않으며, 각 유아가 선호하는 학습유형이 다르다는 점과 관련이 있을 것이다. McCarthy(1990)는 학습자 유형을 넷으로 구분하고 이들 특성에 따라 각기 다른 교수-학습 전략이 적용되어야 한다고 주장하고 있다. 이를테면, 정보를 구체적으로 지각하고 다른 사람과 경험이나 생각을 공유하는 것을 선호하는 **상상적 학습자**는 문제해결 접근이나 조사적 접근의 교수-학습 유형이 적합하다고 볼 수 있으며; 정보를 구체적으로 지각하지만 행동적으로 처리하고 구체적 경험과 새로운 탐색을 즐기는 **역동적 학습자**는 문제해결 접근의 교수-학습 유형이 적합할 것이고; 정보를 추상적으로 지각하고 반성적으로 처리하는 **분석적 학습자**는 개념적 접근의 교수-학습 유형이 적합하겠으며; 정보를 추상적으로 기각하나 실용적이고 구체적인 학습을 즐기는 **상식적 학습자**는 기술적 접근의 교수-학습 유형이 적합할 수 있을 것이다. 따라서 학습자인 유아의 개별적 특성에 적합한 교수-학습 유형을 적용하기 위해서는 교사가 이에 대한 이해와 적용능력이 필요함을 시사하고 있다고 하겠다.

[표 8-1] 수학교육의 접근 유형 (Baroody, 2004)

교수적 접근	철학적 관점			교수형태	교수의 목적
	명명	지식의 본질	권위에 대한 관점		
기술적 접근	이원론	옳고 그른 것이 확실하다: 하나의 올바른 절차나 답이 있다.	절대적인 외적권위: 전문가로서 교사는 옳은 것을 판정한다. 교사에 의해 옹호되는 것과 다른 과정이나 답은 틀리고 허용되지 않는다. 교사는 결정적인 피드백을 제공한다(옳은 답에 대한 칭찬).	완전히 권위주의적이고 매우 교사중심: 직접 교수(지시에 의한 교수)	기계적인 전문기술 증진: 기초적 기술의 기계적인 암기(산수와 기하학적 사실, 정의, 규칙, 공식 그리고 절차).
개념적 접근	다원론	옳은것에서 그른것으로의 연속: 선택이 가능하나 절차나 과정이 똑같이 유효하지 않다. 객관적으로, 하나의 최고의 가능성이 있다.	허용적이고 외적인 권위자: 교사는 다양한 절차와 답을 허용하나 완벽함. 즉, 최고의 절차와 답의 학습을 위해 노력. 교사는 피드백을 제공(모든 생각을 칭찬, 특히 관례적인 것)	덜 권위주의적이고 교사중심: 직접적이고 덜 직접적인 교수('사려깊은' 부과에 의한 교수)	적응적 전문성 증진: 사실, 정의, 규칙, 공식과 절차의 의미있는 암기
조사적 접근	도구주의	많은 옳은 선택: 가능한 절차 또는 답의 선택이 주어짐. 종종 많은 것들이 좋다고 여겨진다.	열린 내적 권위: 교사 또는 학생은 그것이 효과적인 한 그 방법과 관점에 전념한다. 교사는 질문, 문제 또는 학생의 반성을 촉구하는 과제를 부여함으로써 부적절한 절차와 답에 반응한다.	덜 민주주의적이고 학생 중심적: 덜 간접적인 교수(참여민주주의로 안내되는)	수학적 숙달의 모든 측면 증진: 생산적인 성향(학습과 수학에 대한 흥미, 자신감과 학습과 수학활용에 대한 건설적인 신념), 개념적 이해(적합한 전문기술의 기초), 계산의 능숙함. 그리고 전략적인 수학적 사고(문제해결과 추론을 포함하는 수학적 탐구를 지도하는 능력)
문제 해결적 접근	극도의 상대주의	옳고 그른 것이 없다: 가능한 것이 많고 똑같이 타당한 가능성을 인정	외부적 권위가 없다: 교사와 각 학생은 자신의 진실을 정의한다. 아동은 자신의 결론을 평가한다.	완전히 민주주의적이고 완전히 학생 중심적: 간접적 교수(협상에 의한 교수)	수학적 사고 증진-수학적 탐구를 수행하는 능력

[표 8-1] 수학교육의 접근 유형 (계속 1)

	교수의 초점	교사와 학생의 역할	조직의 원리	교수방법
기술적 접근	절차적 내용(여러 자릿수의 덧셈하는 법)	교사는 지시자로서 역할한다: 정보제공자, 과제관리자. 아동들이 무능하고 도움이 필요하다고 보여지므로, 학습을 쉽게 하도록 한다.	**bottom-up**(논리적으로): 가장 기초적인 기술에서부터 문제해결 같은 가장 복잡한 기술로의 연속적인 교수	·교사의 강의와 시범 ·교과서에 기초하고 주로 상징적 ·아동은 독자적으로 활동 ·쓰기와 단조로운 연습문제지를 강조하는 연습 ·조작물이나 과학기술을 사용하지 않는다.
개념적 접근	절차적이고 개념적 내용(여러 자리 수를 더할 때 받아 올릴까?)	교사는 안내자 역할을 한다: 정보제공자와 지휘자. 아동들은 도움을 준다면 수학을 이해할 수 있는 능력을 보이기 때문에, 그들은 준독립적인 활동과 논의에 참여한다.	**bottom-up**(심리학적): 이해를 위한 학생의 준비도에 기초한 연속적인 교수	·안내된 발견학습에 의해 보충되어지는 설명적 교수 ·교과서 중심. 그러나, 교사는 절차를 설명하기 위한 의미 있는 유추와 구체적 모델을 사용한다. ·대집단, 소그룹 개별교수 ·교사에 의해 시범된 조작적 절차를 모방한다.
조사적 접근	절차적 내용, 개념적 내용과 수학적 탐구의 과정(문제해결, 추론, 추측, 표상과 의사소통)	교사는 조언자의 역할을 한다: 활동의 조직자와 중재자. 아동은 비형식적인 지식과 이해하려는 고유적인 요구를 가지고 있기 때문에 그들은 스스로 해결책을 찾고 수학적 상황을 이해할 수 있다(학생들은 비교적 독자적인 활동과 논의를 시작한다)	**top-down(guided)**: 교사는 항상 기본 개념과 기술을 탐색, 학습, 연습하는 방식으로 가치있는 과제를 제시(도전적이고 복잡한 것): 교사는 가르칠만한 상황을 이용한다(질문 또는 학생에 의해 제기된 문제).	·학생들이 탐구하고 추측하고 논쟁할 수 있는 아이디어를 포함하는 간접적 기술을 강조하는 다양한 방법(어느 정도 안내된 발견 학습) ·프로젝트, 문제, 일상상황, 활동, 과학 실험, 아동의 문헌, 수학게임 등은 수학을 학습하고 수행할 필요를 만든다: 교과서는 지원적 역할(가치 있는 과제와 정의 대한 불일치를 해결할 자원임) ·아동은 종종 그룹으로 함께 작업한다. ·학생들은 스스로 구체적인 모델을 만든 후에 쓰여진 절차를 창안하고, 공유하도록 격려 받는다(관례적이것, 더 효율적인 비관계적인 것 포함). ·목적있게 행해지는 연습 ·과학기술의 사용이 많은 학습과제에 주요 목적이고 핵심이다.

[표 8-1] 수학교육의 접근 유형 (계속 2)

	교수의 초점	교사와 학생의 역할	조직의 원리	교수방법
문제해결적 접근	수학적 탐구의 과정: 문제해결, 추론, 추측, 표상과 의사소통하기	교사는 파트너로서 역할을 한다: 참여자, 모니터, 학생들은 상대적으로 독립적인 활동과 논의를 시작한다.	top-down(unguided): 교실은 학생들이 내용이 포함된 형식적인 교수를 받던지 아니던지 스스로 선택하는 문제들과 씨름한다.	·개방, 비구조적인 발견학습 ·필요할 때 우연히 행해지는 내용 교수; 교과서를 조금 사용하거나 사용하지 않는다. ·학생들은 스스로 구체적인 모델을 만든 후에 쓰여진 절차를 창안하고, 공유하도록 격려받는다.

8.2 유아의 놀이 활동에 의한 수학 교수-학습방법

일반적으로 유아는 놀이나 일상생활의 경험을 통해 비형식적인 수학적 지식을 형성하며, 이렇게 획득된 비형식적인 수학지식은 추후 수학학습에 중요한 기초가 된다는 것은 이미 보편적으로 인식되고 있으며, 전통적으로 유아 수학교육의 일반적 형태로 활용되어 왔다. 유아의 일상생활이나 놀이 활동에서의 수학적 경험을 분석한 최근 연구를 살펴보면 미국 유아의 자유선택 놀이시간 총 469분 중 209분 동안 수학활동관련 활동이 일어나고 있으며, 그중 패턴과 도형이 36%, 변화나 변형의 처리가 22%, 관계가 18%, 분류하기가 13%, 수량화와 수리적 판단은 11%인 것으로 보고하였다(Ginsburg, Inoue, & Seo, 1999). 또한 비록 자연적인 상황에서 자발적으로 일어나는 상황이 아니라 유아의 극화놀이를 조장하기 위해 적절한 주제와 놀이자료를 제공한 후 극화놀이에 나타나는 수학활동의 내용을 분석한 연구에 의하면, 측정이 50.2%, 수와 연산이 33.8%이 가장 많은 것으로 나타났다(이지현, 2001). 이들 연구에 의하면 유아들이 어떠한 물리적 환경을 제공하느냐에 따라 유아가 경험하게는 수학적 사고의 유형이 다름을 볼 수 있다. 따라서 교사가 제공하는 활동의 유형과 자료는 유아의 수학적 사고에 중요한 영향을 줄 수 있음을 시사하고 있다.

한편 가정에서의 수학적 경험을 관찰, 분석한 영국 연구에 의하면(Gill, 1998), 거의 모든 유아가 약간의 수학적 과제에 참여하고 있으며, 주로 어른의 주도에 의해 일어나고 있으며, 어른과 유아가 능동적으로 참여할 때 가장 오래 지속되었으나 대부분 1~2분 정도인 것으로 보고하고 있다. 특히 가정 내에서 일어나는 수학적 활동을 분석한 연구는 연구 수행상의 어려움으로 많이 보고되고 있지 않으며, 가정에서의 학습지 사용의 정도를 통하여 자발적인 수학활동이 아닌 수학과제의 수용정도를 짐작할 수 있을 것이다. 학습지 활용에 대한 연구에 의하면, 65.6 %의 유아가 가정에서 수학학습지를 경험하였으며, 이들 학습지 내용별로 보면, 4세용에는 수 개념이 65.2 %, 분류와 순서짓기가 19.6 %, 공간과 도형이 8.7 %, 측정이 6.5 %를 차지하였으며, 5세용에는 수 개념이 58.2 %, 분류와 순서짓기가 20.9 %, 공간과 도형이 8.9 %, 시간이 7.5 %, 측정이 3.0 %, 통계가 1.5 %로 주로 수와 분류와 순서 짓기의 내용이 주로 다루어지고 있음을 보고하였다(신은혜, 2004).

이들 연구 결과를 요약하면, 유아가 유아교육기관이 아닌 곳에서도 수학활동이 이루어지고 있으나 가정에서는 주로 학습지에 의한 활동으로 수와 분류와 순서 짓기의 학습 경험이 많이 다루어지고 있으며, 자발적인 놀이인 경우는 상황에 따라 수학적 경험의 유형이 다르므로 부모와 교사가 유아에게 어떠한 환경을 제공하는 가는 중요한 의미를 갖는 다고 하겠다. 그러므로 유아교육 현장에서 자유선택놀이 시간에 주어지는 수학 활동과제가 의미있는 수학적 사고를 경험케 하는 것이어야 함을 시사하고 있다.

8.2.1 쌓기 놀이 활동의 활용

유치원 역사의 시작과 함께 쌓기 놀이가 주요 교수활동으로 사용되어 왔지만 주로 쌓기 놀이의 중요성 및 가치를 강조한 문헌들이 대부분이다. ERIC 데이터베이스에 있는 쌓기 놀이 관련문헌과 연구들의 내용분석 연구에 의하면(Conrad, 1995), 쌓기 놀이와 교육과정 관련 연구들이 전체 연구의 1/4 정도이고, 이중의 1/16이 실험연구로 쌓기 놀이의 효과를 검증한 연구는 미흡한 것으로 보고되고 있다. 특히 쌓기 놀이와 수학적 학습과의 관계성을 밝힌 연구들은 주로 공간적 관계와 기하학적 관계를 탐색하는 활동들로써 남아가 더 선호하고 오랫동안 놀이에 참여하는 것으로 나타났다(Beeson &

Williams, 1979; Desouza & Czerniak, 2002; Varma, 1980). 최근에는 쌓기 놀이와 공간관련능력과의 관련성을 밝힌 연구가 보고되고 있으며, 공간조망능력(윤영심, 1998), 공간표현능력(박현주, 1999), 공간능력(김경례, 2003; 홍혜경, 2001)에 효과적임을 밝히고 있어 쌓기 놀이는 공간능력 발달에 효과적임을 일관되게 보고하고 있다.

일반적으로 쌓기 놀이는 나무 적목을 이용하여 다양한 구성물을 쌓은 후 극놀이로 이어지며, 이러한 과정에서 우연적으로 경험하는 기하나 공간적 관계의 사고를 기대하고 있다. 그러나 김경례(2003)는 쌓기 놀이로만 끝나지 않고 이어서 유아들이 구성한 것을 그림으로 표상하도록 하여 보다 의도적으로 기하나 공간관계를 사고하도록 과제가 주어질 때 유아의 공간능력에 효과적임을 밝히고 있어 쌓기 놀이의 지도적 측면에 시사하는 바 크다고 하겠다.

또한 쌓기 놀이에 대한 경험제공이 추후 공간능력 향상에 효과적임을 추적하여 밝힌 연구(Sprafkin, Serbin, Denier, & Conneor, 1983)는 남아의 수학적 성취에 대한 우수성과 관련이 있음을 볼 수 있다. 쌓기 놀이의 장기적 효과를 추적한 연구(Wolfgang, Stannard, & Jones, 2001)에 의하면, 유아기 때 쌓기 놀이를 많이 할수록 고등학교 수준에서 수학성취가 높은 긍정적인 상관을 보였으나 흥미로운 결과는 수의 연산이 많이 포함되는 초등 3학년과 5학년에는 상관이 별로 크지 않은 것으로 나타났다. 이는 고등수학교육에서 연산보다는 공간능력을 더 요구하기 때문인 것으로 볼 수 있다.

따라서 유아들의 쌓기 놀이는 공간능력을 증진하는 데 기여하고 있음을 연구들이 일관성 있게 제시하고 있다. 그러므로 쌓기 놀이가 남아에게 주도되지 않도록 교사가 중재하는 노력이 필요하다. 쌓기 놀이의 중재 유형에 따른 효과의 차이를 보고한 연구(Hong, 2005)에 의하면, 유아의 선호도에 따른 중재가 공간능력에 긍정적인 영향을 주지만, 성별에 의한 중재는 여아에게 더 효과적이라고 보고하고 있다. 이들 연구들은 쌓기 놀이의 조작적 경험은 유아에게 공간적 기억, 위치적 관계, 3D의 회전, 도형의 조합과 분해 등의 사고기회를 제공하기 때문에 공간능력의 발달에 기여한다고 볼 수 있다. 이들 연구들은 유아교육 현장에서 교사가 쌓기 놀이를 남아들이 주로 참여하는 성 고정적 놀이가 되지 않도록 여아의 참여를 적극 격려해야 함을 제안하고 있다. 더욱이 쌓기 놀이를 그 자체로 활용하기보다는 그리기 활동을 병행하여 제공할 때 유아들은 입체를 평면으로, 평면을 입체로 전환하는 경험을 제공할 수 있었으므로 공간능력 증진에 효과적이었음을 보고하고 있다(김경례, 2003; 홍혜경, 2001). 그러므로 교사들은 놀이를 통한 수학학습을 제공하기 위해 다른 활동과의 연계에도 관심을 가져야 할 것이다.

8.2.2 종이접기 활동의 활용

종이접기 활동은 프뢰벨이 은물과 함께 제시한 작업의 일환으로 유아교육현장에서 활용되기 시작하였던 활동이나 정해진 방법과 순서에 의해 작업을 하는 특성 때문에 유아의 창의성 저해와 눈과 손의 협응의 미숙함을 근거로 미국의 유아교육현장에서는 거의 많이 사용되지 않게 되었다. 현재 미국에서는 종이접기 활동을 오리가미라고 부르며, 일본의 독특한 조형활동으로 인식하고 있는 실정이다. 이러한 종이접기 활동은 우리나라에서도 최근 다시 조형활동에 활용되고 있음을 볼 수 있다.

종이접기 활동을 수학학습에 적용한 연구들을 살펴보면, 종이접기활동이 기하도형의 이해에 효과가 있으며, 단지 종이접기 순서에 대한 설명뿐 아니라 종이접기 과정 중 형태의 변화에 대한 언급과 질문을 자연스럽게 유도하였을 경우 기하도형의 조작능력, 변별능력, 모사능력에 효과가 큰 것으로 보고하고 있다(김혜숙·홍혜경, 1999). 그리고 종이접기 뿐 아니라 그리기, 오리기를 함께 적용한 경우 도형변별능력에 효과적이었다(장혜연, 2001). 종이접기 활동과 쌓기 놀이활동이 유아의 공간능력에 미치는 영향을 비교한 연구에 의하면, 종이접기 활동이 전반적 공간능력에 효과적이었으나, 하위요인의 경우 형태-배경 구별과 공간적 추리에서 종이접기 활동이 효과적이었고, 시각적 기억 및 회상하기에는 쌓기 놀이 활동이 효과적이었으며 눈-운동 협응과 공간의 위치관계에서는 차이가 없는 것으로 나타났다(이은림, 2005). 따라서 놀이 활동의 특성에 따라 공간능력의 하위요인에 미치는 영향이 다름을 볼 수 있다.

또한 종이접기활동이 기하학습의 형식적 학습이 주어지는 초등수학에서도 흥미뿐 아니라 자신의 조작활동을 모니터하고 평가하는 과정에 피드백을 줄 수 있고, 도형에 대한 용어를 사용하는 기회를 제공하여 기하학습에 효과적인 활동임을 보고하기도 하였다(백석윤, 1996). 심지어 중학생에게 종이접기 활동을 활용한 경우 수학에 대한 태도가 긍정적으로 변화하였고,

공간능력의 신장과 입체도형과 평면도형의 대응관계에 대한 이해에 도움이 되었다는 연구도 보고되고 있다(김소연, 2005). 따라서 종이접기 활동의 활용시 조형활동의 일환으로 국한하여 다루기보다는 수학학습을 위한 활용적 방안도 함께 고려하는 것도 필요하다.

8.2.3 전통놀이의 활용

우리 전통놀이의 교육적 가치를 인식하고, 이를 유아교육 활동에 적극 활용하기 시작한 것은 1990년대부터라고 볼 수 있다. 이후 꾸준히 전통놀이의 교육적 효과를 밝히려는 시도가 이어지고 있다. 특히 이은화(1989)는 전통놀이의 인지적 가치를 Kamii와 DeVries의 집단게임의 유형으로 분류하고 인지적 가치중 수학개념과 관련된 것을 다음과 같이 제시하고 있다.

[표 8-2] 전통놀이와 관련 수학개념

유형분류	집단 게임명	관련 수학개념
목표물 맞추기	비석치기, 구슬치기, 팥주머니 던지기, 눈싸움, 자치기	공간개념, 수개념, 원인과 결과인식
경기	그네뛰기, 널뛰기, 제기차기, 팽이치기, 줄다리기, 연 날리기, 공기놀이, 굴렁쇠놀이, 땅따먹기	수개념, 공간개념, 기하개념
쫓기 놀이	꼬리잡기, 술래잡기, 앉은뱅이 봉사놀이, 수건돌리기	공간개념
숨기 놀이	숨바꼭질, 깡통차기, 보물찾기, 풀묻기	시간개념, 공간개념, 측정개념
알아 맞추기	글씨 및 그림 찾아내기, 풀싸움	
언어적 지시놀이	이름대기, 다리세기, 소꼽놀이	수개념
판을 이용한 놀이	고누, 윷놀이, 돌차기	수개념, 기하개념, 공간개념

대개 전통놀이는 고누나 윷놀이 등을 제외하고는 거의 특별한 도구 없이도 쉽게 주변의 물체를 활용하여 놀 수 있으며, 신체적 활동을 포함하는 경우가 많다고 할 수 있다. 또한 김상룡과 남형채(1998)는 전통놀이와 수학적 사고와

의 관련성을 보다 구체적으로 제시하고 있다. 이를테면, 자치기는 수 세기와 덧셈, 거리의 측정, 공간관계 등을, 공기놀이는 수 세기, 수의 비교, 수의 가르기와 모으기, 묶어세기, 더하기와 빼기 등을, 땅따먹기 면적의 개념, 점과 선분의 관계와 작도, 도형의 다양한 형태 등의 수학적 사고를 경험하게 한다고 하였다.

한편 이들 전통놀이의 효과를 밝힌 연구들을 살펴보면, 공기놀이를 활용한 경우 수학능력의 신장을 보고하였으며(이기현, 1996), 고누와 같은 전략을 사용한 판게임이 공간능력과 사회적 기술에 효과적이었다고 보고하고 있다(Hong, 2003). 이와는 달리 윷놀이, 투호놀이, 공기놀이를 활용한 경우 분류개념, 수 개념, 공간개념에서 효과적이었으나 서열과 측정개념에서는 효과적이 아닌 것으로 보고하고 있으며(최경숙, 1999), 김진옥(2005)도 공간과 측정에서 의미 있는 차이가 없는 것으로 보고하였다. 전통 놀이 중 10개를 활용한 후 효과를 밝힌 연구에 의하면(임유경, 2003), 전통놀이 활동이 공간지각 능력에 효과적이며, 특히 공간적 추리, 형태-바탕 지각, 시각적 기억 및 회상, 토막짜기에서 차이를 보였으나 미로찾기에서는 차이가 없었으며, 위상적 공간개념에서는 차이를 보였다. 이들 연구들의 결과를 요약해 보면 전통놀이의 전체의 일반적 효과는 별 의미가 없으며, 오히려 각 놀이별 효과를 검증하는 작업이 필요하며 이를 위해 보다 체계화된 연구가 이어져야 할 것이다.

8.3 교수매체를 활용한 수학 교수-학습방법

일반적으로 수학활동을 위한 교수매체로는 전통적인 수학교구와 컴퓨터의 활용에 대한 효과의 연구가 주로 다루어져 왔다.

8.3.1 프뢰벨의 은물

프뢰벨의 이론적 근거

프뢰벨은 수학교육을 통해 이 세상 만물의 통합적 질서의 개념을 터득케

해야 한다고 주장하며, 매우 추상적이고 형이상학적인 접근을 하였다. 비록 추상적이지만 조직적이고 체계적인 접근이라는 제함점은 있으나 수학학습을 위한 구체적이고 조작적 교수매체인 은물을 제시함으로 유아교육에 지대한 영향을 미쳤다.

특히 프뢰벨의 은물을 통해 입체도형 개념에서 출발하여 평면도형과 선, 점의 체계적 탐색을 제시하고 있다. 이들의 조작적 활동을 통해 기차나 다리 같은 주변의 자연적 형태(natural form)를 만들고, 이어서 기하학적 특성의 탐색을 통한 지식적 형태(knowledge form)를 이해하고, 기하학적 도형을 이용하여 대칭적 패턴의 미적 형태(beauty form)를 구성해보는 활동을 통해 자연의 질서와 구성을 이해하도록 해야 한다고 하였다(홍혜경, 2004). 또한 작업을 통한 수학 학습을 제안하기도 하였다. 이를테면, 짜기에서 한 칸씩 번갈아 짜서 하나의 개념을 습득시키고, 두 칸씩 번갈아 짜서 두 개의 개념을 획득시키는 식으로 반복하였으며, 그리기를 통해 두 눈, 두 팔, 등의 두 개씩 이루어진 것을 그리고 손과 발같이 다섯 개씩 이루어진 것을 그리는 방식과 함께 직접적으로 설명하여 이해시키려고 하였다(이영자, 1979). 이러한 프뢰벨의 은물과 작업의 활용방법은 현재의 유아교육에서의 교수-학습에 여전히 반영되어지고 있다.

은물을 활용한 수학학습의 효과

전통적 프뢰벨의 은물을 활용한 교수-학습방법은 한동안 유아교육현장에서 찾아볼 수 없었다. 이는 프뢰벨의 교수-학습방법이 너무 추상적이고 형이상학적 접근으로 유아의 발달에 적합하지 않다고 보는 미국 유아교육자들의 영향을 받았기 때문이라 할 수 있다. 그러나 최근 상업적으로 은물이 많이 보급됨에 따라 은물의 활용이 증가하고 있으며, 이에 대한 효과를 밝히는 연구가 일부 보고되고 있다. 오경혜(2001)는 프뢰벨의 은물을 활용한 수학교육이 활동 중심의 통합 수학교육에 비해 수학적 개념과 수학 문제해결력에 긍정적인 효과가 있다고 보고하였지만, 유아에게 1:1의 지도를 사용하고, 구체적인 수학적 개념을 다루었다는 점 등의 연구 설계의 문제점이 있다고 하겠다. 또한 박삼숙(2003)도 프뢰벨의 은물활동이 유아의 수학성취도, 특히 수 개념, 문제해결, 기하 등에 긍정적인 영향을 보고하였다. 그러나 여전히 프뢰벨의 은물을 활용한 활동의 구체적 적용을 보면 너무 교사 주도적이며, 유아에게 자유로운 탐색이나 창의적인 조작이 허용되지 못한다는 제한점을 갖고 있다.

8.3.2 몬테소리 교구

몬테소리의 이론적 근거

몬테소리는 유아의 학습에 있어 유아의 감각을 활용한 구체적 조작을 제공해야 한다고 보았다(이영자, 1979). 예를들면, 한 단위씩 증가하는 수 막대를 차례로 나열하여 보면서 수가 하나씩 증가하는 것을 시각적, 운동적 감각을 통해 인식하도록 하였으며, 둘씩 짝을 맞추어 나열하여 보고 짝이 맞은 경우가 짝수이고, 짝이 맞지 않은 경우가 홀수임을 지각적으로 인식하도록 하였다. 이와 같이 몬테소리 교구 자체가 수학적 개념을 감각적 지각을 경험하도록 설계되었으며, 유아 스스로 조작하면서 개념을 터득하도록 고안하였다. 그러나 유아가 자유롭게 조작하는 경험을 통해 스스로 수학적 관계를 탐색하도록 허용하는 것이 아니라 교구가 조작적 사고의 탐색을 제한하므로 유아에 의한 수학적 지식 구성의 기회가 제한을 받을 수 있다는 점이 비판을 받고 있다. 이를테면 각기 다른 원기둥을 순서지어보는 교구의 경우 유아가 스스로 여러 번의 비교를 통하여 원기둥을 크기순으로 놓아보는 탐색을 허용하지 못하고, 단지 그 크기에 맞는 원기둥을 찾아 틀의 구멍에 넣어 보는 활동이기 때문에 유아에게는 서열의 관계를 조작해 볼 수 없다는 제한점이 있다. 또한 유아간의 사회 상호작용의 교육적 가치를 인정하지 않고 있다는 점도 지적되고 있다.

몬테소리 교구를 활용한 수학학습의 효과

몬테소리 프로그램은 비교적 많이 현장에서 체계적으로 시행되고 있으며, 몬테소리가 의도한 방식대로 전수되어 활용되고 있다고 하겠다. 이에 대한 효과를 밝힌 최근의 연구를 살펴보면, 수학 학습지를 활용한 교수방법과 몬테소리 수학 교수방법을 비교한 연구에 의하면(김효생, 1999), 몬테소리 수학교수활동의 집단이 수 개념에 더욱 효과적이고, 이야기형 문제해결 뿐 아니라 수식형 문제해결에서도 긍정적인 효과를 보고하고 있다. 또한 몬테소리 교수방법과 활동중심의 교수방법을 비교한 연구에서도(오은신, 2001) 수학적 개념 중 수, 기하, 측정에서 효과적이었으나 분류, 서열화, 공간에서는 의미 있는 차이가 없었으며, 수학적 태도에서는 대체로 긍정적인 효과를 보였다. 또한 유치원과 초등 1학년생을 대상으로 한 연구에서도(문숙희, 2003) 유치원생과 초등 1학년생 모두에서 몬테소리 수학 교수방법이 교수주도의 지식전달 수학 교수방법에 비해 수 개념의 13개 하위 요인 중 10개의 하위요인에서 효과적인 것으로 보고하고 있다. 이들 연구결과에 의하면, 몬테소리 수학활동에서 직접 다루는 수학내용에서는 의미 있는 차이를 보였으나, 그렇지 않은 내용에서는 효과적이라는 보고는 미흡하다. 또한, 몬테소리 교구를 활용한 구체적 조작적 탐색은 유아기와 초등 초기의 인지 발달적 특성에 적합한 교육적 적용이라고 볼 수 있을 것이다.

8.3.3 컴퓨터의 활용

컴퓨터 활용의 이론적 근거

유아 교육의 교수매체로 컴퓨터가 도입될 때 가장 먼저 수학학습에 적용되었음을 볼 수 있다. 처음에는 주로 수 세기, 숫자와 물체의 양을 짝짓기, 간단한 더하기와 빼기, 분류하기, 순서 짓기 등의 반복적인 연습을 주축으로 하는 학습지 형태의 적용이었다.

이러한 초창기의 컴퓨터 활용에 대해 유아들은 구체물의 조작을 통해 수학적 관계를 스스로 구성해 나가야 한다는 점에서 컴퓨터는 유아에게 추상적이고 상징적 학습경험만을 제공하기 때문에 유아의 발달 특성상 부적절하다는 입장이었다. 비록 연습과 반복위주의 소프트웨어가 유아의 계산력을 증진시킬 수 있다고 할지라도 유아수학교육의 목표는 계산력 향상이 아니라 수학적 상황에 대한 문제해결능력과 수학적 관계를 추론하는 능력을 길러 주어야 하는 것이므로 컴퓨터 사용은 부정적 결과를 초래하게 된다는 입장이 한동안 지속되어 왔었다.

그러나 컴퓨터의 기능과 용량이 급속히 발전하면서 수학적 사고를 증진하기 위한 활용에도 관심을 가지고 다양한 적용이 시도되었으며, 이에 대한 효과를 밝히는 연구들도 증가하였다. 특히 컴퓨터가 유아들에게 음향, 그림, 동작 등을 통해 다양한 감각을 활용할 수 있다는 점, 유아의 반응에 즉각적인 피이드백을 줄 수 있다는 점, 수준에 따른 활동의 선택이 가능하다는 점, 제한된 소근육의 조절이나 협응 능력으로도 활용이 용이하다는 점, 유아가 컴퓨터 활동을 즐긴다는 점 등이 유아의 수학학습에 컴퓨터를 활용할 수 있는 근거를 제시하고 있다. 최근 사회의 수용적 분위기와 함께 적극적으로 활용하려는 시도와 효과를 검증하는 연구들도 증가되고 있다. 뿐만 아니라 컴퓨터의 보급률의 확산으로 이미 유아의 생활환경의 일부를 차지하게 되었다는 점에서 유아교육에서의 컴퓨터 활용을 수용하는 분위기로 바뀌었다고 할 수가 있다.

컴퓨터를 활용한 수학활동의 효과

유아수학교육에서 컴퓨터를 활용한 활동의 효과를 밝힌 연구들을 살펴보면, 유아에게 반복과 연습위주의 소프트웨어를 사용한 경우, 수 세기와 분류기술에 향상을 보였으며(Clements & Nastasi, 1993), 매일 10분을 사용한 경우 의미 있는 향상을 보였으며, 20분을 사용한 경우 더 우수한 것으로 보고하고 있다. 그러나 비록 특정기술에 효과적이었지만 반복적 학습에 의한 내적동기화 저해와 창의성에도 부정적 영향을 미친다는 지속적 연구 보고들은 많은 시간 지속적으로 사용하는 것은 부적합함을 시사하는 것으로 볼 수 있다.

한편 컴퓨터의 사용이 구체적 조작경험을 제공할 수 없다는 지적에 대해 조작적 사고를 요구하는 컴퓨터 프로그램인 경우 대칭, 패턴, 공간, 도형 등에서 수학적 변환을 허용하기 때문에 오히려 융통적이고 조작 가능한 구체적 경험을 제공할 수 있다는 것이다. 예를들면, 컴퓨터를 사용하여 숫자와 물체의 양을 짝짓기 하였을 경우, 낱개의 10개가 묶어진 막대가 제시될 때마다 둘째 자리의 숫자가 바뀌어지고, 낱개 1개가 제시될 때마다 첫째 자리의 숫자가 바뀌어지는 조작적 경험을 하게 되면 구체물을 사용한 경우보다 오히려 더 쉽게 자릿값에 대한 이해가 용이할 것이며, 구체물과 상징적 표상간의 연계를 도울 수 있을 것이다. 이상애

(1998)의 컴퓨터 수학활동과 교구를 활용한 수학활동의 효과를 비교한 연구에 의하면, 컴퓨터 활동집단에서 공간개념의 정확성과 충실성, 주의 집중 시간 및 흥미도에서 의미있게 높았다고 보고하고 있다. 특히 그래픽 컴퓨터를 활용할 경우 도형의 회전, 이동, 합하고, 나누고 하는 조작, 저장, 인출이 용이하여 공간과 기하학습에 효과적이라는 보고도 있다(Wright, 1994). 그러나 컴퓨터 활동과 블록 활동이 공간능력에 미치는 연구(이규남, 2003)에 의하면, 전체 공간능력에는 이들 간에 차이가 없었으며 단지 하위요인인 눈-운동 협응에서 블록활동이 오히려 높게 나타났다. 이들 연구들을 볼 때 대체적으로 유아의 공간과 기하학습에 효과적임을 보고하고 있으나 컴퓨터만 사용한 경우보다는 컴퓨터와 구체적 활동을 함께 사용한 경우가 더욱 효과적이라는 보고도 있으므로(Clements & Sarama, 2003) 컴퓨터 활용에 대한 신중한 고려가 요구된다.

특히 반복과 연습위주가 아닌 Logo program 같은 소프트웨어를 사용할 경우 행동 중심적 활동을 제공하여 상위사고의 문제해결, 원인과 결과의 이해, 집중시간의 연장 등의 긍정적 효과를 나타낼 수 있다고 보고하였다(Clements & Sarama, 2003). 유아 자신이 전략이나 조건을 선택하고 그 결과를 탐색할 수 있는 개방적인 컴퓨터 활동인가 또는 단지 문제에 대한 정답을 찾아야 하는 소프트웨어인가에 따라 수학에 영향을 미치는 요소가 달라질 수 있음을 의미하는 것이라 하겠다.

또한 최근 인터넷 수학활동을 활용한 집단과 활동중심의 수학활동을 한 집단과를 비교한 연구에서도 인터넷을 사용한 집단이 수학개념과 수학적 접근태도에 효과적인 것으로 보고(김민경, 2002)한 연구도 보고되고 있다. 그러나 인터넷 수학활동 시 전적으로 유아 주도의 활동보다는 교사의 개입이 적절히 제공될 때 효과적이라고 하였다(김정은, 2006). 점차 인터넷 활용이 교육현장에서도 보편화되어 가고 있는 추세에 수학 관련 사이트의 적합성과 질적 수준에 대한 평가에도 관심을 가져야 할 것이다.

8.3.4 수학 교구

유아의 수학학습을 위하여 구체적 조작물이 활용되고 있다. 그러나 구체적 조작물의 사용 자체로는 충분하지 않다. 구체물의 유용 정도는 유아가 구성적 추상을 통해 만들 수 있는 관계에 의해 결정된다(Kamii, 2000). 따라서 구체물이란 물체와의 조작적 과정을 통해 수학적 관계를 추상화하도록 돕는 물체라고 하겠다. 그러므로 구체적 조작물은 수학의 추상적 아이디어를 구체화한 물체로서 이 매개물을 통하여 수학적 관계의 이해를 보다 쉽게 도울 수 있는 것이어야 한다(김효정, 1995). 따라서 수학교구로서 구체적 조작물이란 수학적 관계를 조작할 수 있어야 하므로 속성 블록이나 지오판은 구체적 조작물이라 할 수 있으나, 연산의 연습을 위한 카드(flash cards)는 구체적 조작물이 아니며, 짝 맞추기 카드와 같이 직관에 의해 해결할 수 있는 것도 구체적 조작물이라 할 수 없다.

최근 상업적으로 판매되어 유아수학교육에서도 활용되고 있는 수학교구에 대한 가치와 관련 연구를 제시하고자 한다. 그러나 이런 수학교구들에 관한 연구들은 주로 초등생을 대상으로 한 연구가 대부분이라는 한계가 있다.

수 모형(base-ten blocks)

초등학교 수학교과서에서 더하기와 자릿수에 활용되고 있는 수 모형은 Dienes에 의해 고안되었다. 그에 의하면, 수학적 패턴과 관계는 유아들의 일상생활에서 분명하지 않기 때문에 이러한 수학적 구조를 구체화할 수 있고 경험할 수 있는 교수 자료로 MBA(Multibase Arithmetic Blocks)를 고안하였다. 나무로 된 1×1×1cm의 정육면체 단위로 여러 기수법 체계의 구조를 구체화할 수 있도록 구성되어 있다. 그러나 가장 많이 쓰이는 것은 10진 블록의 형태로써 1×1×1cm의 단위 블록, 1×1×10cm의 막대블록, 1×10×10cm의 판 블록, 10×10×10cm의 큰 정육면체 블록으로 구성되어 있다. 이 수 모형은 10단위 수의 체계의 이해, 덧셈 알고리즘의 기초 개념의 지도, 인수분해 원리의 지도 등에 사용할 수 있다(김정하, 2000; 김효정, 1995). 더욱이 이 교구는 기호적 표현체계를 사용하지 않고도 수학적 구조를 구체화할 수 있어 유아나 아동에게 활용적 가치가 큰 교구이라고 하겠다.

유아수학교육에서 수 모형은, 수 세기, 물체, 수 단어, 숫자와 짝짓기, 묶어세기, 자릿값의 학습에 활용될 수 있다. 일반적으로 구체적 조작물을 사용한 경우 성취도가 높은 것으로 나타났으나 부정적인 효과도 보고되고 있다. Sowell(1989)의 메타 분석에 의하면, 구체적 조작물은 학생의 정의적 측면 뿐 아니라 학업성취에도 효과적이며, 장기간 사용할 경우 그 효과가 극대화된다고 요약하였다(김효정, 1995). 그러나 Dienes의 블록의 활용 방안에 대한 연구는 일부 있으나, Dienes 블록의 사용에 대한 효과를 밝힌 연구는 거의 보고되지 않고 있다.

[그림 8-1] 수 모형 (base-ten blocks)

속성 블록(attribute blocks)

속성 블록도 Dienes에 의해 수학의 구조를 구체적으로 구현하기 위해 고안된 교수자료이다(김효정, 1995). 속성블록은 모양 5(원, 육각형, 삼각형, 정사각형, 직사각형)×크기 2×색 3(빨강, 노랑, 파랑)×두께 2의 60조각으로 구성되어 있다. 이 속성 블록은 공통적 속성에 따라 분류하기, 합집합, 교집합 등의 논리적 관계를 구체적으로 조작할 수 있도록 돕는다(김정하, 2000). 유아수학교육에서 속성 블록은, 공통점과 차이점을 찾기, 준거에 따라 분류하기, 도형의 속성 탐색하기 등의 학습에 활용될 수 있다. 그러나 속성블록만의 활용에 대한 효과를 밝힌 연구도 거의 보고되지 않고 있다.

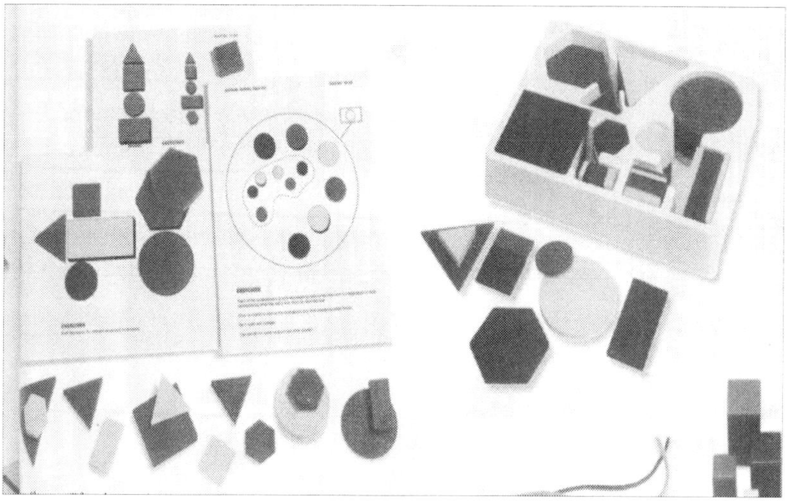

[그림 8-2] 속성 블록 (attribute blocks)

칠교판(tangram)

칠교판은 고대 중국에서 유래되었다고 추정되며, 중국 청나라 1803년에 출간된 칠교 놀이에 대한 책에 의하면 주나라(B.C. 740-330) 때 이미 칠교라는 글자가 있었음을 보아 이전에 만들어졌을 것으로 보고 있다. 이 탱그램은 서양 뿐 아니라 우리나라에도 들어와 어린이 뿐 아니라 남녀노소 누구나 즐겼으며, 집에 손님이 왔을 때 음식을 준비하는 동안이나 사람을 기다리는 시간에 지루하지 않도록 주인이 놀이판을 내어 놓기도 하여 이를 유객판이라고도 하였다(한국정신문화연구원, 1991). 이 탱그램은 미국과 유럽에서도 즐겼으며, 나폴레옹과 에드가 알렌 포우도 광적으로 즐겼다고 전해진다.

이 칠교판은 사방 10cm 나무판을 큰 직각 이등변삼각형 2개, 중간크기의 직각 이등변삼각형 1개, 작은 직각 이등변삼각형 2개, 정사각형 1개, 평행사변형 1개 총 7조각으로 구성되어있어 칠교판이라고도 불려지고 있다. 이 7조각을 활용하여 동물, 인물, 식물, 건축물, 글자 등의 여러 행태를 만들 수 있다. 이 탱그램은 다각형의 성질과 도형의 변환에 대한 이해, 길이, 각도, 넓이 등의 측정에 대한 학습에 활용될 수 있다고 보고 있다(남승임, 2003). 탱그램을 이용하여 초등 저, 중, 고학년별로 기하학습을 지도하는 방안을 구체적으로 제시되기도 하였다(노정학, 1987). 탱그램의 활용효과를 밝힌 연구를 살펴보면, 초등 3, 4학년의 평면도형학습에 학습 보조 자료로 유용하였다는 보고(안주형, 2002)와 초등 6학년생에게 탱그램, 패턴 블록, 기하판, 펜토미노을 활용한 경우 수학적 성향의 향상과 도형학습에 효과적이었다고 보고가 있다(손숙현, 2002).

유아수학교육에서 탱그램은 다각형의 속성, 도형의 구성, 도형의 조합과 분해, 변형과 대칭 등의 기하학습에 활용될 수 있으며, 이들을 조작하는 과정을 통해 공간적 지각력 뿐 아니라 공간적 추론력을 신장할 수 있다(남승임, 2003). 특히 탱그램은 다양한 형태를 구성할 수 있기 때문에 창의적 사고력을 신장할 수 있으며, 무엇보다 유아들이 즐겨 노는 활동으로써 현장에서 많이 활용되고 있다. 또한 탱그램은 다양한 형태로 구성할 수 있다는 점을 활용하여 생활 주제와 통합한 활동을 제공한 경우 기하 및 공간 감각의 일부 하위 요인인 도형 그리기와 토막짜기에 효과가 있으나, 모양 맞추기와 도형 재인에는 효과가 없었다고 보고하였다(안진경, 2003).

[그림 8-3] 칠교판 (tangram)

패턴 블록(pattern blocks)

패턴 블록은 1960년대 초에 미국의 초등과학연구회가 평면위에서 패턴 탐구를 위해 개발한 학습 자료이다(김정하, 2000). 패턴 블록은 6종류의 도형으로 구성되어 있으며, 각기 색이 다르다. 정육각형은 노랑색, 사다리꼴은 빨간색, 평형사변형은 파란색, 정삼각형은 초록색, 마름모는 갈색, 정사각형은 주황색으로 되어 있어 도형의 이름을 모를 경우 색으로 대치할 수 있어 유아에게 사용하기 적합하다. 또한 이들 블록은 모든 각의 크기가 30°의 배수로 되어 있어 90°, 180° 또는 360° 크기의 각을 다양하게 조합할 수 있을 뿐 아니라 한 변의 길이가 1 inch로 되어 있어 이들 블록을 조합하고 분해하기 용이하다. 패턴 블록은 도형구성, 도형의 둘레와 면적 등의 평면도형의 개념과 함수, 패턴, 분수, 테셀레이션의 학습에 활용될 수 있다(김정하, 2000). 패턴 블록의 활용적 가치를 밝힌 문헌은 있으나 이에 대한 효과를 검증한 연구는 거의 미흡한 실정이다.

유아수학교육에서 패턴 블록은 분류, 대칭, 패턴, 도형의 구성, 도형의 조합과 분해, 부분과 전체, 수개념을 기하도형에 적용 등의 수학적 관계를 탐색하는 데 활용될 수 있다고 하였으며, 구체적 사례도 함께 보고하고 있다(Sales & Hildebrandt, 2002).

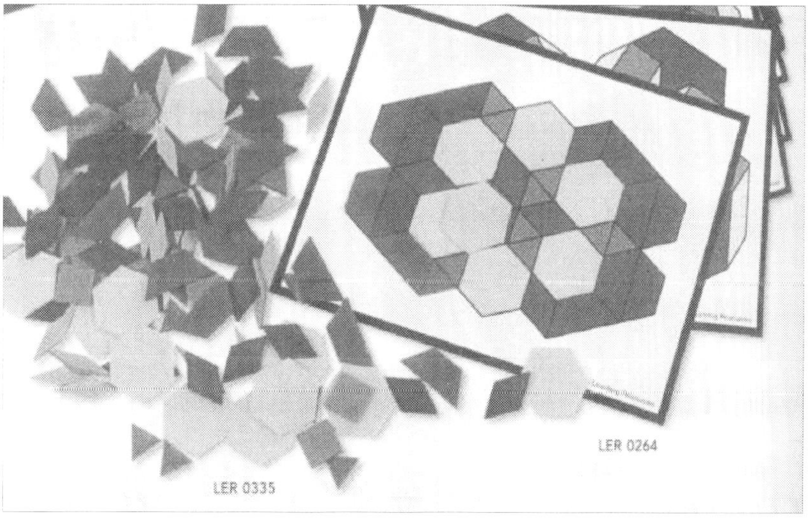

[그림 8-4] 패턴 블록 (pattern blocks)

기하판(geoboard)과 점 종이(dot paper)

기하판은 영국의 수학교육학자 가테노(Gattegno)가 개발한 것으로 판자 위에 여러 가지 일정 간격의 격자점에 못을 박아 놓은 것으로 고무줄을 걸어 다양한 도형을 구성할 수 있다(강지형 외, 2004). 기하판의 종류에는 정삼각형 기하판, 정사각형 기하판, 원형 기하판이 있으며, 정사각형 기하판은 도형의 변의 길이, 각의 크기 등의 개념, 도형의 둘레와 넓이 개념에 활용될 수 있고, 정삼각형 기하판은 정삼각형, 육각형 등의 학습 지도에 활용될 수 있으며, 원형 기하판은 원과 관련된 개념, 분수와 약수, 배수의 학습에도 활용될 수 있고, 이 기하판의 격자점을 인쇄한 점 종이를 함께 활용하면 더욱 유용하다(김정하, 2000; 김효정, 1995; 손숙현, 2002). 초등 저학년은 5×5 기하판을, 초등 고학년이나 중학교 이상은 7×7 또는 11×11 기하판을 사용할 수 있으며, 수와 연산영역에서는 수 감각 발달 및 연산을, 도형영역에서는 다양한 도형의 구성요소, 평행이동, 대칭이동, 도형 움직이기를, 측정영역에서는 도형의 둘레와 면적 측정을, 확률과 통계영역에서는 표와 그래프지도를, 함수와 규칙성 영역에서는 도형 변화의 규칙의 학습에 활용될 수 있다고 하였다(김민경, 2001).

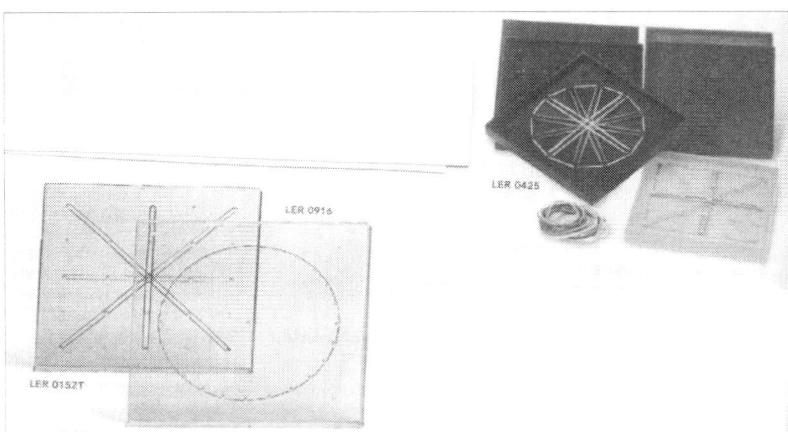

[그림 8-5] 기하판(geoboard)

이와 같이 기하판의 활용적 방안을 다룬 문헌은 많으나 이에 대한 활용적 가치를 검증한 연구는 매우 미흡한 수준이다. 최창우(2002)가 기하판을 활용한 사례 보고에 의하면 도형의 개념 이해에 효과적이고 공간감각도 증진되었음을 보고하고 있을 뿐이다.

유아수학교육에서 기하판은 도형의 구성, 도형의 속성, 도형 옮기기 도형과 위치의 시각적 상을 그리기의 지도에 활용될 수 있을 것이다.

퀴즈네어 막대(Cuisenaire rods)

벨기에의 교사인 조지 퀴즈네어가 창안한 교구로서 음악 악보에서의 음의 높낮이에서 힌트를 얻어 수들의 관계를 높낮이로 나타내어 만들었다(김정하, 2000). 퀴즈네어 막대는 1cm 길이를 달리하여 나무색 1 cm, 빨강색 2cm, 연두색 3cm, 보라색 4cm, 노랑색 5cm, 초록색 6cm, 검정색 7cm, 갈색 8cm, 파랑색 9 cm, 주황색 10cm의 10종류의 막대로 구성되어 있다.

퀴즈네어는 약수와 배수, 합성수, 곱셈의 교환법칙, 분수, 비의 지도에 유용하게 활용될 수 있다(김정하, 2000; 김효정, 1995). 유아수학교육에서는 부분과 전체, 동등 분할, 더하기와 빼기, 수의 모으고 가르기 등의 학습에 활용될 수 있을 것이다. 더욱이 다양한 색채와 길이로 구성된 막대이므로 자유롭게 기차나 비행기 또는 글자를 만들 수 있어 수학학습이외의 구성놀이에도 활용할 수 있을 것이다.

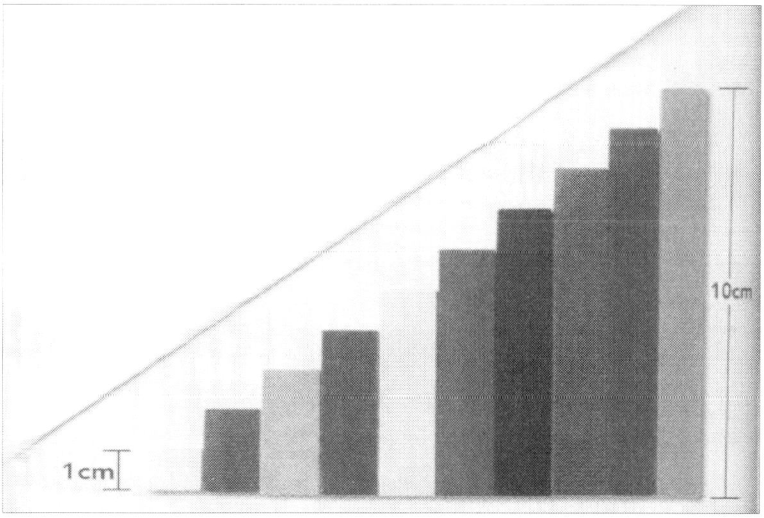

[그림 8-6] 퀴즈네어 막대 (Cuisenaire rods)

8.3.5 기타

유아교육 현장에서는 다양한 수학활동 자료를 교사가 제작하여 사용하는 경우가 많으며, 홍혜경 보고(1992)에 의하면 활동자료 중 30%를 구입하고 70%는 교사가 제작하는 것으로 나타났다. 수학 활동자료를 구입할 때 공립유치원인 경우 교사가 구입의 결정을 하지만 사립 유치원인 경우는 원장이 결정하는 것으로 보고하였다(나귀옥·조성화, 1998). 이들 연구들은 다양한 수학 활동자료의 효과를 밝히는 연구들보다는 활용 실태에 관한 연구들이 주로 다루어지고 있다. 수학영역의 교재 교구 보유 현황의 연구들에 의하면, 수 활동 자료가 47~70%로 가장 많은 비율을 차지하였으며, 분류가 14~26% 다음이었으며, 공간이 5~16%의 순으로 제공하고 있음을 보고하고 있다(홍혜경, 1992). 이러한 경향은 다른 연구에서도 일치된 결과를 보이고 있으며 주로 분류, 수, 공간, 측정에 편중되어 있는 것으로 보고하고 있다(나귀옥·조성화, 1998; 노명숙, 1998). 또한 수학활동자료의 활용의 정도는 교사의 학력과 경력, 설립기관에 따라 차이가 있음을 보고하였다(서현아·배지미·최남정, 2004). 한편 수학 학습을 위한 학습지의 사용에 대한 보고(노명숙, 1998)에 의하면, 보통 이상 사용이 58.7%, 가끔 사용까지 합하면 86%로 나타나 학습지의 활용정도가 높은 편으로 볼 수 있으며 유아발달에 적합하지 않은 교수매체를 보편적으로 사용하고 있음을 시사하고 있다.

또한 유치원 교육활동의 지도자료집(교육부)의 활용에 대한 분석(조경희, 1998)에 의하면, 분류하기가 26%, 수의 기초가 20.4%, 시간과 도형이 13%인 것으로 나타났으며 이는 수학내용별 활동비중에 차이가 큼을 의미한다. 특히 지도 자료집은 교육부에서 제공하는 지침서의 성격을 갖고 있기 때문에 수학내용의 비중을 반영하는 활동제시가 필요하다고 본다. 또한 지도 자료집에서 활동의 수준별 제시에도 1수준보다 2수준의 활동이 더 많았으며, 수학내용에 따라서도 차이가 있음을 보고하였다(금혜정, 2001).

한편, 유아의 선택활동 영역에서 제공되는 수학활동과제를 활용하여 유아의 수행과정과 능력을 평가하는 방안을 제시한 홍혜경(1995)에 의하면, 유아의 활동과제를 활용하여 유아의 수학적 사고능력에 관한 질적인 차이를 변별할 수 있으며, 양적 자료화가 가능하다고 보고하고 있다. 그리고 수학게임을 통해 수학적 지식, 과정적 기술, 태도를 평가하는 도구 개발의 연구(김소향, 2004)에 의하면, 수학게임도 통합적 평가도구로 활용될 수 있음을 시사하고 있다. 이들 연구들은 수학활동의 평가가 성취 뿐 아니라 수행과정의 평가의 필요성을 반영하는 연구들이라 하겠다.

8.4 통합적 접근의 수학 교수-학습방법

8.4.1 문학을 통한 수학활동

1990년대 초부터 문학을 통한 수학교육의 교육적 가치가 점차 인식되면서 문학을 통한 수학교육의 교수학습 방법들이 제시되어왔다. 이러한 시도는 초등, 중등 수학교육에서도 활발히 활용되어지는 추세이며, 여러 학술지에 문학을 활용한 교수 학습방법의 효과를 보고하는 연구들이 증가되고 있다.

■ 이론적 근거

유아의 문학을 통한 수학활동에 대한 이론적 근거로 유아는 추상적인 논리적 관계를 직접 다루는 것보다는 구체적인 상황의 맥락에서 다루도록 할 경우 이해가 용이하고, 기억도 오래한다는 연구보고들(Flavell et al., 1993; Nelson, 1989; Seifert, 1993)에 기초를 두었다. 또한 이야기 상황은 유아의 사전 지식이나 경험과 관련되고 유아에게 흥미롭고 의미 있는 맥락이라고 할 수 있다. 이러한 근거를 기초로 Hong(1999)은 문학을 통한 수학교육의 적용방안에 내한 구체직 세안을 하였으며, 이에 대한 적용의 효과를 밝히려는 시도도 이어지고 있다.

■ 문학을 통한 수학활동의 효과

유아수학교육의 방법과 관련된 연구중 문학을 통한 수학활동의 효과를 검증한 연구가 아마도 가장 많은 비중을 차지하고 있다고 볼 수 있다. 초창기의 연구들로 1992년에 Jennings, Jennings, Richey, & Krauss가 유아 문학을 활용하여 수학교육을 실시한 집단이 수학성취와 수학적 어휘의 사용이 증가하였다고 보고하였고, 1966년에 Hong은 유아 문학을 활용하여 수학교육을 실시한 집단이 수학적 사고의 질적 수준이 더 높았으며, 수학학습에 대한 선호도도 높은 것으로 보고하고 있다. 이어서 유아의 문학을 통한 수학활동을 위한 기초연구로써 동화책의 내용을 분석한 연구들도(고현주, 2001; 홍혜경, 1995) 있었으며, 2000년대에 들어와서는 국내에서도 효과를 검증한 연구들이 많이 시도되었으며, 주로 비교집단으로는 주제중심으로 통합적 적용을 하는 일상적 접근과 비교를 실시하였다. 유아 문학을 활용한 수학교육의 효과를 밝히기 위해 종속변인으로 문제해결 능력의 향상을 보고한 연구들(김옥자, 2002; 윤수정, 2003; 최경숙·박석년, 2000), 수학능력의 효과를 보고한 연구들(류은정, 2004; 박덕숭, 2003; 이지영, 2002), 수학적 개념의 획득의 효과를 보고한 연구들(오경아, 2003; 이미현, 2003)이 있으며, 특히 위상학적 개념과 유클리드 개념의 효과를 보고한 연구도 있다(양희경, 2000). 특히 수학 저널쓰기를 통한 활동이 유아의 수학개념 중 수, 공간, 측정에 효과적이었다고 보고하였다. 또한 문학을 통한 수학활동의 효과에 성별의 차이를 조사한 연구들에서는(김옥자, 2002; 이지영, 2002) 모두 성별에 의한 차이는 없는 것으로 보고하고 있다. 아마도 문학을 통한 수학활동의 효과를 밝힌 연구들이 수학 교수-학습관련 연구들은 많이 보고되고 있음을 볼 수 있다.

이들 연구들의 결과를 요약하여 볼 때, 문학을 통한 수학활동의 효과는 일관성 있게 긍정적인 효과를 보고하고 있다. 비록 이들이 밝힌 효과가 주로 양적인 측정이 가능한 수학능력과 성취에 초점을 두었으나 이 접근이 유아의 수학에 대한 선호도나 수학학습이나 과제에 지속적인 추구 등의 수학적 성향에 대한 효과뿐 아니라 장기적 효과를 밝히려는 시도가 지속되어야 할 것이다.

8.4.2 사회활동을 통한 수학학습

1990년대 중반부터 사회교육과 연계된 수학교육의 필요성이 대두되기 시작하였으며, 특히 수학교육 학습이 추상적 문제해결이 아닌 실제 상황의 문제를 해결하는 주요 수단으로서 수학의 활용적 가치를 인식하는 데 초점을 두면서 관심이 대두되기 시작하였다. 결국은 수학교육의 목표는 인간이 직면하는 실제 문제 상황을 해결할 수 있는 능력을 키우는 데 있으므로 실제 사회적 문제를 통해 수학적 학습을 모색해 보는 것은 의미있는 시도라 하겠다.

유아 사회수학교육의 접근은 유아 주변 환경이나 사회현상에 대한 이해를 위해 논리-수학적 사고기술을 실제 상황에 활용하는 구체적 경험을 제공하자는 것이다. 이러한 접근은 수학학습의 유용성과 가치를 알도록 도울 뿐 아니라 유아가 사회현상이나 사건을 보다 논리적이고 체계적으로 이해하는 데 기여하여 사회학습의 수단도 될 수 있다는 것이다(홍혜경, 2004; 홍혜경·김영옥, 2001).

이론적 근거

유아의 사회활동을 통한 수학학습에 대한 이론적 근거로 수학은 질서와 패턴의 학문으로 사회과학의 도구이며, 언어가 될 수 있다는(Locklege, 1993) 점에서 사회적 세계의 현상과 관계를 이해하기 위해서 수학적 사고와 기술이 활용될 수 있을 것이다. 또한 수학학습을 위해 주변 세계의 실제적 문제를 다룰 때 유아에게 의미있는 학습의 맥락을 제공할 수 있다는 점에서도 사회와 수학의 통합적 접근이 수용되고 있다.

또한 역사적으로 볼 때, 수학은 문화의 산물이며, 사회나 문화적 맥락에서 발전하여 왔기 때문에 사회수학을 통해 사회의 다양성과 보편성을 이해할 수 있을 것이다. 무엇보다 유아에게 자신의 주변문제를 해결하는 의미있는 상황을 통해 유아는 수학학습에 자기 주도적이고, 자신감과 긍정적인 태도를 가질 수 있다는 점도 통합적 접근의 근거로 제시되고 있다. 유아사회교육과 수학교육의 통합적 접근을 위한 이론적 모형과 적용방안을 제시한 연구(홍혜경·김영옥, 2001)는 교수-학습방안에 모색의 근거를 제시하고 있다.

사회활동을 통한 수학학습의 효과

유아들에게 주변생활의 문제들로 유아가 제기한 관심들인 주차장의 활용실태, 애완동물의 선호도, 직업과 모자의 관계 등에 대해 조사활동을 실시하고 이를 정리하고 결과를 논의하는 수학학습을 한 경우 수학개념과 문제해결력에서 긍정적인 효과를 보고하고 있다(조애영, 2002). 또한 생활주제에 따라 사회수학의 통합적 활동을 적용한 경우 창의성에서도 의미있는 차이를 보였다는 것이다(박미자, 2002). 동물원 가는 생활 문제 상황을 중심으로 소집단 이야기 나누기 활동을 실시한 경우, 수연산의 향상에 효과적이었으며, 특히 빼기와 곱하기에 효과적인 것으로 보고하고 있다(김유정, 2003).

한편 비록 실제 사회적 문제를 다루지 않았지만 시장놀이 상황을 활용하여 수학학습을 적용한 경우, 분류, 서열화, 측정, 수 개념획득에 효과적이었으며, 수학적 태도에서도 긍정적인 효과를 보고하고 있으며(이지나, 2003), 꽃가게, 결혼식, 생일축하, 병원 놀이 등의 사회극놀이를 통한 수학학습 역시 분류, 순서짓기, 공간, 시간개념에 효과적이었으나 측정에는 의미있는 차이를 보이지 않았다(이명희, 2002). 그리고 수학능력이 높은 유아 1명, 보통인 유아 3명, 낮은 유아 1명으로 구성된 5명이 함께 수학활동 과제를 해결하는 협동학습을 실시한 경우 개별학습을 실시한 집단보다 수학 문제해결능력에서 더 높게 나타났으며, 인지적 자극, 목표의 공유, 책임감등의 긍정적인 결과를 보였다고 보고하고 있다(김미숙, 1999).

이들 대부분의 연구들은 사회 극놀이나 협동작업 등의 사회성 발달을 위한 활동과 수학학습과의 통합적 적용의 효과를 밝히려는 시도로 이루어지고 있으나, 사회학습과 수학학습과의 통합적 적용에 대한 효과를 밝히는 연구도 보다 체계적으로 다루어져야 할 것이다.

8.4.3 과학 활동을 통한 수학학습

정보 및 첨단 과학기술 사회로의 전환은 앞으로 보다 전문적인 수학 및 과학능력을 가진 인재를 필요로 하게 되었다. 이러한 사회적 요구는 수학교육단체와 과학교육단체의 개선 움직임에도 반영되고 있다. 심지어 항공기술 산업의 경우 100만명 이상의 질적으로 수준 높은 직업을 창출하게 되며, 수학과 과학능력을 갖출 경우 나은 직업의 선택의 폭이 넓어진다고 보고하고 있다. 이러한 추세로 NCTM과 NASA는 공동협력 프로젝트의 일환으로 수학과 과학의 통합적 적용의 모형을 제시하기도 하였으며(2005), 수학과 과학교육의 통합적 접근에 대한 관심이 증가하고 있는 추세이다.

이론적 근거

유아 수학과 과학교육의 통합적 적용의 근거를 살펴보면(홍혜경, 2005), 수학과 과학은 양적 세계인지 자연적 세계인지만 다를 뿐 관계성을 탐색하고, 기술하며, 설명하고, 추론하며 지식을 구성한다는 공통적 특성을 가지고 있다. 특히, 과학은 주변 환경에서 자료를 관찰하고 현상을 수집하여 규칙과 일반화를 찾아가는 귀납적 사고의 방식을 추구하는 반면 수학은 관계성을 추론하고 이를 입증하여 가는 연역적 사고의 방식을 추구한다고 볼 수 있다(홍혜경, 2005). 따라서 지식의 생성 관점에서 볼 때, 사고과정의 상호 보완적 연계를 통해 지식형성능력을 증진시킬 수 있기 때문에 수학과 과학의 통합적 적용이 의미를 갖는다고 하겠다.

또한 수학과 과학교육의 통합적 적용을 고려할 때 자연환경이나 현상과 사물은 수학학습의 상황적 맥락을 제공하고, 과학의 탐색활동을 통해 수집된 자료들을 처리하기 위하여서는 수학적 기술이 필요하다는 점도 통합의 근거로 제시될 수 있다. 다시 말하면, 수학은 과학의 언어로써 과학학습을 위해서는 수학적 기술이 요구되고 수학학습을 위해서는 구체적 환경적 맥락을 필요로 하기 때문이다. 그리고 무엇보다도 수학과 과학의 통합적 적용은 두 교과 학습을 위한 상황적 맥락적 요인을 공유하기 때문에 분리하는 것이 오히려 부자연스럽다는 지적도 있다(Basile, 1999). 덧붙여, 수학과 과학의 학습과정에서는 분류하기, 비교하기, 순서 짓기, 의사소통하기, 측정하기, 자료수집하기, 추론하기 등의 공통적인 과정적 기술이 요구되기 때문에 수학과 과학의 통합적 적용의 근거가 될 수 있다는 것이다. 특히 과학 활동을 통한 수학학습을 할 경우, 개방적이고 폭 넓은 발달적 수준을 허용한다는 점과 유아의 호기심과 흥미에 기초한 학습이 용이하다는 점도 고려될 수 있다(홍혜경, 2004).

과학 활동을 통한 수학학습의 효과

최근 유아 수학과 과학의 통합교육의 프로그램 모형개발의 연구와 효과를 밝히는 연구가 부분적으로 이루어지기 시작하고 있다. 수학과 과학의 통합 활동이 분류, 순서 짓기, 수 개념 등의 수학 개념 획득에 긍정적인 효과를 보였으며(김숙자, 2001), 창의적 사고에도 효과적인 차이를 보였다고 보고하고 있다(권영례·박영충, 1998). 또한 수학과 과학의 통합활동에 참여한 집단과 수학과 과학을 분리하여 활동을 제공한 집단을 비교한 연구에 의하면(윤은경, 2005), 수학과 과학을 통합한 활동의 집단이 수학적 태도와 과학적 태도 모두에 긍정적인 효과를 보였으며, 하위영역인 자신감, 학습에 대한 열의, 유능감에서는 의미 있는 차이를 보였으나 선호도, 타인의 평가인식에서는 유의한 차이가 없는 것으로 나타났다.

이와 같이 유아의 수학과 과학의 통합적 적용에 관한 연구는 아주 미흡한 수준으로 다루어지고 있으며, 추후 보다 체계적인 연구를 통해 검증되어야 할 것이다. 또한 유아의 수학과 과학의 통합적 적용에 대한 효과를 검증하는 연구 뿐 아니라 학습과정에서의 질적인 차이를 밝히는 연구들도 함께 다루어져야 할 것으로 보인다.

8.4.4 표현활동을 통한 수학학습

최근 영아와 뇌 관련 연구, 다중지능이론에 관련된 문헌 등은 유아의 수학능력과 학습에 대한 새로운 인식을 하도록 하였다. 특히 다중지능이론에 의하면, 유아는 각기 다른 강점영역을 가지고 있으며, 기존의 수학 교수-학습방법은 논리-수학적 지능이 뛰어난 경우에 적합한 접근이라는 것이다. 또한 Iron(2002)은 시각적 학습자는 그림적 표상에 의한 학습을 선호하고, 청각적 학습자는 노래나 토의에 의한 학습을 선호하며, 운동적 학습자는 동작이나 운동을 수반하는 학습을 선호한다는 것이다. 그리고 모차르트 효과라고 불리우며 그 효과의 지속성에는 논란이 있으나 모차르트의 Sonata for two pianos in D Major를 들은 대학생이 공간 추리과제에서 더욱 우수하였으며, 효과는 10분간 정도 지속되었다는 것도 수학학습에서의 음악의 영향을 시사하는 연구라 하겠다(Shaw, 2000). 이들 연구와 주장들에 의하면, 유아들은 각기 자신의 강점영역을 기초로 하여 학습을 할 때 효과적이라는 것이다. 이러한 주장은 유아의 통합적 적용의 가치와 맥을 같이 하는 것으로 수용이 용이하다고 볼 수 있다.

이론적 근거

유아들의 개개인의 지능적 특성이 다르므로 유아의 개별적 특성에 따른 다양한 학습의 적용이 필요하다는 점이 표현활동을 통한 수학학습의 근거가 될 수 있을 것이다. 더욱이 유아의 발달 특성상 유아들은 상징적 기호의 사용보다는 구체물과의 직접 조작적인 활동을 통해 학습해야 하며, 오랫동안 앉아서 주의집중하기 어렵고 끊임없이 움직이려는 특성은 정적으로 앉아서 작업하기는 어렵다. 따라서 주의집중이 부족하고 과잉활동의 성향을 보이는 유아들은 수학학습에 지연이나 장애를 초래하는 경우가 많다. 특히 감각 운동의 다양한 조작 활동과 움직임에 기초하여 학습을 경험한 어린 유아들에게는 시각적보다는 직접 움직이고 만지는 형태의 학습에 더 잘 학습을 하게 되므로(Coates & Franco, 1999) 이들에게는 움직임을 허용하며, 수학적 관계를 탐색하도록 하는 접근이 효과적일 수 있다는 점도 동작교육과의 통합적 근거가 되고 있으며, Goodway와 그의 동료(1999)는 동작을 통한 수학학습의 구체적 적용방안을 제시한다. 한편 음악의 템포, 리듬, 패턴 등은 수학의 분류, 수 세기, 패턴과 중복된 개념으로 두 교과의 통합을 통한 학습이 두 교과의 학습에 상호보완적인 관계가 될 수 있다는 것이다(Kim, 1999). 이는 음악을 수학학습의 수단으로 활용하기보다는 두 교과의 주요 개념의 학습을 위한 통합적 접근의 필요성을 제안하는 것으로 볼 수 있다.

표현 활동을 통한 수학학습의 효과

유아수학교육에서 다양한 접근을 활용해야 한다는 주장의 대두와 함께 표현활동에 대한 효과를 체계적으로 검증한 연구가 부분적으로 시도되고 있다. 초등학생에게 적용한 경우 기하, 측정, 화폐의 개념을 음악과 신체활동을 활용하여 학습한 결과 긍정적인 효과를 보였으며(Benes-Lafferty, 1995), 음악과 수학학습에 건반을 사용하여 실시한 경우 공간 추리능력에 효과적이었다는(Rausher et al., 1994) 보고가 있다. 그러나 리듬, 건반, 노래의 다른 세 유형의 음악활동을 실시한 집단간을 비교한 연구에 의하면, 세 집단 모두 통제집단보다 공간과제에서 우수하였으나 리듬활동은 다른 집단보다 연산과제에 우수하였으며, 언어, 짝짓기, 기억의 과제에서는 세 집단간 차이가 없는 것으로 보고하고 있다(Rauscher, 2003).

이는 음악교수 유형에 따른 각기 다른 효과를 갖고 있음을 시사하는 것이라고 하겠다.

한편 음악교수의 시작 시기에 따른 효과를 보면, 5세 이전에는 효과적이나 7세 이후는 차이가 없으며, 3세에 시작하여 2년간 건반교수를 받은 유아는 교수가 중단된 2년 후에도 공간-시각과 연산과제에서 우수한 것으로 보고하고 있다(Rauscher & LeMieux, 2003). 그러나 이들 연구들은 음악교육이 수학능력에 미치는 연구로써 음악과 수학능력의 관련성을 부분적으로 밝힌 연구라 하겠다.

유아를 대상으로 음악 통합교육관련 연구를 살펴보면, 수학과 음악의 통합 활동에 의한 패턴 활동이 주제중심의 패턴 활동에 비해 유아의 패턴 이해능력에 효과적이었으며, 수학에 대한 흥미도 높았다고 보고하고 있다(유지연, 2002). 미술과 수학의 통합교육의 경우 유아의 수 개념 발달에 효과적이었으며, 수학영역에서의 참여시간에는 차이가 없으나 참여횟수에서는 의미있는 차이를 보고하고 있으며(최정경, 2002), 수학적 지식에서도 분류, 서열, 도형, 측정, 수 세기, 셈하기에서 의미있는 차이를 보였으며, 수학적 태도에서도 긍정적인 효과를 보고하고 있다(한유미, 2002). 이 외에도 동작, 신체활동, 표현활동, 음악활동 등과의 통합적 적용방안 모색 및 그 활동의 효과를 밝히는 시도와 함께 유아의 특성에 따른 효과, 성별에 따른 효과 등에 관한 연구도 이어져야 할 것이다.

요약하면, 유아수학교육의 교수-학습방법은 초등 수학교육과는 달리 유치원 교사가 교육내용, 학습활동, 교수매체 등을 선정하고 교사 나름대로 계획하고 실시하기 때문에 다양성이 특징이라 할 수 있다. 이러한 유아교육의 교수-학습방법에 다양성이 허용된다는 점은 많은 이점을 가질 수 있지만 때로는 질적 관리나 효율성을 보장할 수 없다는 문제점도 갖고 있다. 최근 유아수학교육의 다양성에 비해 질적 수준이 낮음을 지적하는 "mile wide, inch deep"이라는 표현이 이를 반영하는 것이다. 따라서 유아 수학 교수-학습방법의 다양성과 함께 질적 수준을 향상시킬 수 있는 적극적인 교수-학습방법이 모색되어야 할 것이다.

이러한 맥락에서 유아 수학교수-학습방법의 효과를 밝히는 지속적인 연구와 함께 이들 연구들을 체계적으로 분석하여 효과적인 교수-학습방법들이 가지고 있는 공통적 요인을 추출하여 제시함으로써 다양한 교수-학습방법에서 이들 요인이 반영되어질 수 있도록 하여야 할 것이다. 이와 함께 효율적 교수-학습방법에 대한 누적된 연구결과를 현장에 어떻게 반영시켜야 할지에 대한 구체적인 대안도 모색되어야 할 것이다.

참고문헌

강지형 · 김수환 · 라병소 · 박성택 · 이의원 · 정은실(1999). 7차 교육과정에 의한 초등 수학교육. 서울: 동명사.

고현주(2002). 어머니의 취업이 양육태도 및 아동의 자아개념에 미치는 영향. 전북대학교 교육대학원 석사학위 논문.

권영례 · 박영충(1997). 수학 · 과학 통합활동이 창의적 사고에 미치는 영향. 열린 유아교육학회, 2(1), 121-136.

금혜정(2001). 유치원 교육활동 지도자료에 나타난 수학 관련 활동분석. 이화여대 교육대학원 석사학위청구논문.

김경례(2003). 쌓기 놀이에서 그리기 표상활동이 유아의 공간능력에 미치는 영향. 전남대학교 교육대학원 석사학위 청구논문.

김미숙(1999). 협동학습이 유아의 수학 문제해결 능력에 미치는 영향. 덕성여대 교육대학원 석사학위 청구논문.

김민경(2001). 초등수학에서 기하판 활용방안 탐색. 초등수학교육, 5(2), 한국 수학교육학회, 111-110.

김민경(2001). 인터넷 수학교육활동이 유아의 수학개념발달과 수학접근태도에 미치는 영향. 광주대학교 산업대학원 석사학위 청구논문.

김상룡 · 남형채(1998). 전통놀이에 깃든 수학적 사고와 그 활용방안. 과학 · 수학교육연구, 21, 25-41.

김소연(2005). 공간능력 신장을 위한 종이접기 활용 사례연구. 순천대학교 교육대학원 석사학위 청구논문.

김소향(2004). 수학게임을 통한 유아의 수학적 지식, 수학적 과정기술, 수학적 태도에 대한 평가도구 개발 연구. 덕성여자대학교 대학원 박사학위 청구논문.

김숙자(2001). 수 · 과학 통합활동이 유아의 수학과 과학 탐구능력에 미치는 영향. 미래유아교육학회지, 8(1), 173-203.

김옥자(2002). 수학동화를 활용한 통합교육활동이 만4세 유아의 수학적 문제해결 능력에 미치는 효과. 서원대학교 교육대학원 석사학위 논문.

김유정(2003). 생활문제 중심의 소집단 이야기 나누기가 유아의 수연산 발달에 미치는 효과. 건국대학교 대학원 박사학위 청구논문.

김정은(2006). 인터넷 수학활동에 대한 교사의 개입유형이 유아 수학능력 및 태도에 미치는 효과. 전남대학교 교육대학원 석사학위 청구논문.

김정하(2000). Dienes의 수학 학습원리의 구체화 방안 연구. 인천교육대학교 교육대학원 석사학위 청구논문.

김진옥(2005). 전통놀이를 활용한 수학적 탐구활동이 유아의 수학개념 발달에 미치는 영향. 중앙대학교 교육대학원. 석사학위 논문.

김혜숙·홍혜경(1999). 유아의 종이접기 활동이 기하도형의 이해에 미치는 영향. 아동학회지, 20(3), 325-337.

김효생(1999). 유아의 Montessori 수학 교수활동과 수학학습지 교수활동의 효과. 덕성여자대학교 대학원 석사학위 청구논문.

김효정(1995). 구체물 조작물을 이용한 활동지향적 수학 수업에 관한 연구. 이화여자대학교 교육대학원 석사학위 청구논문.

나귀옥·조성화(1998). 유아수학교육의 교재, 교구 보유와 활용실태에 관한 조사연구. 순천향대학교 인문과학논집, 5, 145-172.

남승인(2003). 초등학교 수학학습에서 교구활용에 관한 연구: 칠교판 활용을 중심으로. 대구교육대학교 논문집, 38, 109-134.

노명숙(1998). 유치원 수학교육의 실태조사. 연세대학교 교육대학원 석사학위 청구논문.

노정학(1987). 탱그램을 이용한 기하의 지도에 대한 고찰. 과학교육연구, 13, 53-60.

류은정(2004). 동화책에 기초한 통합 활동이 유아의 수학적 성취에 미치는 영향. 전북대학교 교육대학원 석사학위 논문.

류혜숙(2003). 전통놀이를 활용한 수학활동이 유아의 수학적 문제해결력에 미치는 영향. 중앙대학교 대학워 석사학위 청구논문.

문숙희(2003). 유치원과 초등학교 1학년의 몬테소리 수학 프로그램의 효과. 조선대학교 교육대학원 석사학위 청구논문.

박덕숭(2003). 동시를 통한 수학 활동이 유아의 수학적 능력과 수학에 대한 태도에 미치는 영향. 건국대학교 대학원 박사학위 논문.

박미자(2002). 사회수학 통합활동이 유아의 창의성에 미치는 영향. 전남대학교 교육대학원 석사학위 청구논문.

박삼수(2003). 프뢰벨의 은물활동이 유아의 수학성취도에 미치는 영향. 조선대학교 교육대학원 석사학위 청구논문.

박석년·최경숙(2000). 그림책에 의한 수학활동이 유아의 수학적 문제해결력에 미치는 영향. 아동학회지, 21(4), 227-241.

박현주(1999). 아동의 쌓기놀이 활동이 그림그리기 영역의 공간표현력에 미치는 영향: 교사의 역할을 중심으로. 한양대학교 교육대학원 석사학위 논문.

백석윤(1996). 종이접기를 통한 초등 기하 학습지도방법의 탐색. 대한 수학교육학회 논문집, 6(1), 25-32.

서현아·배지미·최남정(2004). 수학활동자료 보유현황 및 활용정도에 관한 교사 인식. 열린유아교육연구, 9(9), 93-117.

손숙현(2002). 수학교구를 활용한 클럽활동이 학생들의 수학적 성향 및 도형 학습력에 미치는 영향. 대구교육대학교 교육대학원 석사학위 청구논문.

신은혜(2004). 유아 대상 수학 학습지의 내용 및 부모인식 분석. 총신대학교 교육대학원 석사학위 청구논문.

안주형(2002). 탱그램과 모자이크 퍼즐을 활용한 수학과 수업 분석에 관한 연구. 인천교육대학교 교육대학원 석사학위 청구논문.

안진경(2003). 통합적 탱그램 활동이 유아의 기하 및 공간 감각에 미치는 영향. 원광대학교 대학원 석사학위 청구논문.

양희경(2000). 동화를 중심으로 한 통합적 수학 활동이 유아의 공간개념에 미치는 영향. 덕성여자대학교 교육대학원 석사학위 논문.

오경아(2003). 수학관련 그림이야기책의 활용방식이 유아의 수학개념형성에 미치는 영향. 인제대학교 교육대학원 석사학위 논문.

오경혜(2001). 프뢰벨 은물 활용 수학교육 프로그램이 유아의 수학적 개념 발달과 수학 문제해결력에 미치는 영향. 광주대학교 산업대학원 석사학위 청구논문.

오은신(2001). Montessori 교수방법이 유아의 수학적 개념과 태도에 미치는 영향. 전남대학교 교육대학원 석사학위 청구논문.

유지연(2002). 수학·음악 통합활동이 유아의 패턴이해 능력에 미치는 영향. 덕성여대 교육대학원 석사학위 청구논문.

윤수정(2003). 문학적 접근을 통한 수학교육이 유아의 수학문제 해결능력과 수학 성취도에 미치는 효과. 대구가톨릭대학교 교육대학원 석사학위 논문.

윤영심(1998). 쌓기놀이 활동이 유아의 공간조망능력에 미치는 영향. 건국대학교 교육대학원 석사학위 논문.

윤은경(2005). 수학과 과학의 통합활동이 유아의 수학 및 과학적 태도에 미치는 영향. 전남대학교 대학원 석사학위 청구논문.

이기현(1996). 공기놀이 프로그램이 유아의 수학능력 신장에 미치는 효과. 유아교육연구, 16(1), 121-137.

이규남(2003). 유아들의 컴퓨터 활동과 블록 활동이 공간인식 및 사회적 능력에 미치는 영향 비교. 전남대학교 대학원 석사학위 청구논문.

이명희(2002). 꽃을 주제로 한 사회극 놀이가 유아의 수학개념 형성에 미치는 영향. 중앙대학교 교육대학원 석사학위 청구논문.

이미현(2003). 문학적 접근 활동을 통한 수학 저널쓰기가 유아의 수학개념 발달에 미치는 영향. 군산대학교 교육대학원. 석사학위 논문.

이상명(2001). 수학 저널쓰기를 통한 문제해결활동이 유아의 수학개념에 미치는 효과. 중앙대하교 대학원 석사학위 청구논문.

이상애(1998). 컴퓨터 유아수학교육과 교구 유아수학교육 비교연구: 공간 활동개념에서. 경기대학교 대학원 석사학위 청구논문.

이영자(1979). Froebel과 Montessori의 유아수학교육론의 비교. 덕성여대 논문집, 9, 109-130.

이은림(2005). 쌓기놀이와 종이접기 활동이 유아의 공간능력과 창의성에 미치는 효과 비교. 전남대학교 교육대학원 석사학위 청구논문.

이은화(1989). 전통놀이와 유아교육현장 적용을 위한 연구. 연세대학교 대학원 박사학위 청구논문.

이지나(2003). 상황학습을 통한 수학교육이 유아 수학개념 및 수학 접근태도에 미치는 영향. 충남대학교 교육대학원 석사학위 청구 논문.

이지영(2002). 그림책을 통한 통합적 수학활동이 유아의 수학적 능력에 미치는 효과. 전북대학교 교육대학원 석사학위 논문.

이지현(2001). 유아들의 극화놀이에 나타난 수학 활동 내용과 수 이름의 사용맥락. 열린유아교육연구, 6(2), 113-136.

임유경(2003). 전통놀이가 유아의 공간인식능력에 미치는 효과. 전남대학교 대학원 석사하위 논문.

장혜연(2001). 종이접기를 통한 5세 아동의 도형인식과 그림변화에 관한 연구. 이화여대 교육대학원 석사학위 청구논문.

조경희(1998). 유치원 지도자료집의 수학교육활동 분석. 전남대학교 교육대학원 석사학위 청구논문.

조애영(2002). 참여조사 활동을 통한 수학학습이 유아의 수학개념 및 문제해결력에 미치는 영향. 전남대학교 교육대학원 석사학위 청구논문.

최경숙(1999). 전통놀이가 유아의 기초적 수학개념 발달에 미치는 영향. 인천대학교 교육대학원 석사학위 청구논문.

최정경(2002). 미술과 수학의 통합교육 프로그램이 유아의 수개념 발달 및 수학활동, 참여도에 미치는 영향. 경희대학교 교육대학원 석사학위 청구논문.

최창우(2002). 초등학교 수학 수업에서 기하판의 활용. 초등수학교육, 6(1), 1-10.

한국정신문화연구원(1991). 한국 민족문화 대백과 사전. 서울: 동방미디어.

한유미(2002). 미술을 통한 수학교육이 유아의 수학적 지식과 태도에 미치는 영향. 유아교육연구, 22(2), 271-287.

홍혜경(1992). 유치원 아동의 수학활동에 관한 분석연구. 아동학회지, 13(2), 33-51.

홍혜경(1995). 유아 수학학습에 아동문학의 교육적 활용을 위한 탐색. 교육학연구, 33(1), 399-424.

홍혜경(1996). 유아의 수학활동과제를 활용한 평가의 적용에 관한 연구. 유아교육연구, 15(2), 173-191.

홍혜경(2001). 유아의 쌓기 놀이 활동을 통한 기하학습에 관한 연구. 수학교육 논문집, 12, 21-32.

홍혜경(2004). 유아 수학능력의 발달과 교육. 서울: 양서원.

홍혜경(2005). 유아 과학교육과 수학교육의 통합적 접근을 위한 기초 연구. 유아교육학논집, 9(4), 153-189.

홍혜경 · 김영옥(2001). 유아사회교육과 수학교육의 통합적 접근을 위한 기초연구. 유아교육연구, 21(1), 27-50.

Baroody, A. (2004). The role of psychological research in the development of early childhood mathematics standards. In D. H. Clements, J. Sarama, A. DiBiase (Eds.), *Engaging young children in mathematics*. Mahwah, NJ: Lawrence Erlbaum.

Basile, C. G. (1999). The outdoor as a context for mathematics in the early years. In J. Copley(Ed.), *Mathematics in early years*. Reston, VA: NCTM.

Beeson, B. S., & Williams, R. A. (1979). *A Study of sex stereotyping in child-selected play activities of preschool children*. ERIC ED 186 102.

Benes-Larrerty, K. M. (1995). An analysis of using musical activities in a second grade mathematics class. Dissertation Abstracts International. 56: 1656.

Clements, D. H., & Nastasi, B. K. (1993). Electronic media and early childhood education. In B. Spodek(Ed.), *Handbook of research on the education of young children*. NY: Macmillan, 251-275.

Clements, D. H., & Sarama, J. (2003). Young children and technology: What does the research say?. *Young Children*, 58(6), 34-40.

Coates, G. D., & Franco, J. (1999). Movement, mathematics, and learning: Experiences using a family learning model. In J. V. Copley(Ed.), *Mathematics in the early years*. Reston, VA: NCTM & NAEYC.

Conrad, A. (1995). Content analysis of block play literature. ERIC Document Reproducation service No. ED 382 357.

Desouza, J. M., & Czerniak, C. M. (2002). Social behaviors and gender differences among preschooler: Implication for science activities. *Journal of Research in Childhood Education*, 16(2), 175-188.

Flavell, J. H., Miller, P. H., & Miller, S. A. (1993). *Cognitive development*. (3rd ed.) Englewood Cliffs, NJ: Pretice-Hall Inc.

Gill, G. (1998). A study of children's mathematical experiences in the home. Paper presented at the Annual EECERA Conference (8th, Santiago de Compostela, Spain, Sep. 2-5). ERIC ED 424 983.

Ginsburg, H., Inoue, N., & Seo, Kyoung-Hye (1999). Young children doing mathematics: Observations of everyday activities. In J. V. Copley(Ed.) *Mathematics in the early years*. Reston, VA: NCTM & NAEYC.

Goodway, J. D., Rudisill, M. E., Hamilton, M. L., & Hart, M. A. (1999). Math in motion. In J. V. Copley(Ed.), *Mathematics in the early years*. Reston, VA: NCTM & NAEYC.

Hong, H. (1999). Using storybooks to help young children make sense of mathematics. In J. V. Copley(Ed.), *Mathematics in the early years*. Reston, VA: NCTM & NAEYC.

Hong, H. (2003). Effects of types of board games on spatial abilities and social skills of young children. *International Journal of Early Childhood Education*, 9(2), 5-19.

Hong, H. (2004). Intervention of block play and spatial abilities of young children. The Korean Society for Early Childhood Education The 3rd KSECE International Conference, 10월 23일 Gwangju: Chonnam National Univ.

Hong, H. (2005). Intervention of block play for spatial abilities of young children. *International Journal of Early Childhood Education*, 11(2), 99-112.

Kamii, C. (2000). *Young children reinvent arithmetic*(2nd ed.). New York: Teachers College Press.

Kim, S. L. (1999). Teaching mathematics through musical activities. In J. V. Copley(Ed.) *Mathematics in the early years*. Reston, VA: NCTM & NAEYC.

Locklege, A. (1993). Math as the language and tool of social studies. *Social Studies and the Young Learners*, 6(1), 3-6.

McCarthy, B. (1990). Using the 4 MAT system to bring learning styles to schools. *Educational Leadership*, 48(2), 31-37.

Nelson, K. (1989). Remenbering: A functional developmental perspective. In P. R. Solowon, G. R. Goethak, C. M. Kelly, & B. R. Stephens(Eds.), *Memory: Interdisciplinary approaches.* NY: Springer-Verlag.

Rauscher, F. H. (2003). Can music instruction affect children's cognitive development? ERIC Digests, ED 480 540.

Rauscher, F. H., & LeMieux, M. T. (2003). Piano, rhythm, and singing instructions improve different aspects of spatial-temporal reasoning in Head Start children. Posted presented at the annual meeting of the Cognitive Neuroscience Society, NY.

Rauscher, F. H., Shaw, G. L., Levein, L. J., & Wright, E. L. (1994). Music and spatial task performance: A causal relationshiping. Paper presented at the 102nd Annual meeting of the American Psychological Association, LA.

Sales, C., & Hildebrandt, C. (2002). Developing geometric reasoning using pattern blocks. In R. DeVries, B. Zan, C. Hildebrandt, R. Edmiaston, & C. Sales(Eds.) *Developing constructivist early childhood Curriculum.* NY: Teachers College Press.

Seifert, K. (1993). Cognitive development and early chidhood education. In B. Spodek(Ed.), *Handbook of research on the education of young children.* NY: Macmillan.

Shaw, G. (2000). *Keeping mozart in mind.* NY: Academic Press.

Sprafkin, C., Serbin, L. A., Denier, C., & Connor, J. M. (1983). Sex-differentiated play: Cognitive consequences and early interventions. In M. B. Liss (Ed.) Social and cognitive skills: Sex roles and children's play. NY: Academic Pres.

Varma, M. (1980). Sex-stereotyping in block play of preschool. *Indian Educational Review, July, 32-37. ERIC Document Reproduction Service No. 197 832.*

Wolfgang, C. H., Stannard, L. L., & Jones, I. (2001). Block play performance among -preschoolers as a predictor of later school achievement in mathematics. *Journal of Research in Childhood Education.* 15(2), 173-180.

Wright, J. L. (1994). Listen to the children: Observing young children's discoveries with the microcomputer. In J. Wright & D. D. Shade(Eds.) Young children: Active learners in a technological age. Washington, D. C.: NAEYC.

유아수학교육의 탐구

제 III 부

유아수학교육의 비전

9장. 유아수학교육의 전망과 과제

9장. 유아수학교육의 전망과 과제

최근 유아수학교육의 개선에 대한 요구와 함께 이에 부응하는 다양한 방안들이 대두되고 있다. 본 장에서는 유아수학교육 개선의 요구에 대한 근거를 요약하여 보고, 국내외의 유아수학교육의 최근 동향과 전망을 살펴보고자 한다. 또한 유아수학교육의 질적 향상을 위하여 해결하여야 할 구체적 과제에 대하여서도 간단히 살펴보고자 한다.

9.1 유아수학교육의 동향 및 전망

2000년 이후 수학교육 관련단체들은 정보화 첨단과학기술 사회로의 변화에 부응하는 인재양성의 관점에서 교육개선을 위한 대안들을 제시하여 왔다. 이들 단체들은 앞으로 대두되는 사회가 수학과 과학적 능력이 필수적이고 보편적인 능력이 될 것이라는 인식과 함께 수학교육에서도 이를 반영하는 교육개선이 이루어져야 한다는 입장을 견지하고 있다. 이러한 맥락에서 제안되어지는 교육적 개선방안에 유아수학교육 분야가 그 어느 때보다 변화와 개선을 위한 요구와 방안들이 활발히 다루어지고 있다. 특히 미국 수학교사협의회(NCTM)에서는 2000년 「학교수학을 위한 원리와 기준」을 발표하고 Pre-K-12까지의 체계적인 학교수학의 목표와 내용범위에 대한 지침을 제시하였다. 이는 수학교육에 있어 유아수학교육을 학교 수학교육의 체제에 최초로 포함시키는 획기적 조처로서 유아수학교육을 보다 체계적이고 연계성 있게 제공하려는 시도로 그 의미와 중요성이 크다고 하겠다. 무엇보다 이러한 유아수학교육의 개선을 위한 제안이 유아교육단체가 아닌 수학교육단체에 의해 이루어졌다는 점이 특이하다고 하겠다. 수학교육자들이 유아수학교육에 관심을 갖게 된 이유는 다음 몇 가지로 요약될 수 있을 것이다.

○ **첫째,** 최근 영유아 수학능력 및 뇌 발달 관련연구들이 영유아의 수학적 사고와 발달에 대한 새로운 정보를 제공하게 됨에 따라, 영유아의 수학능력에 대해 새롭게 인식하게 되었다. 영유아들은 기존에 인식하고 있던 것 이상의 능력을 갖고 있으며, 유아들은 이미 일상생활이나 놀이상황에서 수학적 관계를 탐색하고 자신의 전략을 활용하여 문제를 해결하며 나름대로 비형식적 지식을 형성해 나가고 있다는 연구보고들이 증가하고 있다(Ginsburg, Pappas, & Seo, 2001; Siegler, 1998). 따라서 영유아들의 수학적 기초능력의 획득을 위해 놀이나 자발적 탐색에만 맡기기에는 영유아기가 너무 중요한 시기라는 데 인식을 같이하고 있다.

○ **둘째,** 여성의 사회적 참여의 증가로 영유아가 초등학교 취학하기 이전에 이미 2~3년 이상의 기간을 유아교육기관에서 보내게 되며, 그 비율도 점

차 증가하는 추세이다. 이 시기에 주어지는 다양한 맥락에서의 수학적 경험은 유아의 수학적 능력에 결정적 역할을 하므로 유아수학교육의 실태에 관심이 주어지는 것은 아마도 당연한 귀결이라 하겠다. 그러나 많은 유아교육전문가들이 유아교육기관에서 제공되는 유아수학교육은 영유아의 수학적 능력의 발달을 지원하기에는 미흡한 수준이라고 공통적으로 지적하고 있다. 이를테면, 현장에서 제공되는 유아수학교육을 한마디로 "mile wide, inch deep"으로 표현하며, 유아수학교육은 다양하고 폭 넓게 다루나 깊이가 부족함을 지적하고 있다. 수학교육이 주로 수게임이나 짝 맞추기 활동으로 이루어지고 있으며 이들 활동들은 수학적 사고를 요하는 활동이라고 볼 수 없다(홍혜경, 2004). 그리고 "유아수학교육의 통합적 적용을 위한 교수 방법에 교사의 의도나 계획이 포함되지 않을 경우 수학학습이 피상적일 수 있으므로 수학활동과정에는 수학적 탐구나 사고가 포함되어져야 한다(Copple, 2004)", "수학적 탐색과 토의를 유도하도록 계획되지 않은 학습경험은 수학적 지식과 개념의 획득을 보장할 수 없다(Ginsburg, Pappas, & Seo, 2001)" 등의 지적들이 제기되고 있다. 이러한 유아수학교육의 실태에 대한 문제점 지적과 유아수학교육의 질적 향상을 위한 요구는 유아교육자의 관심을 촉구하기에 이르렀다.

○ **셋째**, 정보화, 첨단 테크놀로지 사회로의 변화는 다양한 영역에서 수학적 능력이 요구된다는 것이다. 또한 유아기의 수학적 경험과 환경은 추후 수학적 성취력과 밀접한 관련이 있으며, 수학적 성취력의 저하는 직업선택의 제한을 야기할 수 있으므로 특히 저소득층의 유아와 여아의 수학교육에 관심이 주어져야 한다는 것이다. 이러한 요인들도 보다 질 높은 유아수학교육을 위한 개선의 노력을 촉구하는 계기가 되었다.

한편, 이를 요인들로 인하여 유아교육자와 수학교육자들도 2000년 5월 Arlington, Virginia에서 "Conference on Standard for Prekindergarten and Kindergarten Mathematics Education"이라는 역사적 모임을 가졌다. NCTM의 기준에서는 수와 연산, 대수, 기하, 측정, 자료 분석과 확률이 5개 영역에서 Pre-K-2의 내용을 묶어 폭넓게 제시하고 있을 뿐 수준별 내용에 대한 기준을 제시하지는 않고 있다. 따라서 이 회의에서는 Pre-K 수학교육을 위한 기준 마련에 대한 각기 다른 입장과 현장 적용방안들을 심도 있게 논의하게 되었으며, 여기에서 발표된 원고들은 2004년에 "Engaging Young Children in Mathematics"라는 책으로 엮어 발간되었다. 이들 발표들은 최근 연구들을 기초로 하여 유아의 발달적 수준에 적합한 내용의 수준과 범위에 관련된 내용들을 제시하고 있으므로 향후 유아수학교육과정과 관련된 연구에 중요한 자원으로 활용될 수 있을 것이다.

이어서 2002년 4월에는 NAEYC와 NCTM이 공동으로 "유아수학교육: 좋은 출발을 촉진하기"라는 입장을 밝힘으로써 유아수학교육의 지침을 제시하는 노력으로 이어졌다. 이 지침에서는 3세에서 6세 유아의 질 높은 수학교육을 위하여 교사나 유아교육 전문가에 대한 권고와 교사교육기관과 프로그램개발자 및 정책자에 대한 권고사항을 담고 있으며, 수와 연산, 기하와 공간, 측정, 패턴과 대수, 자료 분석과 전시라는 5개 내용영역을 두 수준으로 나누어 제시하고 있다. 이 지침은 유아수학교육의 내용을 보다 구체적으로 제시하고 있어 현장 적용의 주요한 기준으로 활용될 전망이다. 여기에서 제시하고 있는 내용수준의 특징을 살펴보면, 수와 연산에서는 종전에 다루던 수의 범위가 확대되었으며, 기하와 공간에서는 다양한 도형이 포함되고 속성의 탐색과 지도 등의 내용이 포함되었으며, 대수에서는 수 체계에서의 패턴과 대수적 관계가 포함되는 등 보다 심도 있는 수학적 사고를 요구하는 내용으로 강화되었다고 볼 수 있다. 비록 패턴과 대수가 유아수학에서 차지하는 비중은 적은 편이나 주요 내용영역에 포함되었다는 것은 유아수학교육에 시사하는 바가 크다.

이러한 수학교육 및 유아교육 단체의 지침 발표들을 계기로 각 주에서는 Pre-K 수준의 수학내용을 재검토하거나 새롭게 마련하려는 시도가 증가되고 있다. 최근 자료에 의하면(NAEYC, 2003), 24개 주에서 Pre-K를 위한 수학내용의 기준을 별도로 제시하고 있으며, 18개 주에서 Pre-K를 위한 수학내용기준을 마련하는 중에 있다고 보고하고 있다. 덧붙여 교사교육에서도 유아수학교육의 이수를 자격과 연계하는 노력을 병행하고 있는 등 유아수학교육을 증진하기 위한 주정부의 노력이 강화되고 있다. 이러한 움직임과 병행하여 유아교사교육에서도 수학 교수-학습방법 관련 교과목이 필수 이수과목으로 지정되는 시도가 확산될 전망이다.

유아수학교육의 개선을 위한 여러 단체들의 노력과 더불어 미국 과학재

단(NSF)에서는 처음으로 유아수학교육 프로그램의 개발을 위한 지원을 하였으며, 그 결과로 새로운 NCTM의 기준을 반영한 프로그램인 "Big Math for Little Kids(2003)", "Round the Rug Math(2002)", "Building Blocks (2003)"이 개발되었다. 이들 프로그램은 활동을 통한 수학적 사고의 탐색에 초점을 둔 특징을 가지고 있다. 그리고 NASA와 NCTM 이 공동 프로젝트로 Pre-K-2를 위한 Mission Mathematics II(2005)를 발표하며, 수학교육을 항공관련 학습과 연계하여 시도하고 있다. 이들 프로그램들의 발표를 시작으로 다양한 교수-학습방안이 개발되어지고 효과를 검증하는 작업이 이어질 전망이다.

또한 유아수학교육 관련 연구들도 활발해지고 있다. 예를 들면, Early Childhood Research Quarterly, Young Children, Education Week, Mathematical Thinking and Learning 등의 학술지나 잡지들도 유아수학교육을 특집호로 할애하는 등 수학교육에 관한 관심이 증가되고 있다. 유아수학교육관련 연구 뿐 아니라 교육적 적용을 위한 관련문헌들이 발간되고 있다: Little kids-powerful program servers; The young child and mathematics; Navigating series in prekindergarten-Grade 2; Mathematics in the early years; 유아수학능력의 발달과 교육 등 이와 같은 수학교육 관련 문헌과 연구의 발표는 지속되어질 것이다.

이러한 유아수학교육의 개선과 변화의 움직임은 주로 국외에서 일어나고 있으나 국내에서도 최근에 유아수학교육의 질적 향상을 위한 요구나 개선 노력이 일부 시작되고 있음을 볼 수 있다. 첫 시도로는 2004년 대한어린이교육협회에서 「탐구생활 교육활동에서 다루어야 할 개념의 범위」라는 내용을 주제로 유아-초등 저학년의 수학교육과정의 내용체계를 범주화하여 제시하는 연구를 발표하도록 하였다. 이어서 2006년 여름에는 탐구생활의 교수-학습 방법적 적용 측면의 연구를 발표하고 있는 등 유아수학교육의 질적 향상을 위한 노력을 주도적으로 하고 있다. 또한 한국수학교육학회에서 유아교사교육을 위해 수학교육관련 책자 발간을 추진하는 노력도 유아수학교육의 질적 향상을 위한 의미 있는 시도라 보여진다. 이와 같은 유아수학교육의 질적 향상을 위한 움직임을 시작으로 유아의 수학능력을 밝히는 연구와 보다 깊이 있는 수학적 사고를 촉진할 수 있는 다양한 교수 방안이 모색되어질 것이다.

9.2 유아수학교육의 과제

9.2.1 유아수학능력 및 교육 관련연구의 측면

유아의 수학적 능력의 발달 및 수학교육과 관련하여 우리나라에서 실시된 연구들을 살펴보면 지난 10년간 보다 다양한 주제를 가지고 연구들이 활발히 실시되고 있음을 알 수 있다. 이러한 경향은 유아수학교육의 개선에 대한 사회적 요구, 유아교육학과의 개설로 인한 교수인원의 증가와 연구실적에 따른 교수평가, 학회지 증가 등의 상황적 변화의 요인이 유아수학 관련연구의 증가와 관련이 있을 것으로 보인다. 이들 연구들에 기초하여 향후 이 분야에서 실시되어야 할 연구의 방향 및 과제를 제시하고자 한다(홍혜경·이정욱·정정희, 2004).

1980년대와 90년대 초반까지의 연구들은 주로 유아가 지닌 수학적 능력의 발달에 주목해왔으며, 특히 수 이전의 논리적 조작능력인 분류, 서열, 보존개념의 발달을 많이 연구해 왔다. 주로 Piaget이론과 관련하여 우리나라 유아에게도 적합한지를 검증해보려는 일련의 시도라 하겠다. 한편 최근 들어서는 연구영역이 확장되어 수, 공간 및 기하, 측정 등의 여러 분야에서 유아가 지닌 수학적 능력을 밝히려는 시도와 함께 연구범위가 넓혀지고 있다. 그러나 여전히 수에 치중되어 다루어지고 있으며, 대수적 사고의 토대가 되는 패턴과 같은 규칙의 인식, 또는 경험에 기초한 예측 및 가능성의 인식과 같은 초보적인 통계 개념에 관한 연구들은 극히 미비한 상황이므로 향후 이들 분야에서의 연구들도 필요하다.

유아 수학능력 관련연구를 수학내용영역별로 살펴보면 다음과 같다.

○ **첫째,** 유아의 수 개념 발달 관련 연구는 수세기와 연산능력 중심으로 대부분의 연구들이 실시되어 왔으며, 2000년대에 들어서 수 표상능력, 비형식적 수지식, 초보적인 분수 이해 등과 같이 보다 다양한 주제로 연구가 실시되어 왔다. 그러나 유아들이 수를 이해하고 자유롭게 활용할 수 있는 수 감각 능력을 발달시키기 위해서는 수들 사이의 관계에 대한 이해가 토대가 되어야 한다. 따라서 앞으로의 연구에서는 집합의 크기 비교, 즉각

적인 수 인식 능력, 수의 부분과 전체 관계 인식 등과 같은 수들 사이의 관계에 대한 유아의 이해를 살펴보는 연구들이 필요하다. 또한 수와 관련된 문제해결 과정이나 문제 유형에서 유아들이 사용하는 전략이나 사고에 대한 이해를 밝히는 연구들도 다루어질 수 있을 것이다.

○ **둘째,** 공간 및 기하영역에서는 대부분의 연구들은 공간 내에서의 위치, 인식, 공간조망 능력, 그리고 도형인식 능력의 발달에 주목하여 왔으나, 최근의 연구들은 평면좌표 인식 능력, 공간관계의 표상 능력 등 다양한 주제로 실시되고 있다. 유아수학교육 내용에서 공간 및 기하 영역에 공간 내의 위치, 좌표에 의한 위치 표상, 도형의 변환, 공간적 시각화가 포함되는 것을 고려할 때, 앞으로 유아가 지닌 기하학적 사고의 특성을 밝히는 연구들이 보다 많이 실시될 필요가 있다. 또한 유아의 기하 도형의 이해, 유아의 공간적 시각화 능력 및 옮기기, 뒤집기, 돌리기의 변환을 다루는 이동기하 능력의 발달경향을 밝히는 연구들도 필요한 것으로 보인다.

○ **셋째,** 유아는 일상생활 속에서 측정과 관련된 많은 경험들을 하고 있음에도 불구하고 유아의 측정 능력 발달을 살펴본 연구들은 극히 소수에 불과하다. 그러나 지금까지 실시된 연구결과들은 측정에 대한 형식적 교육을 받기 이전인 유아시기에도 불완전하지만 직관적으로 측정에 대해 이해하고 있음을 제시하며, 앞으로 이에 대한 보다 활발한 연구가 필요함을 시사한다. 특히 측정의 핵심적 부분인 단위에 관한 유아들의 이해, 물체의 속성에 적합한 단위 선택 능력, 단위의 반복적 사용 기술 등을 고찰하는 연구가 필요하다.

○ **넷째,** 우리나라 유아수학교육 내용에서 분류하기, 순서 짓기, 일대일 대응 등의 수 이전 활동을 강조하고 있으나 측정, 공간, 시간, 기하, 패턴, 통계, 컴퓨터, 어림셈 등 수학교육의 다양한 내용영역들을 포함하여야 할 것이다. 또한 유치원과 초등학교 간 수학교육의 연계를 위해서는 수학내용 영역의 통일, 내용 수준의 재조정, 계열성의 고려, 용어 통일 등과 같은 측면에서 구체적 방안에 대한 연구와 교육적 접근을 모색하는 작업도 필요하다.

○ **다섯째,** 최근 유아수학교육의 방향이 수학을 이해하고 가치를 인정하는 수학적 소양을 강조하게 되면서 유아수학교육 방법은 전통적인 암기와 훈련에 의한 방법보다는 유아들의 실제 생활 경험과 관련되고 통합되는 교육과정에서 이전에 학습한 비형식적 수학개념들과 연계를 도와주는 방식이 바람직한 것으로 나타났다. 이에 따라 유아들에게 의미 있고 실제적 상황을 통해 학습하는 다양한 통합적 접근들이 시도되었으며 그 효과를 입증하는 연구들이 나타나고 있다. 지속적으로 유아들의 일상적인 삶과 통합되고 유아 개개인의 특성에 적합한 다양한 형태의 교수방법 개발 및 적용이 필요하다. 나아가 이러한 교수-학습방법에 관련된 연구 결과가 현장 실제에 반영될 수 있는 구체적인 방안을 제도화하는 노력에도 관심을 가져야 할 것이다.

○ **여섯째,** 유아수학교육의 평가에서는 교사가 평가를 통해 유아들의 수학적 지식 및 흥미를 정확히 파악하여 효과적 수학 교수-학습 활동을 계획하도록 하는 바람직한 유아 평가 방안의 필요성이 제기되고 있다. 표준화 검사와 성취도 위주의 검사보다는 유아의 수행과정과 능력에 대한 평가가 바람직하다는 관점에서 수행 평가와 포트폴리오 평가와 같은 대안적 방법이 제시되고 있으나 이를 현장에 적용하여 효과를 검증하는 연구는 미흡한 실정이다. 유아의 평가가 수행과정을 포함하는 평가이어야 하고 이를 위한 객관화된 평가도구의 사용은 부적합하다.
또 다른 한편으로는 평가의 목적에 따라 객관적이고 표준화된 평가도구가 필요하기도 하다. 이를테면, 다양한 교수방법의 개발과 적합성을 평가하기 위해서는 표준화된 평가도구가 필요하다. 이러한 연구를 위해 유아들의 수학능력 평가를 위해서 타당화나 문항 양호도가 검증된 객관적 평가도구는 매우 부족하다. 이를테면 유치원 교육과정에서 다루고 있는 다양한 수학 영역을 포함하면서 유아들의 발달적 특성에 적합한 방법으로 수학적 능력을 측정할 수 있는 검사도구의 개발이 필요하다.

마지막으로 유아교사들은 수학교육의 중요성과 목적을 인식하고 있으나 수학교육 내용, 교수 학습 방법에 대한 지식 부족 및 자신감 결여로 인해 수학활동을 계획하고 수업을 이끌어가는데 어려움을 겪고 있다. 따라서 유아교사의 수학교육을 위한 전문적 교수능력 향상이 필요하므로 유아교사들의 교수 효능감 증진을 위한 교사교육 프로그램의 개발 및 적용과 효과를 밝히는 연구들이 필요하다.

9.2.2 유아수학교육 개선의 측면

최근 외국에서는 유아수학교육의 질적 개선을 위한 노력이 다각적으로 이루어지고 있으나 아직 우리나라에서는 이를 반영하는 움직임이 활발하다고 볼 수는 없다. 그러나 유아수학교육의 문제점은 유사하므로 이들이 지적과 개선 노력에 대한 방안에 대해 보다 심도 있게 다루어야 할 이슈를 중심으로 살펴보면 다음과 같다.

○ **첫째**, Piaget의 전조작기 유아에 대한 제한된 능력의 입장에 반박하는 많은 연구결과들로 인해 유아의 능력에 대해 새롭게 인식하게 되었다. 심지어 발달심리학자들은(Ginsburg 외, 2001) 유아교육자들에 다음과 같이 권고하고 이다. "유아교육자들은 유아가 수학적 사고를 위해 진지하고 도전적 형태에 참여하도록 하는 것을 두려워해서는 안 되며 보다 적극적인 도움, 격려, 도전의 기회를 제공해주어야 한다."고 하였다. 그러나 간과하기 쉬운 점은 유아들이 능력은 있지만 여전히 제한된 능력의 존재임을 인식하는 것이 중요하다고 하겠다. 다시 말하면, 유아의 능력에 대하여 관련된 상황적 맥락이나 특정한 조건의 복잡성을 함께 고려해야 한다는 점이다. 그렇지 않다면, 유아수학교육에서 유아의 수학적 사고가 가능한 능력만을 기초로 할 때 너무 많은 기대나 학습을 제공하거나, 더 일찍 학습을 제공하는 부작용을 초래할 수 있음을 경고하고 있다(Ginsburg & Golbeck, 2004). 따라서 유아가 할 수 있다면 모두 가르쳐야 할 것인가의 결정은 그 사회가 추구하는 가치와 요구를 반영하여 결정하게 될 것이다. 이는 수학교육의 내용과 수준을 결정하는 작업으로 이어질 것이며, 유아교육자와 수학교육자들 함께 숙고해야 할 과제이기도 한다.

○ **둘째**, 다양한 분야에서 질 높은 유아수학교육을 위한 노력과 함께 이루어져야 할 중요한 작업은 교사교육이라 하겠다. 유아수학교육의 질적 향상

을 위한 노력으로 내용을 발달적 수준에 맞게 재조정하고, 유아에게 수학적 사고를 포함하는 의미 있고 목적 있는 수학적 활동을 제공하기 위한 방법들이 개발되어진다 하더라도 유아에게 어떻게 적용하는 가는 교사의 손에 달려 있기 때문이다. 따라서 교사교육에서도 질 높은 유아수학교육을 위한 새로운 접근이 시도되어야 할 것이라고 본다. 일반적으로 유아교사 자신들이 수학을 선호하지 않고 있으며, 수학교육에 대한 자신감 역시 부족한 것으로 보고하고 있다. 최근 Copley(2004)가 예비교사, 유아교사, 교수간의 전문성 향상을 위한 협동모형 제시는 시사하는 바 크며, 이러한 예비교사나 현직교사를 위한 교육의 모형에 대한 효과연구도 활발히 다루어져야 할 것이다.

더욱이 교사의 수학 교과에 대한 내용지식의 부족은 내용과 수준이 체계적이고 위계적인 수학교육의 적용에 더욱 어려움을 야기할 수 있다고 본다. 초등이나 중등교사 양성에서는 교과내용의 지식을 위한 교육과 교수-학습 방법을 위한 교육이 병행되어 이루어지고 있으나, 유아교사 양성에서는 교수-학습 방법적 측면에 치우쳐 교과 내용적 지식이 소홀히 다루어지고 있는 문제점을 갖고 있으며, 이는 교육의 연계적 제공을 위하여서도 개선되어야 할 부분이라 하겠다. 무엇보다 유아수학교육 내용 체계를 구체화하는 노력이 우선되어야 할 것이다. 이를테면 Pre-K-2학년까지 한꺼번에 묶어 제시한 NCTM의 기준도 현장적용에 제한점이 있다. 유아의 발달수준에 따른 수학내용을 구체화하고 공유화 과정을 통해 기준으로 제시될 수 있도록 하는 노력이 이어져야 할 것이다. 이어서 교사교육에서도 유아수학의 내용적 체계와 수준의 범위에 대한 내용의 강화를 위한 구체적인 방안도 마련되어야 할 것이다.

○ **셋째**, 유아수학교육의 통합적 교수-학습방법의 접근에 대한 보완이 필요하다고 하겠다. 유아교육에서의 통합적 접근은 유아의 발달적 특성에 기초한 바람직한 교수-학습 형태라고 보는 데는 이론의 여지가 없다. 더욱이 Project 접근이나 Regio Emillia 접근 등은 유아들이 주도적으로 의미 있고 구체적인 상황에서 수학적 사고를 탐색할 수 있는 다양한 기회를 제공하기 때문에 유아교육자들에 의해 적극 수용되고 있다. 그러나 유아들

이 중요한 수학적 사고를 탐색하고 수학적 지식을 구성해보는 것에 그쳐서는 안 되며, 보다 수학적 사고를 체계적으로 구조화하도록 지원하는 적극적인 노력이 보완되어야 할 과제라고 본다. 또한 비록 통합적 활동에 포함되었다고 할지라도 수학적 탐색과 토의를 유도하도록 계획되지 않은 학습경험은 수학적 지식과 개념의 획득을 보장할 수 없다는 지적도 간과해서는 안될 것이다. 유아수학교육의 질적 향상을 위해 Golbeck(2001)은 새로운 교수모형으로 유아-조절(child-regulated)/교사-안내교수(teacher-guided instruction)의 교수 모형을 제시하고 있다. 이러한 교수모형의 적용 타당성을 검토하고, 구체적 교수-학습방안의 개발과 효과를 검증하는 노력도 이어져야 할 과제라 하겠다.

○ **넷째**, 유아에게 제공되는 수학활동과 자료가 의도한 수학적 사고나 관계를 탐색하는 것인지 점검해 보는 노력이 필요할 것이다. 현장의 교사들은 유아에게 다양한 수학활동을 제공하고 있다. 그러나 유아들이 수학활동이나 게임의 과정동안에 진정 수학적 사고를 하게 되는지는 의심스럽다. 대표적인 것으로 수학영역에서 가장 많은 비중을 차지하고 있는 활동자료는 주사위를 사용하는 게임일 것이다. 반복적으로 주사위를 던져 나온 수만큼 말을 가게 하는 것이 의미 있는 수학적 사고라고 할 수는 없을 것이다. 전 조작기 유아들은 직관에 의존하여 판단하는 사고의 특징을 가지고 있다. 그러므로 교사가 제시하는 과제는 직관적 판단을 사용하지 않고 수학적 관계의 탐색을 통해 해결할 수 있는 과제로 제시하는 것이어야 한다. 예를들면, 6개의 사탕과 3개의 사탕의 수를 비교하도록 하면 세지 않고도 6개가 많음을 알 수 있어 세려는 시도를 하지 않을 것이다. 그러나 6개와 5개를 제시한다면 유아는 세어보아야 알 수 있기 때문에 세는 시도를 하게 된다. 따라서 유아의 활동이나 놀이자료가 직관적으로 해결할 수 없고 수학적 관계를 탐색하거나 적용해야만 해결할 수 있는 과제인지를 점검한 후 제공되어야 할 것이다. 또한 이러한 다양한 활동자료의 개발은 현장교사에 의해 주도되거나 참여에 의해 이루어져야 할 과제라 하겠다.

특히 유아기는 수학적 능력에 엄청난 변화와 발달이 이루어지는 시기이고 이들의 수학적 능력을 밝히는 연구들이 수년간 유아교육기관에 다니게 되므로 자발적 놀이나 탐색 뿐 아니라 수학적 사고와 탐색을 위한 보다 적극적인 개입이 요구되고 있다. 따라서 유아교육과, 유아교육연구자 모두 유아수학교육의 질적 향상을 위한 보다 효과적인 방안을 모색하기 위하여 적극적이고 지속적인 노력과 관심이 필요하다고 하겠다.

참 고 문 헌

홍혜경(2004). 유아수학교육의 동향과 질적 향상을 위한 제언. 한국유아교육학회 소식, 32, 1-5.

홍혜경·이정욱·정정희(2004). 유아 수학능력 및 수학교육의 연구 동향. 유아교육연구, 24(7), 227-261.

Casey, B., Paugh, P., & Ballard, N. (2002). *Round the rug math*. Chicago, Il: The Wright group/McGraw-Hill.

Clements, D. H., & Sarama, J. (2003). *Building blocks: Foundations for mathematical thinking, prekindergarten to grade 2*. SRA/McGraw-Hill.

Clements, D. H., Sarama, J., & DiBiase, A. (2004). *Engaging young children in Mathematics*. Mahwah, NJ: Lawrence Erlbaum.

Copley, J. V. (2004). The early childhood collaborative: A professional development model to communicate and implement the standards. In D. H. Clements, J. Sarama, A. DiBiase (Eds.), *Engaging young children in mathematics*. Mahwah, NJ: Lawrence Erlbaum.

Copple, C. E. (2004). Mathematics curriculum in the early childhood concept. In D. H. Clements, J. Sarama, A. DiBiase (Eds.), *Engaging young children in mathematics*. Mahwah, NJ: Lawrence Erlbaum.

Ginsburg, H. P., & Golbeck, S. L. (2004). Thoughts on the future of research on mathematics and science learning and education. *Early Childhood Research Quarterly*, 19(1), 190-200.

Ginsburg, H. P., Breenes, C., & Balfanz, R. (2003). *Big mathe for little kids*. Parsippany, NJ: Dale Seymour Publications.

Ginsburg, H. P., Pappas, S., & Seo, K. (2001). Everyday mathematical knowledge: Asking young children what to developmentally appropriate. In S. L. Golbeck(Ed.), *Psychological perspectives on early childhood education*. Mahwah, NJ: Lawrence Erlbaum.

Golbeck, S. L. (2001). Instructional models for early childhood: In search of a child-regulated/Teacher-guided pedagogy. In S. L. Golbeck(Ed.), *Psychological perspectives on early childhood education*. Mahwah, NJ: Lawrence Erlbaum.

NAEYC & NCTM (2002). Early Childhood Mathematics: Promoting good beginning. Position statement. http://www.naeyc.org/resources/positionstatements/psmath.htm

National Association for the Education of Young Children (2003). Early childhood curriculum, assessment, and program evaluation. Washington, D.C.: Author.

NAEYC (2003). State policies that promote early childhood mathematics. http://www.naeyc.org/ece/critical/math.asp.

Siegler, R. S. (1998). *Children's thinking.*(3rd ed.). Upper Saddle River, NJ: Prentice-Hall.

찾아보기

내 용

ㄱ

| ㄴ |

| ㄷ |

| ㅁ |

| ㅂ |

| ㅅ |

| ㅇ |

인 명

〈저자소개〉

김 민 경(mkkim@ewha.ac.kr)

이화여자대학교 수학 이학사
이화여자대학교 수학교육 석사
Iowa State University 수학교육/교육공학 박사
(현) 이화여자대학교 초등교육과 교수
•수학과 수행평가 문항 및 분석기준 개발 연구(논문, 2006)
•초등수학 교육과정에서 수학사 관련 내용 분석 및 그 적용(논문, 2005)

홍 혜 경(hkhong@chonnam. ac.kr)

이화여자대학교 가정 이학사
숙명여자대학교 아동복지 석사
University of Illinois 초등 및 유아교육 석사
University of Michigan 유아교육 박사
(현) 전남대학교 유아교육과 교수
• 유아 대수적 사고능력 검사도구의 개발(논문, 2006)
• Intervention of Block Play for Spatial Abilities of Young Children (논문, 2005)

이 지 현(jhlk@konkuk.ac.kr)

이화여자대학교 영어영문학사
이화여자대학교 교육학과(유아교육전공) 문학석사
Boston University 유아교육학 박사
(현) 건국대학교 사범대학 교직과 교수
• 유아 수 교육 내용 및 방법에 관한 문화 심리학적 고찰(논문, 1999)
• 어린이 수학교육: 피아제 수학교육의 대안(역서, 2001)

이 정 욱(jwlee@duksung.ac.kr)

덕성여자대학교 유아교육 문학사
덕성여자대학교 유아교육 석사
University of Wisconsin-Madison 유아교육 철학박사
(현) 덕성여자대학교 유아교육과 교수
•유아수학교육(저서, 2006)
•유아의 좌표이해 능력에 관한 연구(논문, 2005)

유아수학교육의 탐구

2006년 9월 15일 초판 1쇄 발행
2023년 9월 25일 초판 3쇄 발행

저 자 / 김민경 · 홍혜경 · 이지현 · 이정욱

발행자 / 오판근
발행처 / 교우사

주 소 / 서울 동대문구 제기2동 148-19
전 화 / 925-2861, 929-4865
팩 스 / 925-2860
E-mail / kw2861 @ chollian. net
http: // www. kyowoo. co. kr
등록 / 1994. 3. 24 제6-0256호

ISBN 978-89-8172-637-9 (93410)

값 **22,000**원